COLECCIÓN POPULAR

92

BALÚN-CANÁN

ROSARIO CASTELLANOS

BALÚN CANÁN

FONDO DE CULTURA ECONÓMICA

Primera edición (Letras Mexicanas),	1957
Segunda edición,	1961
Tercera edición (Lecturas Mexicanas),	1983
Edición (Conmemorativa 70 Aniversario)	2004
Quinta edición (Colección Popular),	2007
Segunda reimpresión,	2009

Castellanos, Rosario
Balún Canán / Rosario Castellanos. — 5ª ed. — México : FCE, 2007
286 p. ; 17 × 11 cm — (Colec. Popular ; 92)
ISBN 978-968-16-8303-0

1. Novela Mexicana 2. Literatura Mexicana — Siglo XX I. Ser. II. t.

LC PQ7297 .C337 B3 Dewey M863 C348b

Distribución mundial

Comentarios y sugerencias:
editorial@fondodeculturaeconomica.com
www.fondodeculturaeconomica.com
Tel. (55) 5227-4672 Fax (55) 5227-4694

 Empresa certificada ISO 9001: 2000

Diseño de portada: Teresa Guzmán Romero

ISBN 978-968-16-8303-0

Impreso en México • *Printed in Mexico*

A EMILIO CARBALLIDO

A mis amigos de Chiapas

Musitaremos el origen. Musitaremos solamente la historia, el relato.

Nosotros no hacemos más que regresar; hemos cumplido nuestra tarea; nuestros días están acabados. Pensad en nosotros, no nos borréis de vuestra memoria, no nos olvidéis.

El libro del consejo

PRIMERA PARTE

I

—...Y ENTONCES, coléricos, nos desposeyeron, nos arrebataron lo que habíamos atesorado: la palabra, que es el arca de la memoria. Desde aquellos días arden y se consumen con el leño en la hoguera. Sube el humo en el viento y se deshace. Queda la ceniza sin rostro. Para que puedas venir tú y el que es menor que tú y les baste un soplo, solamente un soplo...

—No me cuentes ese cuento, nana.

—¿Acaso hablaba contigo? ¿Acaso se habla con los granos de anís?

No soy un grano de anís. Soy una niña y tengo siete años. Los cinco dedos de la mano derecha y dos de la izquierda. Y cuando me yergo puedo mirar de frente las rodillas de mi padre. Más arriba no. Me imagino que sigue creciendo como un gran árbol y que en su rama más alta está agazapado un tigre diminuto. Mi madre es diferente. Sobre su pelo —tan negro, tan espeso, tan crespo— pasan los pájaros y les gusta y se quedan. Me lo imagino nada más. Nunca lo he visto. Miro lo que está a mi nivel. Ciertos arbustos con las hojas carcomidas por los insectos; los pupitres manchados de tinta; mi hermano. Y a mi hermano lo miro de arriba abajo. Porque nació después de mí y, cuando nació, yo ya sabía muchas cosas que ahora le explico minuciosamente. Por ejemplo ésta:

Colón descubrió la América.

Mario se queda viéndome como si el mérito no me correspondiera y alza los hombros con gesto de indiferencia. La rabia me sofoca. Una vez más cae sobre mí todo el peso de la injusticia.

—No te muevas tanto, niña. No puedo terminar de peinarte.

¿Sabe mi nana que la odio cuando me peina? No lo sabe. No sabe nada. Es india, está descalza y no usa ninguna ropa debajo de la tela azul del tzec. No le da vergüenza. Dice que la tierra no tiene ojos.

—Ya estás lista. Ahora el desayuno.

Pero si comer es horrible. Ante mí el plato mirándome fijamente sin parpadear. Luego la gran extensión de la mesa. Y después... no sé. Me da miedo que del otro lado haya un espejo.

—Acaba de beber la leche.

Todas las tardes, a las cinco, pasa haciendo sonar su esquila de estaño una vaca suiza. (Le he explicado a Mario que suiza quiere decir gorda.) El dueño la lleva atada a un cordelito, y en las esquinas se detiene y la ordeña. Las criadas salen de las casas y compran un vaso. Y los niños malcriados, como yo, hacemos muecas y la tiramos sobre el mantel.

—Te va a castigar Dios por el desperdicio —afirma la nana.

—Quiero tomar café. Como tú. Como todos.

—Te vas a volver india.

Su amenaza me sobrecoge. Desde mañana la leche no se derramará.

II

Mi nana me lleva de la mano por la calle. Las aceras son de lajas, pulidas, resbaladizas. Y lo demás de piedra. Piedras pequeñas que se agrupan como los pétalos en la flor. Entre sus junturas crece hierba menuda que los indios arrancan con la punta de sus machetes. Hay carretas arrastradas por bueyes soñolientos; hay potros que sacan chispas con los cascos. Y caballos viejos a los que amarran de los postes con una soga. Se están ahí el día entero, cabizbajos, moviendo tristemente las orejas. Acabamos de pasar cerca de uno. Yo iba conteniendo la respiración y arrimándome a la pared temiendo que en cualquier momento el caballo desenfundara los dientes —amarillos, grandes y numerosos— y me mordiera el brazo. Y tengo vergüenza porque mis brazos son muy flacos y el caballo se iba a reír de mí.

Los balcones están siempre asomados a la calle, mirándola subir y bajar y dar vuelta en las esquinas. Mirando pasar a los señores con bastón de caoba; a los rancheros que arrastran las espuelas al caminar; a los indios que corren bajo el peso de su carga. Y a todas horas el trotecillo diligente de los burros que acarrean el agua en barriles de madera. Debe de ser tan bonito estar siempre, como los balcones, desocupado y distraído, sólo mirando. Cuando yo sea grande...

Ahora empezamos a bajar la cuesta del mercado. Adentro suena el hacha de los carniceros y las moscas zumban torpes y saciadas. Tropezamos con las indias que tejen pichulej, sentadas en el suelo. Conversan entre ellas, en su curioso idioma, acezante como ciervo perseguido. Y de pronto echan a volar sollozos altos y sin lágrimas que todavía me espantan, a pesar de que los he escuchado tantas veces.

Vamos esquivando los charcos. Anoche llovió el primer aguacero, el que hace brotar esa hormiga con alas que dicen tzisim. Pasamos frente a las tiendas que huelen a telas recién teñidas. Detrás del mostrador el dependiente las mide con una vara. Se oyen los granos de arroz deslizándose contra el metal de la balanza. Alguien tritura un puñado de cacao. Y en los zaguanes abiertos entra una muchacha que lleva un cesto sobre la cabeza y grita, temerosa de que salgan los perros, temerosa de que salgan los dueños:

—¿Mercan tanales?

La nana me hace caminar de prisa. Ahora no hay en la calle más que un hombre con los zapatos amarillos, rechinantes, recién estrenados. Se abre un portón, de par en par, y aparece frente a la forja encendida el herrero, oscuro a causa de su trabajo. Golpea, con el pecho descubierto y sudoroso. Apartando apenas los visillos de la ventana, una soltera nos mira furtivamente. Tiene la boca apretada como si se la hubiera cerrado un secreto. Está triste, sintiendo que sus cabellos se vuelven blancos.

—Salúdala, niña. Es amiga de tu mamá.

Pero ya estamos lejos. Los últimos pasos los doy casi corriendo. No voy a llegar tarde a la escuela.

III

LAS PAREDES del salón de clase están encaladas. La humedad forma en ellas figuras misteriosas que yo descifro cuando me castigan sentándome en un rincón. Cuando no, me siento frente a la señorita Silvina en un pupitre cuadrado y bajo. La escucho hablar. Su voz es como la de las maquinitas que sacan punta a los lápices: molesta pero útil. Habla sin hacer distingos, desplegando ante nosotras el catálogo de sus conocimientos. Permite que cada una escoja los que mejor le convengan. Yo escogí, desde el principio, la palabra *meteoro*. Y desde entonces la tengo sobre la frente, pesando, triste de haber caído del cielo.

Nadie ha logrado descubrir qué grado cursa cada una de nosotras. Todas estamos revueltas aunque somos tan distintas. Hay niñas gordas que se sientan en el último banco para comer sus cacahuates a escondidas. Hay niñas que pasan al pizarrón y multiplican un número por otro. Hay niñas que sólo levantan la mano para pedir permiso de ir al "común".

Estas situaciones se prolongan durante años. Y de pronto, sin que ningún acontecimiento lo anuncie, se produce el milagro. Una de las niñas es llamada aparte y se le dice:

—Trae un pliego de papel cartoncillo porque vas a dibujar el mapamundi.

La niña regresa a su pupitre revestida de importancia, grave y responsable. Luego se afana con unos continentes más grandes que otros y mares que no tienen ni una ola. Después sus padres vienen por ella y se la llevan para siempre.

(Hay también niñas que no alcanzan jamás este término maravilloso y vagan borrosamente como las almas en el limbo.)

A mediodía llegan las criadas sonando el almidón de sus fustanes, olorosas a brillantina, trayendo las jícaras de posol. Todas bebemos, sentadas en fila en una banca del corredor, mientras las criadas hurgan entre los ladrillos, con el dedo gordo del pie.

La hora del recreo la pasamos en el patio. Cantamos rondas:

Naranja dulce,
limón partido...

O nos disputan el ángel de la bola de oro y el diablo de las siete cuerdas o "vamos a la huerta del toro, toronjil".

La maestra nos vigila con mirada benévola, sentada bajo los árboles de bambú. El viento arranca de ellos un rumor incesante y hace llover hojitas amarillas y verdes. Y la maestra está allí, dentro de su vestido negro, tan pequeña y tan sola como un santo dentro de su nicho.

Hoy vino a buscarla una señora. La maestra se sacudió de la falda las hojitas del bambú y ambas charlaron largamente en el corredor. Pero a medida que la conversación avanzaba, la maestra parecía más y más inquieta. Luego la señora se despidió.

De una campanada suspendieron el recreo. Cuando estuvimos reunidas en el salón de clase, la maestra dijo:

—Queridas niñas: ustedes son demasiado inocentes para darse cuenta de los peligrosos tiempos que nos ha tocado vivir. Es necesario que seamos prudentes para no dar a nuestros enemigos ocasión de hacernos daño. Esta escuela es nuestro único patrimonio y su buena fama es el orgullo del pueblo. Ahora algunos están intrigando para arrebatárnosla y tenemos que defenderla con las únicas armas de que disponemos: el orden, la compostura y, sobre todo, el secreto. Que lo que aquí sucede no pase de aquí. No salgamos, bulbuluqueando, a la calle. Que si hacemos, que si tornamos.

Nos gusta oírla decir tantas palabras juntas, de corrido y sin tropiezo, como si leyera una recitación en un libro. Confusamente, de una manera que no alcanzamos a comprender bien, la señorita Silvina nos está solicitando un juramento. Y todas nos ponemos de pie para otorgárselo.

IV

Es una fiesta cada vez que vienen a casa los indios de Chactajal. Traen costales de maíz y de frijol; atados de cecina y marquetas de panela. Ahora se abrirán las trojes y sus ratas volverán a correr, gordas y relucientes.

Mi padre recibe a los indios, recostado en la hamaca del corredor. Ellos se aproximan, uno por uno, y le ofrecen la frente para que la toque con los tres dedos mayores de la mano derecha. Después vuelven a la distancia que se les ha marcado. Mi padre conversa con ellos de los asuntos de la finca. Sabe su lengua y sus modos. Ellos contestan con monosílabos respetuosos y ríen brevemente cuando es necesario.

Yo me voy a la cocina, donde la nana está calentando café.

—Trajeron malas noticias, como las mariposas negras.

Estoy husmeando en los trasteros. Me gusta el color de la manteca y tocar la mejilla de las frutas y desvestir las cebollas.

—Son cosas de los brujos, niña. Se lo comen todo. Las cosechas, la paz de las familias, la salud de las gentes.

He encontrado un cesto de huevos. Los pecosos son de guajolote.

—Mira lo que me están haciendo a mí.

Y alzándose el tzec, la nana me muestra una llaga rosada, tierna, que le desfigura la rodilla.

Yo la miro con los ojos grandes de sorpresa.

—No digas nada, niña. Me vine de Chactajal para que no me siguieran. Pero su maleficio alcanza lejos.

—¿Por qué te hacen daño?

—Porque he sido crianza de tu casa. Porque quiero a tus padres y a Mario y a ti.

—¿Es malo querernos?

—Es malo querer a los que mandan, a los que poseen. Así dice la ley.

La caldera está quieta sobre las brasas. Adentro, el café ha empezado a hervir.

—Diles que vengan ya. Su bebida está lista.

Yo salgo, triste por lo que acabo de saber. Mi padre despide a los indios con un ademán y se queda recostado en la hamaca, leyendo. Ahora lo miro por primera vez. Es el que manda, el que posee. Y no puedo soportar su rostro y corro a refugiarme en la cocina. Los indios están sentados junto al fogón y sostienen delicadamente los pocillos humeantes. La nana les sirve con una cortesía medida, como si fueran reyes. Y tienen en los pies —calzados de caites— costras de lodo; y sus calzones de manta están remendados y sucios y han traído sus morrales vacíos.

Cuando termina de servirles la nana también se sienta. Con solemnidad alarga ambas manos hacia el fuego y las mantiene allí unos instantes. Hablan y es como si cerraran un círculo a su alrededor. Yo lo rompo, angustiada.

—Nana, tengo frío.

Ella, como siempre desde que nací, me arrima a su regazo. Es caliente y amoroso. Pero tendrá una llaga. Una llaga que nosotros le habremos enconado.

V

HOY RECORRIERON Comitán con música y programas. Una marimba pequeña y destartalada, sonando como un esqueleto, y tras la que iba un enjambre de muchachitos descalzos, de indios atónitos y de criadas que escondían la canasta de compras bajo el rebozo. En cada esquina se paraban y un hombre subido sobre un cajón y haciendo magnavoz con las manos decía:

—Hoy, grandiosa función de circo. El mundialmente famoso contorsionista, don Pepe. La soga irlandesa, dificilísima suerte ejecutada por las hermanas Cordero. Perros amaestrados, payasos, serpentinas, todo a precios populares, para solaz del culto público comiteco.

¡Un circo! Nunca en mi vida he visto uno. Ha de ser como esos libros de estampas iluminadas que mi hermano y yo hojeamos antes de dormir. Ha de traer personas de los países más remotos para que los niños vean cómo son. Tal vez hasta traigan un tren para que lo conozcamos.

—Mamá, quiero ir al circo.

—Pero cuál circo. Son unos pobres muertos de hambre que no saben cómo regresar a su pueblo y se ponen a hacer maromas.

—El circo, quiero ir al circo.

—Para qué. Para ver a unas criaturas, que seguramente tienen lombrices, perdiéndoles el respeto a sus padres porque los ven salir pintarrajeados, a ponerse en ridículo.

Mario también tiene ganas de ir. Él no discute. Únicamente chilla hasta que le dan lo que pide.

A las siete de la noche estamos sentados en primera fila, Mario y yo, cogidos de la mano de la nana, con abrigo y bufanda, esperando que comience la función. Es en el patio grande de la única posada que hay en Comitán. Allí paran los arrieros con sus recuas, por eso huele siempre a estiércol fresco; los empleados federales que no tienen aquí a su familia; las muchachas que se escaparon de sus casas y se fueron "a rodar tierras". En este patio colocaron unas cuantas bancas de madera y un barandal para indicar el espacio reservado a la pista. No hay más espectadores que nosotros. Mi nana se puso su tzec nuevo, el bordado con listones de muchos colores; su camisa de vuelo y su perraje de Guatemala. Mario y yo tiritamos de frío y emoción. Pero no vemos ningún preparativo. Van y vienen las gentes de costumbre: el mozo que lleva el forraje para las bestias; la jovencita que sale a planchar unos pantalones, arrebozada, para que todos sepan que tiene vergüenza de estar aquí. Pero ninguna contorsión, ningún extranjero que sirva de muestra de lo que es su patria, ningún tren.

Lentamente transcurren los minutos. Mi corazón se acelera tratando de dar buen ejemplo al reloj. Nada.

—Vámonos ya, niños. Es muy tarde.

—No todavía, nana. Espera un rato. Sólo un rato más.

En la puerta de calle el hombre que despacha los boletos está dormitando. ¿Por qué no viene nadie, Dios mío? Los estamos esperando a todos. A las muchachas que se ponen pedacitos de plomo en el ruedo de la falda para que no se las levante el viento; a sus novios, que usan cachucha y se paran a chiflar en las esquinas; a las señoras gordas con fichú de lana y muchos hijos; a los señores con leontina de oro sobre el chaleco. Nadie viene. Estarán tomando chocolate en sus casas, muy quitados de la pena, mientras aquí no podemos empezar por su culpa.

El hombre de los boletos se despereza y viene hacia nosotros.

—Como no hay gente vamos a devolver las entradas.

—Gracias, señor —dice la nana recibiendo el dinero.

¿Cómo que gracias? ¿Y la soga irlandesa? ¿Y las serpentinas? ¿Y los perros amaestrados? Nosotros no vinimos aquí a que un señor soñoliento nos guardara, provisionalmente, unas monedas.

—No hay gente. No hay función.

Suena como cuando castigan injustamente. Como cuando hacen beber limonada purgante. Como cuando se despierta a medianoche y no hay ninguno en el cuarto.

—¿Por qué no vino nadie?

—No es tiempo de diversiones, niña. Siente: en el aire se huele la tempestad.

VI

—DICEN que hay en el monte un animal llamado dzulúm. Todas las noches sale a recorrer sus dominios. Llega donde está la leona con sus cachorros y ella le entrega los despojos del becerro que acaba de destrozar. El dzulúm se los apropia pero no los come, pues no se mueve por hambre sino por voluntad de mando. Los tigres corren haciendo crujir la hojarasca cuando olfatean su presencia. Los rebaños amanecen diezmados y los monos, que no tienen vergüenza, aúllan de miedo entre la copa de los árboles.

—¿Y cómo es el dzulúm?

—Nadie lo ha visto y ha vivido después. Pero yo tengo para mí que es muy hermoso, porque hasta las personas de razón le pagan tributo.

Estamos en la cocina. El rescoldo late apenas bajo el copo de ceniza. La llama de la vela nos dice por dónde anda volando el viento. Las criadas se sobresaltan cuando retumba, lejos, un trueno. La nana continúa hablando.

—Una vez, hace ya mucho tiempo, estábamos todos en Chactajal. Tus abuelos recogieron a una huérfana a la que daban trato de hija. Se llamaba Angélica. Era como una vara de azucena. Y tan dócil y sumisa con sus mayores. Y tan apacible y considerada para nosotros, los que la servíamos. Le abundaban los enamorados. Pero ella como que los miraba menos o como que estaba esperando a otro. Así se iban los días. Hasta que una mañana amaneció la novedad de que el dzulúm andaba rondando en los términos de la hacienda. Las señales eran los estragos que dejaba dondequiera. Y un terror que había secado las ubres de todos los animales que estaban criando. Angélica lo supo. Y cuando lo supo tembló como las yeguas de buena raza cuando ven pasar una sombra enfrente de ellas. Desde entonces ya no tuvo sosiego. La labor se le caía de las manos. Perdió su alegría y andaba como buscándola por los rincones. Se levantaba a deshora, a beber agua serenada porque ardía de sed. Tu abuelo pensó que estaba enferma y trajo al mejor curandero de la comarca. El curandero llegó y pidió hablar a solas con ella. Quién sabe qué cosas se dirían. Pero el hombre salió espantado y esa misma noche regresó a su casa, sin despedirse de ninguno. Angélica se iba consumiendo como el pabilo de las velas. En las tardes salía a caminar al campo y regresaba, ya oscuro, con el ruedo del vestido desgarrado por las zarzas. Y cuando le preguntábamos dónde fue, sólo decía que no encontraba el rumbo y nos miraba como pidiendo ayuda. Y todas nos juntábamos a su alrededor sin atinar en lo que había que decirle. Hasta que una vez no volvió.

La nana coge las tenazas y atiza el fogón. Afuera, el aguacero está golpeando las tejas desde hace rato.

—Los indios salieron a buscarla con hachones de

ocote. Gritaban y a machetazos abrían su vereda. Iban siguiendo un rastro. Y de repente el rastro se borró. Buscaron días y días. Llevaron a los perros perdigueros. Y nunca hallaron ni un jirón de la ropa de Angélica, ni un resto de su cuerpo.

—¿Se la había llevado el dzulúm?

—Ella lo miró y se fue tras él como hechizada. Y un paso llamó al otro paso y así hasta donde se acaban los caminos. Él iba adelante, bello y poderoso, con su nombre que significa ansia de morir.

VII

Esta tarde salimos de paseo. Desde temprano las criadas se lavaron los pies restregándolos contra una piedra. Luego sacaron del cofre sus espejos con marcos de celuloide y sus peines de madera. Se untaron el pelo con pomadas olorosas; se trenzaron con listones rojos y se dispusieron a ir.

Mis padres alquilaron un automóvil que está esperándonos a la puerta. Nos instalamos todos, menos la nana que no quiso acompañarnos porque tiene miedo. Dice que el automóvil es invención del demonio. Y se escondió en el traspatio para no verlo.

Quién sabe si la nana tenga razón. El automóvil es un monstruo que bufa y echa humo. Y en cuanto nos traga se pone a reparar ferozmente sobre el empedrado. Un olfato especial lo guía contra los postes y las bardas para embestirlos. Pero ellos lo esquivan graciosamente y podemos llegar, sin demasiadas contusiones, hasta el llano de Nicalococ.

Es la temporada en que las familias traen a los niños para que vuelen sus papalotes. Hay muchos en el cielo. Allí está el de Mario. Es de papel de china azul, verde y rojo. Tiene una larguísima cauda. Allí está, arriba, sonando como a punto de rasgarse, más gallardo y aventurero que ninguno. Con mucho cordel para que suba y se balancee y ningún otro lo alcance.

Los mayores cruzan apuestas. Los niños corren, arrastrados por sus papalotes que buscan la corriente más propicia. Mario tropieza y cae, sangran sus rodillas ásperas. Pero no suelta el cordel y se levanta sin fijarse en lo que le ha sucedido y sigue corriendo. Nosotras miramos, apartadas de los varones, desde nuestro lugar.

¡Qué alrededor tan inmenso! Una llanura sin rebaños donde el único animal que trisca es el viento. Y cómo se encabrita a veces y derriba los pájaros que han venido a posarse tímidamente en su grupa. Y cómo relincha. ¡Con qué libertad! ¡Con qué brío!

Ahora me doy cuenta de que la voz que he estado escuchando desde que nací es ésta. Y ésta la compañía de todas mis horas. Lo había visto ya, en invierno, venir armado de largos y agudos cuchillos y traspasar nuestra carne acongojada de frío. Lo he sentido en verano, perezoso, amarillo de polen, acercarse con un gusto de miel silvestre entre los labios. Y anochece dando alaridos de furia. Y se remansa al mediodía, cuando el reloj del Cabildo da las doce. Y toca las puertas y derriba los floreros y revuelve los papeles del escritorio y hace travesuras con los vestidos de las muchachas. Pero nunca, hasta hoy, había yo venido a la casa de su albedrío. Y me quedo aquí, con los ojos bajos porque (la nana me lo ha dicho) es así como el respeto mira a lo que es grande.

—Pero qué tonta eres. Te distraes en el momento en que gana el papalote de tu hermano.

Él está orgulloso de su triunfo y viene a abrazar a mis padres con las mejillas encendidas y la respiración entrecortada.

Empieza a oscurecer. Es hora de regresar a Comitán. Apenas llegamos a la casa busco a mi nana para comunicarle la noticia.

—¿Sabes? Hoy he conocido al viento.

Ella no interrumpe su labor. Continúa desgranando el maíz, pensativa y sin sonrisa. Pero yo sé que está contenta.

—Eso es bueno, niña. Porque el viento es uno de los nueve guardianes de tu pueblo.

VIII

MARIO y yo jugamos en el jardín. La puerta de calle, como siempre, está de par en par. Vemos al tío David detenerse en el quicio. Se tambalea un poco. Su chaqueta de dril tiene lamparones de grasa y basuras —también revueltas entre su pelo ya canoso— como si hubiera dormido en un pajar. Los cordones de sus zapatos están desanudados. Lleva entre las manos una guitarra.

—Tío David, qué bueno que llegaste.

(Nuestros padres nos recomendaron que le llamemos tío aunque no sea pariente nuestro. Para que así se sienta menos solo.)

—No vine a visitar a la gente menuda. ¿Dónde están las personas de respeto?

—Salieron. Nos dejaron íngrimos.

—¿Y no tienes miedo de que entren los ladrones? Ya no estamos en las épocas en que se amarraba a los perros con longaniza. Ahora la situación ha cambiado. Y para las costumbres nuevas ya vinieron las canciones nuevas.

Hemos ido avanzando hasta la hamaca. Con dificultad tío David logra montarse en ella. Queda entonces de nuestra misma estatura y podemos mirarlo de cerca. ¡Cuántas arrugas en su rostro! Con la punta del dedo estoy tratando de contarlas. Una, dos, cinco… y de pronto la mejilla se hunde en un hueco. Es que no tiene dientes. De su boca vacía sale un olor a fruta demasiado madura que marea y repugna. Mario toma a tío David por las piernas y quiere mecerlo.

—Quietos, niños. Voy a cantar.

Tiempla la guitarra, carraspea con fuerza y suelta su voz cascada, insegura:

Ya se acabó el baldillito
de los rancheros de acá…

—¿Qué es el baldillito, tío David?

—Es la palabra chiquita para decir baldío. El trabajo que los indios tienen la obligación de hacer y que los patrones no tienen la obligación de pagar.

—¡Ah!

—Pues ahora se acabó. Si los patrones quieren que les siembren la milpa, que les pastoreen el ganado, su dinero les costará. ¿Y saben qué cosa va a suceder? Que se van a arruinar. Que ahora vamos a ser todos igual de pobres.

—¿Todos?

—Sí.

—¿También nosotros?

—También.

—¿Y qué vamos a hacer?

—Lo que hacen los pobres. Pedir limosna; ir a la casa ajena a la hora de comer, por si acaso admiten un convidado.

—No me gusta eso —dice Mario—. Yo quiero ser lo que tú eres, tío David. Cazador.

—Yo no. Yo quiero ser la dueña de la casa ajena y convidar a los que lleguen a la hora de comer.

—Ven aquí, Mario. Si vas a ser cazador es bueno que sepas lo que voy a decirte. El quetzal es un pájaro que no vive dondequiera. Sólo por el rumbo de Tziscao. Hace su nido en los troncos huecos de los árboles para no maltratar las plumas largas de la cola. Pues cuando las ve sucias o quebradas muere de tristeza. Y se está siempre en lo alto. Para hacerlo bajar silbas así, imitando el reclamo de la hembra. El quetzal mueve la cabeza buscando la dirección de donde partió el silbido. Y luego vuela hacia allá. Es entonces cuando tienes que apuntar bien, al pecho del pájaro. Dispara. Cuando el quetzal se desplome, cógelo, arráncale las entrañas y rellénalo con una preparación especial que yo voy a darte, para disecarlo. Quedan como si estuvieran todavía vivos. Y se venden bien.

—¿Ya ves? —me desafía Mario—. No es difícil.

—Tiene sus riesgos —añade tío David—. Porque en Tziscao están los lagos de diferentes colores. Y ahí es donde viven los nueve guardianes.

—¿Quiénes son los nueve guardianes?

—Niña, no seas curiosa. Los mayores lo saben y por eso dan a esta región el nombre de Balún-Canán. La llaman así cuando conversan entre ellos. Pero nosotros, la gente menuda, más vale que nos callemos. Y tú, Mario, cuando vayas de cacería, no hagas lo que yo. Pregunta, indágate. Porque hay árboles, hay orquídeas, hay pájaros que deben respetarse. Los indios los tienen señalados para aplacar la boca de los guardianes. No los toques porque te traería desgracia. A mí nadie me avisó cuando me interné por primera vez en las montañas de Tziscao.

Las mejillas de tío David, hinchadas, fofas, tiemblan, se contraen. Yo rasgo el silencio con un acorde brusco de la guitarra.

—Canta otra vez.

La voz de tío David, más insegura, más desentonada, repite la canción nueva:

Ya se acabó el baldillito
de los rancheros de acá...

IX

Mi madre se levanta todos los días muy temprano. Desde mi cama yo la escucho beber precipitadamente una taza de café. Luego sale a la calle. Sus pasos van rápidos sobre la acera. Yo la sigo con mi pensamiento. Sube las gradas de los portales; pasa frente al cuartel; coge el rumbo de San Sebastián. Pero luego su figura se me pierde y yo no sé por dónde va. Le he pedido muchas veces que me lleve con ella. Pero siempre me rechaza diciendo que soy demasiado pequeña para entender las cosas y que me hace daño madrugar. Entonces, como de costumbre cuando quiero saber algo, voy a preguntárselo a la nana. Está en el corredor, remendando la ropa, sentada en un butaque de cuero de venado. En el suelo el tol con los hilos de colores.

—¿Dónde fue mi mamá?

Es mediodía. En la cocina alguien está picando

verduras sobre una tabla. Mi nana escoge los hilos para su labor y tarda en contestar.

—Fue a visitar a la tullida.

—¿Quién es la tullida?

—Es una mujer muy pobre.

—Yo ya sé cómo son los pobres —declaro entonces con petulancia.

—Los has visto muchas veces tocar la puerta de calle con su bastón de ciego: guardar dentro de una red vieja la tortilla que sobró del desayuno; persignarse y besar la moneda que reciben. Pero hay otros que tú no has visto. La tullida vive en una casa de tejamanil, en las orillas del pueblo.

—¿Y por qué va a visitarla mi mamá?

—Para darle una alegría. Se hizo cargo de ella como de su hermana menor.

Todavía no es suficiente lo que ha dicho, todavía no alcanzo a comprenderlo. Pero ya aprendí a no impacientarme y me acurruco junto a la nana y aguardo. A su tiempo son pronunciadas las palabras.

—Al principio —dice—, antes que vinieran Santo Domingo de Guzmán y San Caralampio y la Virgen del Perpetuo Socorro, eran cuatro únicamente los señores del cielo. Cada uno estaba sentado en su silla, descansando. Porque ya habían hecho la tierra, tal como ahora la contemplamos, colmándole el regazo de dones. Ya habían hecho el mar frente al que tiembla el que lo mira. Ya habían hecho el viento para que fuera como el guardián de cada cosa, pero aún les faltaba hacer al hombre. Entonces uno de los cuatro señores, el que se viste de amarillo, dijo:

—Vamos a hacer al hombre para que nos conozca y su corazón arda de gratitud como un grano de incienso.

Los otros tres aprobaron con un signo de su cabeza y fueron a buscar los moldes del trabajo.

—¿De qué haremos al hombre? —preguntaban.

Y el que se vestía de amarillo cogió una pella de barro y con sus dedos fue sacando la cara y los brazos y las piernas. Los otros tres lo miraban presentándole su asentimiento. Pero cuando aquel hombrecito de barro estuvo terminado y pasó por la prueba del agua, se desbarató.

—Hagamos un hombre de madera, dijo el que se vestía de rojo. Los demás estuvieron de acuerdo. Entonces el que se vestía de rojo desgajó una rama y con la punta de su cuchillo fue marcando las facciones. Cuando aquel hombrecito de madera estuvo hecho fue sometido a la prueba del agua y flotó y sus miembros no se desprendieron y sus facciones no se borraron. Los cuatro señores estaban contentos. Pero cuando pasaron al hombrecito de madera por la prueba del fuego empezó a crujir y a desfigurarse.

Los cuatro señores se estuvieron una noche entera cavilando. Hasta que uno, el que se vestía de negro, dijo:

—Mi consejo es que hagamos un hombre de oro.

Y sacó el oro que guardaba en un nudo de su pañuelo y entre los cuatro lo moldearon. Uno le estiró la nariz, otro le pegó los dientes, otro le marcó el caracol de las orejas. Cuando el hombre de oro estuvo terminado lo hicieron pasar por la prueba del agua y por la del fuego y el hombre de oro salió más hermoso y más resplandeciente. Entonces los cuatro señores se miraron entre sí con complacencia. Y colocaron al hombre de oro en el suelo y se quedaron esperando que los conociera y que los alabara. Pero el hombre de oro permanecía sin moverse, sin parpadear, mudo. Y su corazón era como el hueso del zapote, reseco y duro. Entonces tres de los cuatro señores le preguntaron al que todavía no había dado su opinión:

—¿De qué haremos al hombre?

Y éste, que no se vestía ni de amarillo ni de rojo ni de negro, que tenía un vestido de ningún color, dijo:

—Hagamos al hombre de carne.

Y con su machete se cortó los dedos de la mano izquierda Y los dedos volaron en el aire y vinieron a caer en medio de las cosas sin haber pasado por la prueba del agua ni por la del fuego. Los cuatro señores apenas distinguían a los hombres de carne porque la distancia los había vuelto del tamaño de las hormigas. Con el esfuerzo que hacían para mirar se les irritaban los ojos a los cuatro señores y de tanto restregárselos les fue entrando un sopor. El de vestido amarillo bostezó y su bostezo abrió la boca de los otros tres. Y se fueron quedando dormidos porque estaban cansados y ya eran viejos. Mientras tanto en la tierra, los hombres de carne estaban en un ir y venir, como las hormigas. Ya habían aprendido cuál es la fruta que se come, con qué hoja grande se resguarda uno de la lluvia y cuál es el animal que no muerde. Y un día se quedaron pasmados al ver enfrente de ellos al hombre de oro. Su brillo les daba en los ojos y cuando lo tocaron, la mano se les puso fría como si hubieran tocado una culebra. Se estuvieron allí, esperando que el hombre de oro les hablara. Llegó la hora de comer y los hombres de carne le dieron un bocado al hombre de oro. Llegó la hora de partir y los hombres de carne fueron cargando al hombre de oro. Y día con día la dureza de corazón del hombre de oro fue resquebrajándose hasta que la palabra de gratitud que los cuatro señores habían puesto en él subió hasta su boca.

Los señores despertaron al escuchar su nombre

entre las alabanzas. Y miraron lo que había sucedido en la tierra durante su sueño. Y lo aprobaron. Y desde entonces llaman rico al hombre de oro y pobres a los hombres de carne. Y dispusieron que el rico cuidara y amparara al pobre por cuanto que de él había recibido beneficios. Y ordenaron que el pobre respondería por el rico ante la cara de la verdad. Por eso dice nuestra ley que ningún rico puede entrar al cielo si un pobre no lo lleva de la mano.

La nana guarda silencio. Dobla cuidadosamente la ropa que acaba de remendar, recoge el tol con los hilos de colores y se pone en pie para marcharse. Pero antes de que avance el primer paso que nos alejará, le pregunto:

—¿Quién es mi pobre, nana?

Ella se detiene y mientras me ayuda a levantarme dice:

—Todavía no lo sabes. Pero si miras con atención, cuando tengas más edad y mayor entendimiento, lo reconocerás.

X

LAS VENTANAS de mi cuarto están cerradas porque no soporto la luz. Tiemblo de frío bajo las cobijas y, sin embargo, estoy ardiendo en calentura. La nana se inclina hacia mí y pasa un pañuelo humedecido sobre mi frente. Es inútil. No logrará borrar lo que he visto. Quedará aquí, adentro, como si lo hubieran grabado sobre una lápida. No hay olvido.

Venía desde lejos. Desde Chactajal. Veinticinco leguas de camino. Montañas duras de subir; llanos donde el viento aúlla; pedregales sin término. Y allí, él. Desangrándose sobre una parihuela que cuatro compañeros suyos cargaban. Llegaron jadeantes, rendidos por la jornada agotadora. Y al moribundo le alcanzó el aliento para traspasar el umbral de nuestra casa. Corrimos a verlo. Un machetazo casi le había desprendido la mano. Los trapos en que se la envolvieron estaban tintos en sangre. Y sangraba también por las otras heridas. Y tenía el pelo pegado a la cabeza con costras de sudor y de sangre.

Sus compañeros lo depositaron ante nosotros y allí murió. Con unas palabras que únicamente comprenden mi padre y la nana y que no han querido comunicar a ninguno.

Ahora lo están velando en la caballeriza. Lo metieron en un ataúd de ocote, pequeño para su tamaño, con las junturas mal pegadas por donde escurre todavía la sangre. Una gota. Lentamente va formándose, y va hinchiéndose la otra. Hasta que el peso la vence y se desploma. Cae sobre la tierra y el estiércol que la devoran sin ruido. Y el muerto está allí, solo. Los otros indios regresaron inmediatamente a la finca porque son necesarios para el trabajo. ¿Quién más le hará compañía? Las criadas no lo consideran su igual. Y la nana está aquí conmigo, cuidándome.

—¿Lo mataron porque era brujo?

Tengo que saber. Esa palabra que él pronunció tal vez sea lo único que borre la mancha de sangre que ha caído sobre la cara del día.

—Lo mataron porque era de la confianza de tu padre. Ahora hay división entre ellos y han quebrado la concordia como una vara contra sus rodillas. El maligno atiza a los unos contra los otros. Unos quieren seguir, como hasta ahora, a la sombra de la casa grande. Otros ya no quieren tener patrón.

No escucho lo que continúa diciendo. Veo a mi madre, caminar de prisa, muy temprano. Y detenerse ante una casa de tejamanil. Adentro está la tullida, sentada en su silla de palo, con las manos inertes sobre la falda. Mi madre le lleva su desayuno. Pero la tullida grita cuando mi madre deja caer, a sus pies, la entraña sanguinolenta y todavía palpitante de una res recién sacrificada.

No, no, no es eso. Es mi padre recostado en la hamaca del corredor, leyendo. Y no mira que lo rodean esqueletos sonrientes, con una risa silenciosa y sin fin. Yo huyo, despavorida, y encuentro a mi nana lavando nuestra ropa a la orilla de un río rojo y turbulento. De rodillas golpea los lienzos contra las piedras y el estruendo apaga el eco de mi voz. Y yo estoy llorando en el aire sordo mientras la corriente crece y me moja los pies.

XI

Mi madre nos lleva de visita. Vamos muy formales —Mario, ella y yo— a casa de su amiga Amalia, la soltera.

Cuando nos abren la puerta es como si destaparan una caja de cedro, olorosa, donde se guardan listones desteñidos y papeles ilegibles.

Amalia sale a recibirnos. Lleva un chal de lana gris, tibio, sobre la espalda. Y su rostro es el de los pétalos que se han puesto a marchitar entre las páginas de los libros. Sonríe con dulzura pero todos sabemos que está triste porque su pelo comienza a encanecer.

En el corredor hay muchas macetas con begonias; esa clase especial de palmas a las que dicen “cola de quetzal” y otras plantas de sombra. En las paredes jaulas con canarios y guías de enredaderas. En los pilares de madera, nada. Sólo su redondez.

Entramos en la sala. ¡Cuántas cosas! Espejos enormes que parecen inclinarse (por la manera como penden de sus clavos) y hacer una reverencia a quien se asoma a ellos. Miran como los viejos, con las pupilas empañadas y remotas. Hay rinconeras con figuras de porcelana. Abanicos. Retratos de señores que están muertos. Mesas con incrustaciones de caoba. Un ajuar de bejuco. Tapetes. Cojines bordados. Y frente a una de las ventanas, hundida, apenas visible en el sillón, una anciana está viendo atentamente hacia la calle.

—Mamá sigue igual. Desde que perdió sus facultades… —dice Amalia, disculpándola.

Mario y yo, muy próximos a la viejecita, nos aplicamos a observarla. Es pequeña, huesuda y tiene una corcova. No advierte nuestra cercanía.

Mi madre y Amalia se sientan a platicar en el sofá.

—Mira, Zoraida, estoy bordando este pañuelo.

Y la soltera saca de un cestillo de mimbre un pedazo de lino blanquísimo.

—Es para taparle la cara cuando muera.

Con un gesto vago alude al sillón en el que está la anciana.

—Gracias a Dios ya tengo listas todas las cosas de su entierro. El vestido es de gro muy fino. Lleva aplicaciones de encaje.

Continúan charlando. Un momento se hace presente, en la conversación, su juventud. Y es como si los limoneros del patio entraran, con su ráfaga de azahar, a conmover esta atmósfera de encierro. Callan y se miran azoradas como si algo muy hermoso se les hubiera ido de las manos.

La viejecita solloza, tan quedamente, que sólo mi hermano y yo la escuchamos. Corremos a avisar.

Solícita, Amalia va hasta el sillón. Tiene que inclinarse mucho para oír lo que la anciana murmura. Entre su llanto ha dicho que quiere que la lleven a Guatemala. Su hija hace gestos de condescendencia y empuja el sillón hasta la ventana contigua. La anciana se tranquiliza y sigue mirando la calle como si la estrenara.

—Vengan, niños —convida la soltera—; voy a darles unos dulces.

Mientras saca los confites de su pomo de cristal, pregunta:

—Y qué hay de cierto en todos esos rumores que corren por ahí?

Mi madre no sabe a qué se refiere.

—Dicen que va a venir el agrarismo, que están quitando las fincas a sus dueños y que los indios se alzaron contra los patrones.

Pronuncia las palabras precipitadamente, sin respirar, como si esta prisa las volviera inofensivas. Parpadea esperando la respuesta. Mi madre hace una pausa mientras piensa lo que va a contestar.

—El miedo agranda las cosas.

—Pero si en Chactajal... ¿No acaban de traer a tu casa a un indio al que machetearon los alzados?

—Mentira. No fue así. Ya ves cómo celebran ellos sus fiestas. Se pusieron una borrachera y acabaron peleando. No es la primera ocasión que sucede.

Amalia examina con incredulidad a mi madre. Y abrupta, concluye:

—De todos modos me alegro de haber vendido a buen tiempo nuestros ranchos. Ahora todas nuestras propiedades están aquí, en Comitán. Casas y sitios. Es más seguro.

—Para una mujer sola como tú está bien. Pero los hombres no saben estarse sino en el campo.

Nos acabamos los confites. Un reloj da la hora. ¿Tan tarde ya? Se encendieron los focos de luz eléctrica.

—Los niños han crecido mucho. Hay que ir pensando en que hagan su primera comunión.

—No saben la doctrina.

—Mándamelos. Yo los prepararé. Quiero que sean mis ahijados.

Nos acaricia afablemente con la mano izquierda mientras con la derecha se arregla el pelo, que se le está volviendo blanco. Y agrega:

—Si para entonces todavía no ha muerto mamá.

XII

En Comitán celebramos varias ferias anuales. Pero ninguna tan alegre, tan animada como la de San Caralampio. Tiene fama de milagroso y desde lejos vienen las peregrinaciones para rezar ante su imagen, tallada en Guatemala, que lo muestra de rodillas, con grandes barbas blancas y resplandor de santo, mientras el verdugo se prepara a descargar sobre su cabeza el hachazo mortal. (Del verdugo se sabe que era judío.) Pero ahora el pueblo se detiene ante las puertas de la iglesia, cerrada como todas las demás, por órdenes del gobierno. No es suficiente motivo para suspender la feria, así que en la plaza que rodea al templo se instalan los puestos y los manteados.

De San Cristóbal bajan los custitaleros con su cargamento de vendimias: frutas secas, encurtidos; muñecas de trapo mal hechas, con las mejillas escandalosamente pintadas de rojo para que no quepa duda de que son de tierra fría; pastoras de barro con los tobillos gruesos; carneritos de algodón; cofres de madera barnizada; tejidos ásperos.

Los mercaderes —bien envueltos en frazadas de lana— despliegan su mercancía sobre unos petates, en el suelo. La ponderan ante la multitud con voz ronca de fumadores de tabaco fuerte. Y razonan con larga complacencia acerca de los precios. El ranchero, que estrenó camisa de sedalina chillante, se emboba ante la abundancia desparramada frente a sus ojos. Y después de mucho pensarlo saca de su bolsa un pañuelo de yerbilla. Deshace los nudos en los que guarda el dinero y compra una libra de avellanas, un atado de cigarros de hoja, una violineta.

Más allá cantan la lotería:

—"La estrella polar del norte."

La gente la busca en sus cartones y cuando la encuentra la señala con un grano de maíz.

—"El paraguas de tía Cleta."

Los premios relucen sobre los estantes. Objetos de vidrio sin forma definida; anillos que tienen la virtud especial de volver verde el sitio en que se posan; mascadas tan tenues que al menor soplo vuelan lo mismo que la flor del cardo.

—"La muerte ciriquiciaca."

—¡Lotería!

Hay una agitación general. Todos envidian al afortunado que sonríe satisfecho mientras el dispensador de dones le invita a escoger, entre toda aquella riqueza, entre toda aquella variedad, lo que más le guste.

Mi nana y yo hemos estado sentadas aquí durante horas y todavía no ganamos nada. Yo estoy triste, lejos de los regalos. Mi nana se pone de pie mientras dice:

—Quédate quieta aquí. No me dilato.

Yo la miro marchar. Le hace una seña al dueño del

puesto y hablan brevemente en voz baja. Ella le entrega algo y se inclina como con gratitud. Luego vuelve a sentarse junto a mí.

—"Don Ferruco en la alameda."

No lo encuentro en mi cartón. Pero la nana coge un grano de maíz y lo coloca sobre una figura.

—¿Es ése don Ferruco?

—Ése es.

No tenía yo idea de que fuera una fruta.

—"El bandolón de París."

Otra figura oculta.

—"El corazón de una dama."

—¡Lotería! —grita la nana mientras el dueño aplaude entusiasmado.

—¿Qué premio vas a llevarte? —me pregunta.

Yo escojo un anillo porque quiero tener el dedo verde.

Vamos caminando entre el gentío. Nos pisan, nos empujan. Muy altas, por encima de mi cabeza, van las risotadas, las palabras de dos filos. Huele a perfume barato, a ropa recién planchada, a aguardiente añejo. Hierve el mole en unas enormes cazuelas de barro y el ponche con canela se mantiene borbollando sobre el fuego. En otro ángulo de la plaza alzaron un tablado y lo cubrieron de juncia fresca, para el baile. Allí están las parejas, abrazadas al modo de los ladinos, mientras la marimba toca una música espesa y soñolienta.

Pero este año la Comisión Organizadora de la Feria se ha lucido. Mandó traer del Centro, de la Capital, lo nunca visto: la rueda de la fortuna. Allí está, grande, resplandeciente con sus miles de focos. Mi nana y yo vamos a subir, pero la gente se ha aglomerado y tenemos que esperar nuestro turno. Delante de nosotras va un indio. Al llegar a la taquilla pide su boleto.

—Oílo vos, este indio igualado. Está hablando castilla. ¿Quién le daría permiso?

Porque hay reglas. El español es privilegio nuestro. Y lo usamos hablando de usted a los superiores; de tú a los iguales; de vos a los indios.

—Indio embelequero, subí, subí. No se te vaya a reventar la hiel.

El indio recibe su boleto sin contestar.

—Andá a beber trago y dejate de babosadas.

—¡Un indio encaramado en la rueda de la fortuna! ¡Es el Anticristo!

Nos sientan en una especie de cuna. El hombre que maneja la máquina asegura la barra que nos protege. Se retira y echa a andar el motor. Lentamente vamos ascendiendo. Un instante nos detenemos allá arriba. ¡Comitán, todo entero, como una nidada de pájaro, está a nuestras manos! Las tejas oscuras, donde el verdín de la humedad prospera. Las paredes encaladas. Las torres de piedra. Y los llanos que no se acaban nunca. Y la ciénaga. Y el viento.

De pronto empezamos a adquirir velocidad. La rueda gira vertiginosamente. Los rostros se confunden, las imágenes se mezclan. Y entonces un grito de horror sale de los labios de la multitud que nos contempla desde abajo. Al principio no sabemos qué sucede. Luego nos damos cuenta de que la barra del lugar donde va el indio se desprendió y él se ha precipitado hacia adelante. Pero alcanza a cogerse de la punta del palo y allí se sostiene mientras la rueda continúa girando una vuelta y otra y otra.

El hombre que maneja la máquina interrumpe la corriente eléctrica, pero la rueda sigue con el impulso adquirido, y cuando, al fin, para, el indio queda arriba, colgado, sudando de fatiga y de miedo.

Poco a poco, con una lentitud que a los ojos de nuestra angustia parece eterna, el indio va bajando. Cuando está lo suficientemente cerca del suelo, salta. Su rostro es del color de la ceniza. Alguien le tiende una botella de comiteco pero él la rechaza sin gratitud.

—¿Por qué pararon? —pregunta.

El hombre que maneja la máquina está furioso.

—¿Cómo que por qué? Porque te caíste y te ibas a matar, indio bruto.

El indio lo mira, rechinando los dientes, ofendido.

—No me caí. Yo destrabé el palo. Me gusta más ir de ese modo.

Una explosión de hilaridad es el eco de estas palabras.

—Mirá por dónde sale.

—¡Qué amigo!

El indio palpa a su alrededor el desprecio y la burla. Sostiene su desafío.

—Quiero otro boleto. Voy a ir como me gusta. Y no me vayan a mermar la ración.

Los curiosos se divierten con el acontecimiento que se prepara. Cuchichean. Ríen cubriéndose la boca con la mano. Se hacen guiños.

Mi nana atraviesa entre ellos y, a rastras, me lleva mientras yo me vuelvo a ver el sitio del que nos alejamos. Ya no logro distinguir nada. Protesto. Ella sigue adelante, sin hacerme caso. De prisa, como si la persiguiera una jauría. Quiero preguntarle por qué. Pero la interrogación se me quiebra cuando miro sus ojos arrasados en lágrimas.

XIII

Nuestra casa pertenece a la parroquia del Calvario. La cerraron desde la misma fecha que las otras.

Recuerdo aquel día de luto. La soldadesca derribó el altar a culatazos y encendió una fogata a media calle para quemar los trozos de madera. Ardían, retorciéndose, los mutilados cuerpos de los santos. Y la plebe disputaba con las manos puestas sobre las coronas arrancadas a aquellas imágenes. Un hombre ebrio pasó rayando el caballo entre el montón de cenizas. Y desde entonces todos temblamos esperando el castigo.

Pero las imágenes del Calvario fueron preservadas. Las defendió su antigüedad, los siglos de devoción. Y ahora la polilla come de ellas en el interior de una iglesia clausurada.

El Presidente Municipal concede, aunque de mala gana, que cada mes una señora del barrio se encargue de la limpieza del templo. Toca el turno a mi madre. Y vamos, con el séquito de criadas, cargando las escobas, los plumeros, los baldes de agua, los trapos que son necesarios para la tarea.

Rechina la llave dentro de la cerradura enmohecida y la puerta gira con dificultad sobre sus goznes. Lo suficiente para dejarnos pasar. Luego vuelve a cerrarse.

Adentro ¡qué espacio desolado! Las paredes altas, desnudas. El coro de madera toscamente labrada. No hay altar. En el sitio principal, tres crucifijos enormes cubiertos con unos lienzos morados como en la cuaresma.

Las criadas empiezan a trabajar. Con las escobas acosan a la araña por los rincones y desgarran la tela preciosa que tejió con tanto sigilo, con tanta paciencia. Vuela un murciélago ahuyentado por esta intrusión en sus dominios. Lo deslumbra la claridad y se estrella contra los muros y no atina con las vidrieras rotas de las ventanas. Lo perseguimos, espantándolo con los plumeros, aturdiéndolo con nuestros gritos. Logra escapar y quedamos burladas, acezando.

Mi madre nos llama al orden. Rociamos el piso para barrerlo. Pero aún así se levantan nubes de polvo que la luz tornasola. Mi madre se dispone a limpiar las imágenes con una gamuza. Quita el paño que cubre a una de ellas y aparece un Cristo largamente martirizado. Pende de la cruz, con las coyunturas rotas. Los huesos casi atraviesan su piel amarillenta y la sangre fluye con abundancia de sus manos, de su costado abierto, de sus pies traspasados. La cabeza cae inerte sobre el pecho y la corona de espinas le abre, allí también, incontables manantiales de sangre.

La revelación es tan repentina que me deja paralizada. Contemplo la imagen un instante, muda de horror. Y luego me lanzo, como ciega, hacia la puerta. Forcejeo violentamente, la golpeo con mis puños, desesperada. Y es en vano. La puerta no se abre. Estoy cogida en la trampa. Nunca podré huir de aquí. Nunca. He caído en el pozo negro del infierno.

Mi madre me alcanza y me toma por los hombros, sacudiéndome.

—¿Qué te pasa?

No puedo responder y me debato entre sus manos, enloquecida de terror.

—¡Contesta!

Me ha abofeteado. Sus ojos relampaguean de alarma y de cólera. Algo dentro de mí se rompe y se entrega, vencido.

—Es igual (digo señalando al crucifijo), es igual al indio que llevaron macheteado a nuestra casa.

XIV

Ya se entablaron las aguas. Los caminos que van a México están cerrados. Los automóviles se atascan en el lodo; los aviones caen abatidos por la tempestad. Sólo las recuas de mulas continúan haciendo su tráfico entre las poblaciones vecinas, trayendo y llevando carga, viajeros, el correo.

Todos nos asomamos a los balcones para verlas llegar. Entran siguiendo a la mula madrina que hace sonar briosamente su cencerro. Vienen con las herraduras rotas, con el lomo lastimado. Pero vienen de lejos y traen noticias y cosas de otras partes. ¡Qué alegría nos da saber que entre los cajones bien remachados y los bultos envueltos en petate vienen las bolsas de lona tricolor, repletas de periódicos y cartas! Estamos tan aislados en Comitán, durante la temporada de lluvias. Estamos tan lejos siempre. Una vez vi un mapa de la República y hacia el sur acababa donde vivimos nosotros. Después ya no hay ninguna otra ruedita. Sólo una raya para marcar la frontera. Y la gente se va. Y cuando se va escribe. Pero sus palabras nos llegan tantas semanas después que las recibimos marchitas y sin olor como las flores viejas. Y ahora el cartero no nos trajo nada. Mi padre volverá a leer la prensa de la vez anterior.

Estamos en la sala. Mi madre teje un mantel para el altar del oratorio, con un gancho y el hilo recio y crudo. Mario y yo miramos a la calle con la cara pegada contra el vidrio. Vemos venir a un señor de los que usan chaleco y leontina de oro. Llega hasta la puerta de la casa y allí se detiene. Toca.

—Adelante —dice mi madre, sin interrumpir su tejido.

El señor se descubre al entrar en la sala.

—Buenas tardes.

Mi padre se pone de pie para recibirlo.

—Jaime Rovelo, ¿a qué se debe tu buena venida?

Se abrazan con gusto de encontrarse. Mi padre señala a su amigo una silla para que se siente. Luego se sienta él.

—No te parecerá buena, César, cuando sepas qué asunto es el que me trae.

Está triste. Su bigote entrecano llueve melancólicamente.

—¿Malas noticias? —inquiere mi madre.

—En estas épocas, ¿qué otras noticias pueden recibirse?

—Vamos, Jaime, no exageres. Todavía se deja coger una que otra palomita por ahí.

No logra hacerlo cambiar de gesto. Mi padre lo mira con curiosidad a la que todavía no se mezcla la alarma. El señor no sabe cómo empezar a hablar. Tiemblan levemente sus manos.

—¿Recibieron el periódico de hoy?

—No. Esta vez también se extravió en algún accidente del camino. Y a pesar de todo tenemos que confiar en el correo.

—Conmigo es puntual. Hoy tuve carta de México.

—¿De tu hijo?

—Tan guapo muchacho. Y tan estudioso. Está a punto de recibir su título de abogado. ¿Verdad?

—Sí. Ya está trabajando en un bufete.

—¡Qué satisfecho estará usted, don Jaime, de haberle dado una carrera!

—Nunca sabe uno lo que va a resultar. Como dice el dicho, el diablo dispone. Les contaba que hoy recibí carta de él.

—¿Alguna desgracia?

—El gobierno ha dictado una nueva disposición contra nuestros intereses.

Del bolsillo del chaleco extrae un sobre. Desdobla los pliegos que contenía y, escogiendo uno, se lo tiende a mi madre.

—Hágame usted el favor de leer. Aquí.

—"Se aprobó la ley según la cual los dueños de fincas, con más de cinco familias de indios a su servicio, tienen la obligación de proporcionarles medios de enseñanza, estableciendo una escuela y pagando de su peculio a un maestro rural."

Mi madre dobla el papel y sonríe con sarcasmo.

—¿Dónde se ha visto semejante cosa? Enseñarles a leer cuando ni siquiera son capaces de aprender a hablar español.

—Vaya, Jaime, casi lograste asustarme. Cuando te vi llegar con esa cara de enterrador pensé que de veras había sucedido una catástrofe. Pero esto no tiene importancia. ¿Te acuerdas cuando impusieron el salario mínimo? A todos se les fue el alma a los pies. Era el desastre. ¿Y qué pasó? Que somos lagartos mañosos y no se nos pesca fácilmente. Hemos encontrado la manera de no pagarlo.

—Porque ningún indio vale setenta y cinco centavos al día. Ni al mes.

—Además, dime, ¿qué haría con el dinero? Emborracharse.

—Lo que te digo es que igual que entonces podemos ahora arreglar las cosas. Permíteme la carta.

Mi padre la lee para sí mismo y dice:

—La ley no establece que el maestro rural tenga que ser designado por las autoridades. Entonces nos queda un medio: escoger nosotros a la persona que nos convenga. ¿Te das cuenta de la jugada?

Don Jaime asiente. Pero la expresión de su rostro no varía.

—Te doy la solución y sigues tan fúnebre como antes. ¿Es que hay algo más?

—Mi hijo opina que la ley es razonable y necesaria; que Cárdenas es un presidente justo.

Mi madre se sobresalta y dice con apasionamiento:

—¿Justo? ¿Cuando pisotea nuestros derechos, cuando nos arrebata nuestras propiedades? Y para dárselas ¿a quiénes?, a los indios. Es que no los conoce; es que nunca se ha acercado a ellos ni ha sentido cómo apestan a suciedad y a trago. Es que nunca les ha hecho un favor para que le devolvieran ingratitud. No les ha encargado una tarea para que mida su haraganería. ¡Y son tan hipócritas, y tan solapados y tan falsos!

—Zoraida —dice mi padre, reconviniéndola.

—Es verdad —grita ella—. Y yo hubiera preferido mil veces no nacer nunca antes que haber nacido entre esta raza de víboras.

Busco la cara de mi hermano. Igual que a mí le espanta esta voz, le espanta el rojo que arrebata las mejillas de mi madre. De puntillas, sin que los mayores lo adviertan, vamos saliendo de la sala. Sin ruido cerramos la puerta tras de nosotros. Para que si la nana pasa cerca de aquí no pueda escuchar la conversación.

XV

—¡Ave María!

Una mujer está parada en el zaguán, saludando. Es vieja, gorda, vestida humildemente y lleva un envoltorio bajo el rebozo.

Las criadas —con un revuelo de fustanes almidonados— se apresuran a pasarla adelante. Le ofrecen un butaque en el corredor. La mujer se sienta, sofocada. Coloca el envoltorio en su regazo y con un pañuelo se limpia el sudor que le corre por la cara y la garganta. No se pone de pie cuando mi madre sale a recibirla.

—Doña Pastora, qué milagro verla por esta su casa.

Mi madre se sienta al lado de ella y mira codiciosamente el envoltorio.

—Traigo muchas cosas. Ya conozco tu gusto y me acordé de ti cuando las compraba.

—Muéstrelas, doña Pastora.

—¿Así? ¿Delante de todos?

Las criadas están rodeándonos y la mujer no parece contenta.

—Son de confianza —arguye mi madre.

—No es según la costumbre.

—Usted manda, doña Pastora, usted manda... Muchachas, a su quehacer. Pero antes dejen bien cerrada la puerta de calle.

Es mediodía. El viento duerme, cargado de su propia fragancia, en el jardín. De lejos llegan los rumores: la loza chocando con el agua en la cocina; la canción monótona de la molendera. ¡Qué silenciosas las nubes allá arriba!

La mujer deshace los nudos del envoltorio y bajo la tela parda brota una cascada de colores. Mi madre exclama con asombro y delicia:

—¡Qué primor!

—Son paños de Guatemala, legítimos. No creas que se van a desteñir a la primera lavada. Te duran toda la vida y siempre como ahora.

Allí están las sábanas rojas listadas de amarillo. Los perrajes labrados donde camina solemnemente la greca; y donde vuelan los colibríes en un aire azul; y donde el tigre asoma su minúscula garra de terciopelo y donde la mariposa ha cesado de aletear para siempre.

Mi madre escoge esto y esto y esto.

—¿Nada más?

—Yo quisiera llevármelo todo. Pero los tiempos están muy difíciles. No se puede gastar tanto como antes.

—Tendrás antojo de otras cosas.

Doña Pastora saca un pequeño estuche de entre su camisa. Lo abre y resplandecen las alhajas. El oro trenzado en collares; los aretes de filigrana; los relicarios finísimos.

—Es muy caro.

—Tú sabes desde dónde vengo, Zoraida. Sabes que cobro el viaje y los riesgos.

—Sí, doña Pastora, pero es que...

—¿Es que la mercancía no te cuadra? ¿Después de lo que me esmeré en escogerla?

Pregunta con un leve tono de amenaza. Mi madre casi gime, deseosa, ante las joyas.

—César dice que no debemos comprar más que lo indispensable. Que los asuntos del rancho... Yo no entiendo nada. Sólo que... no hay dinero.

Con un chasquido seco el estuche se cierra. Doña Pastora vuelve a metérselo entre la camisa. Recoge los géneros rechazados. Amarra otra vez los nudos. Mi madre la mira como solicitando perdón. Al fin doña Pastora concede.

—Dile a tu marido que puedo venderle lo que necesita.

—¿Qué?

—Un secreto.

—¿Un secreto?

—Un lugar en la frontera. No hay guardias. Es fácil cruzarlo a cualquier hora. Dile que si me paga le muestro dónde es.

Mi madre sonríe creyendo que escucha una broma.

—César no le va a hacer la competencia, doña Pastora. No piensa dedicarse al contrabando.

Doña Pastora mira a mi madre y repite, como amonestándola.

—Dile lo que te dije. Para cuando sea necesario huir.

XVI

Desde hace varios días esperamos una visita desagradable en la escuela. Hoy, mientras la señorita Silvina explicaba que los ojos de las avispas son poliédricos, llamaron a la puerta. Su expresión se volvió cautelosa y dijo:

—Puede ser él.

Se levantó y descolgó la imagen de San Caralampio que siempre estuvo clavada en la pared, encima del pizarrón. Quedó una mancha cuadrada que no es fácil borrar. Luego comisionó a una de las alumnas para que fuera a abrir la puerta. Mientras la niña atravesaba el patio, la maestra nos aleccionó:

—Recuerden lo que les he recomendado. Mucha discreción. Ante un desconocido no tenemos por qué hablar de las costumbres de la casa.

El desconocido estaba allí, ante nosotras. Alto, serio, vestido de casimir negro.

—Soy inspector de la Secretaría de Educación Pública.

Hablaba con el acento de las personas que vienen

de México. La maestra se ruborizó y bajó los párpados. Ésta era la primera vez que sostenía una conversación con un hombre. Turbada, sólo acertó a balbucir:

—Niñas, pónganse de pie y saluden al señor inspector.

Él la detuvo autoritariamente con un gesto y nosotras no alcanzamos a obedecerla.

—Vamos a dejarnos de hipocresías. Yo vine aquí para otra cosa. Quiero que me muestre usted los documentos que la autorizan a tener abierta esta escuela.

—¿Los documentos?

—¿O es que funciona en forma clandestina como si fuera una fábrica de aguardiente?

La señorita está confusa. Nunca le habían hablado de esta manera.

—No tengo ningún papel. Mis abuelos enseñaban las primeras letras. Y luego mis padres y ahora…

—Y ahora usted. Y desde sus abuelos todas las generaciones han burlado la ley. Además, no concibo qué pueda usted enseñar cuando la encuentro tan ignorante. Porque estoy seguro de que tampoco está usted enterada de que la educación es una tarea reservada al Estado, no a los particulares.

—Sí, señor.

—Y que el Estado imparte gratuitamente la educación a los ciudadanos. Óigalo bien: gratuitamente. En cambio usted cobra.

—Una miseria, señor. Doce reales al mes.

—Un robo. Pero en fin, dejemos esto. ¿Cuál es su plan de estudios?

—Les enseño lo que puedo, señor. Las primeras letras, las cuatro operaciones…

El inspector la dejó con la palabra en la boca y

se aproximó a una de las niñas que se sientan en primera fila.

—A ver tú. Dame la libreta de calificaciones.

La niña no se movió hasta no ver la autorización en la cara de la señorita. Entonces sacó una libreta del fondo de su pupitre y se la entregó al inspector. Él empezó a hojearla y a medida que leía se acentuaba la mueca irónica en sus labios.

—"Lecciones de cosas." ¿Tuviera usted la bondad, señorita profesora, de explicarme qué materias abarca esta asignatura?

La señorita Silvina con su vestido negro, con su azoro, con su pequeñez, parecía un ratón cogido en una trampa. Los ojos implacables del inspector se separaron despectivamente de ella y volvieron a la libreta.

—"Fuerzas y palancas." ¡Vaya! Le aseguro que en la capital no tenemos noticia de estos descubrimientos pedagógicos. Sería muy oportuno que usted nos ilustrara al respecto.

Las rodillas de la maestra temblaban tanto que por un momento creímos que iba a desplomarse. Tanteando volvió a su silla y se sentó. Allí estaba quieta, lívida, ausente.

—"Historia y calor." Hermosa asociación de ideas, pero no podemos detenernos en ella, hay que pasar a otro asunto. ¿Reúne el edificio las condiciones sanitarias para dar alojamiento a una escuela?

La voz de la maestra brotó ríspida, cortante.

—¿Para qué me lo pregunta? Está usted viendo que es un cascarón viejísimo que de un momento a otro va a caérsenos encima.

—Delicioso. Y ustedes morirán aplastadas, felices, inmolándose como víctimas a Dios. Porque acierto al suponer que son católicas. ¿Verdad?

Silencio.

—¿No son católicas? ¿No rezan todos los días antes de empezar y al terminar las clases?

Del fondo del salón se levantó una muchacha como de trece años. Gruesa, tosca, de expresión bovina. De las que la maestra condenaba —por su torpeza, por la lentitud de su inteligencia— a no dibujar jamás el mapamundi.

—Rezamos un Padre Nuestro, Ave María y Gloria. Los sábados un rosario entero.

—Gracias, niña. Me has proporcionado el dato que me faltaba. Puedes sentarte.

Ninguna de nosotras se atrevió a volverse a verla. Estábamos apenadas por lo que acababa de suceder.

—Todo lo demás podía pasarse. Pero ésta es la gota que colma el vaso. Le prometo, señorita profesora, que de aquí saldré directamente a gestionar que este antro sea clausurado.

Cuando el inspector se fue, la señorita escondió el rostro entre las manos y comenzó a llorar entrecortada, salvajemente. Sus hombros —tan magros, tan estrechos, tan desvalidos— se doblegaban como bajo el peso de un sufrimiento intolerable.

Todas nos volvimos hacia la muchacha que nos había delatado.

—Tú tienes la culpa. Anda a pedirle perdón.

La muchacha hacía un esfuerzo enorme para entender por qué la acusábamos. No quería moverse de su lugar. Pero entre sus vecinas la levantaron y a empellones fueron acercándola a la maestra. Allí enfrente se quedó parada, inmóvil, con los brazos colgando. La miraba llorar y no parecía tener remordimiento. La maestra alzó la cara y con los ojos enrojecidos y todavía húmedos le preguntó:

—¿Por qué hiciste eso?

—Usted me enseñó que dijera siempre la verdad.

XVII

Mi padre nos recomendó que cuando viniera el muchacho que reparte el periódico no lo dejáramos marchar antes de que hablara con él. Lo detuvimos en el corredor mientras mi padre terminaba de desayunarse.

El repartidor de periódicos es un joven de rostro alerta y simpático. Mi padre lo recibió afablemente.

—Siéntate, Ernesto.

—Gracias, don César.

Pero el muchacho permaneció en pie, cargando su fajo de papeles.

—Allí, en esa butaca. ¿O es que tienes prisa?

—Es que... no quiero faltarle al respeto. No somos iguales y...

—Pocos piensan ya en esas distinciones. Además creo que somos medio parientes. ¿No es así?

—Soy un hijo bastardo de su hermano Ernesto.

—Algo de eso había yo oído decir. Eres blanco como él, tienes los ojos claros. ¿Conociste a tu padre?

—Hablé con él algunas veces.

—Era un buen hombre, un hombre honrado. Y tú, que llevas su apellido, debes serlo también.

Ernesto desvió los ojos para ocultar su emoción. Se sentó frente a mi padre procurando ocultar las suelas rotas de sus zapatos.

—¿Estás contento donde trabajas?

—Me tratan bien. Pero el sueldo apenas nos alcanza a mi madre y a mí.

—Pareces listo, desenvuelto. Podrías aspirar a cosas mejores.

La expresión de Ernesto se animó.

—Yo quería estudiar. Ser ingeniero.

—¿Estuviste en la escuela?

—Sólo hasta cuarto año de primaria. Entonces le vino la enfermedad a mi madre.

—Pero aprendiste a leer bien y a escribir.

—Gracias a eso conseguí este trabajo.

—¿Y no te gustaría cambiarlo por otro más fácil y mejor pagado?

—Eso no se pregunta, señor.

—Soy tu tío. No me digas señor —Ernesto miró a mi padre con recelo. No quiso aceptar el cigarro que le ofrecía—. Se trata de algo muy sencillo. Tú sabes que ahora la ley nos exige tener un maestro rural en la finca.

—Sí. Eso dicen.

—Pero como todas las cosas en México andan de cabeza, nos mandan que consumamos un artículo del que no hay existencia suficiente. Así que nosotros debemos surtirnos de donde se pueda. Y ya que no hay yacimientos de maestros rurales no queda más remedio que la improvisación. Desde el principio pensé que tú podrías servir.

—¿Yo?

—Sabes leer y escribir. Con eso basta para llenar el expediente. Y en cuanto a lo demás...

—No hablo tzeltal, tío.

—No necesitarás hablarlo. Vivirás con nosotros en la casa grande. Tu comida y tu ropa correrán, desde luego, por nuestra cuenta. Y cuidaríamos de que no le faltara nada a tu madre. Está enferma, dices.

—Salió caliente después de haber estado planchando y cogió un aire. Quedó ciega. La cuida una vecina.

—Podríamos dejarle dinero suficiente para sus gastos mientras tú estás fuera.

—¿Cuánto tiempo?

Ahora que Ernesto sabía el terreno que pisaba, había recobrado su aplomo. Se sentía orgulloso de estar aquí, sentado frente a uno de los señores de chaleco y leontina de oro, conversando como si fuera su igual y fumando de sus cigarros. Se consideraba, además, necesario. Y eso elevaba su precio ante sí mismo.

—El plazo depende de las circunstancias. Si no estás contento puedes volver cuando quieras. Aunque yo te garantizo que te hallarás. Chactajal tiene buen clima. Y nosotros te trataremos bien.

—En cuanto al sueldo...

—Por eso no vamos a discutir. Y mira, no es necesario que te precipites resolviendo hoy mismo esta proposición. Anda a tu casa, medítalo bien, consúltalo con tu madre. Y si te conviene, avísame.

—¿Cuándo saldremos para el rancho?

—La semana próxima.

XVIII

Como ahora ya no voy a la escuela me paso el día sin salir de la casa. Y me aburro. Voy detrás de las criadas a la despensa, a las recámaras, al comedor. Las miro trajinar. Las estorbo sentándome sobre la silla que van a sacudir, las impaciento arrugando la sobrecama que acaban de tender.

—Niñita, ¿por qué no vas a comprar un real de teneme acá?

Me levanto y me voy, sola, al corredor. Pasan y vuelven a pasar los burreros vaciando sus barriles de agua en las grandes tinajas de la cocina.

La nana está tostando café. No me hará caso, como a los cachorros aunque ladren y ladren.

Abro una puerta. Es la del escritorio de mi padre. Ya en otras ocasiones he hurgado en las gavetas que no tienen llave. Hay manojos de cartas atados con listones viejos. Hay retratos. Señores barbudos, amarillentos y borrosos. Señoritas pálidas, de cabello destrenzado. Niños desnudos nadando sobre la alfombra. Ya me los aprendí de memoria. Papeles llenos de números. No los entiendo. En los estantes muchos libros. Son tan grandes que si saco uno de ellos todos notarían su falta. Pero aquí está un cuaderno. Es pequeño, tiene pocas páginas. Adentro hay algo manuscrito y figuras como las que Mario dibuja a veces.

Escondo el cuaderno bajo el delantal y salgo sigilosamente de la biblioteca. No hay nadie. Llego hasta el traspatio sin que ninguno me haya visto. Allí, al cobijo de una higuera, me dispongo a leer.

"Yo soy el hermano mayor de mi tribu. Su memoria.

"Estuve con los fundadores de las ciudades ceremoniales y sagradas. Estoy con los que partieron sin volver el rostro. Yo guié el paso de sus peregrinaciones. Yo abrí su vereda en la selva. Yo los conduje a esta tierra de expiación.

"Aquí, en el lugar llamado Chactajal, levantamos nuestras chozas; aquí tejimos la tela de nuestros vestidos; aquí moldeamos el barro para servirnos de él. Apartados de otros no alzamos en nuestro puño el botín de la guerra. Ni contamos a escondidas la ganancia del comercio. Alrededor del árbol y después de concluir las faenas, nombrábamos a nuestros dioses pacíficos. Ay, nos regocijaba creer que nuestra existencia era agradable a sus ojos. Pero ellos, en su deliberación, nos tenían reservado el espanto.

"Hubo presagios. Sequía y mortandad y otros infortunios, pero nuestros augures no alcanzaban a decir la cifra de presentimiento tan funesto. Y sólo nos instaban a que de noche, y en secreto, cada uno se inclinara a examinar su corazón. Y torciera la garra de la codicia; y cerrara la puerta al pensamiento de adulterio; y atara el pie rápido de la venganza. Pero ¿quién conjura a la nube en cuyo vientre se retuerce el relámpago? Los que tenían que venir, vinieron.

"Altaneros, duros de ademán, fuertes de voz. Así eran los instrumentos de nuestro castigo.

"No dormíamos sobre lanzas, sino sobre la fatiga de un día laborioso. No ejercitamos nuestra mirada en el acecho, sino que la dilatamos en el asombro. Y bien habíamos aprendido, de antiguo, el oficio de víctimas.

"Lloramos la tierra cautivada; lloramos a las doncellas envilecidas. Pero entre nosotros y la imagen destruida del ídolo ni aun el llanto era posible. Ni el puente de la lamentación ni el ala del suspiro. Picoteados de buitres, burla de la hiena, así los vimos, a nuestros protectores, a los que durante siglos cargamos, sumisos, sobre nuestras espaldas. Vimos todo esto, y en verdad, no morimos.

"Nos preservaron para la humillación, para las tareas serviles. Nos apartaron como a la cizaña del grano. Buenos para arder, buenos para ser pisoteados, así fuimos hechos, hermanitos míos.

"He aquí que el cashlán difundió por todas partes el resplandor que brota de su tez. Helo aquí, hábil para exigir tributo, poderoso para castigar, amurallado en su idioma como nosotros en el silencio, reinando.

"Vino primero el que llamaban Abelardo Argüello.

Ése nos hizo poner los cimientos de la casa grande y suspender la bóveda de la ermita. En sus días, una gran desolación cubrió nuestra faz. Y el recién nacido amanecía aplastado por el cuerpo de la madre. Pues ya no queríamos llevar más allá nuestro sufrimiento.

"José Domingo Argüello se llamaba el que lo siguió. Éste hizo ensanchar sus posesiones hasta donde el río y el monte ya no lo dejaron pasar. Trazó las líneas de los potreros y puso crianza de animales. Murió derribado del caballo cuando galopaba sin llegar todavía al término de la ambición.

"Josefa Argüello, su hija. Sombría y autoritaria, impuso la costumbre del látigo y el uso del cepo. Dio poderes a un brujo para que nos mantuviera ceñidos a su voluntad. Y nadie podía contrariarla sin que se le siguiera un gran daño. Por orden suya, muchos árboles de caoba y cedro fueron talados. En esa madera hizo que se labraran todos los muebles de la casa. Murió sin descendencia, consumida en la soltería.

"A Rodulfo Argüello no lo conocimos. Delegó su capacidad en otro y con mano ajena nos exprimió hasta la última gota de sudor. Fue cuando nos enviaron al Pacayal para hacer el desmonte y preparar la siembra de la caña. Desde Comitán cargamos sobre nuestro lomo el trapiche de la molienda. También se compraron sementales finos, con lo cual mejoró la raza de los rebaños.

"Estanislao Argüello, el viudo, tenía carácter blando. En su época bastante ganado se desmandó y se hizo cerrero. Y por más que poníamos sal en los lamederos ya no logramos que las reses bajaran ni que consintieran la marca sobre su piel. A nosotros se nos aumentaron las raciones de quinina. Y se dispuso que las mujeres no desempeñaran faenas rudas. El viudo murió tarde. De enfermedad.

"Una huérfana, una recogida, como entonces se dijo, fue la heredera. Pues asistió la agonía del moribundo. Otilia. Otros parientes más allegados le disputaron la herencia y fue entonces cuando los lugares remotos ya no pudieron ser defendidos. Y así se perdió el potrero de Rincón Tigre. Y también el de Casa del Rayo. Otilia, diestra en el bordado, adornó el manto que cubre a la Virgen de la ermita. A llamamiento suyo, el señor cura de Comitán vino a bautizar a los niños y casar a las parejas amancebadas. Desde que Otilia nos amadrinó todos nosotros llevamos nombres de cristiano. Por matrimonio ella llegó a usar el apellido de Argüello. Su lecho sólo dio varones y entre sus hijos dejó repartida la hacienda. Así también nosotros fuimos dispersados en poder de diferentes dueños. Y es aquí, hermanos míos menores, donde nos volvemos a congregar. En estas palabras volvemos a estar juntos, como en el principio, como en el tronco de la ceiba sus muchas ramas."

Una sombra, más espesa que la de las hojas de la higuera, cae sobre mí. Alzo los ojos. Es mi madre. Precipitadamente quiero esconder los papeles. Pero ella los ha cogido y los contempla con aire absorto.

—No juegues con estas cosas —dice al fin—. Son la herencia de Mario. Del varón.

XIX

AYER llegó de Chactajal el avío para el viaje. Las bestias están descansando en la caballeriza. Amanecieron todas con las crines y la cola trenzadas y crespas. Y dicen las criadas que anoche se oyó el tintineo de unas espuelas de plata contra las piedras de la calle. Era el

Sombrerón, el espanto que anda por los campos y los pueblos dejando sobre la cabeza de los animales su seña de mal agüero.

Hace rato vino Ernesto para entregar su equipaje. No era más que tres mudas de ropa. Las envolvió en un petate corriente y las ató con una reata.

La nana no irá con nosotros a la finca por miedo a los brujos. Pero se ha encargado de los preparativos para nuestra marcha. Desde temprano mandó llamar a la mujer que muele el chocolate. Estuvieron pesando juntas el cacao, tanteando el azúcar y los otros ingredientes que van a mezclarse. Luego la mujer se fue a la habitación que prepararon especialmente para ella y antes de encerrarse advirtió:

—Nadie debe entrar donde yo estoy trabajando. Pues hay algunos que tienen el ojo caliente y ponen el mal donde miran. Y entonces el chocolate se corta.

En cambio, la mujer que hace las velas no guarda secreta su labor. Está a medio patio, en pleno sol. Dentro de un gran cazo de cobre puesto al fuego, se derrite la cera. La mujer canta mientras cuelga el pabilo de los clavos que erizan la rueda de madera. Luego va sacando con una escudilla la cera derretida del perol y la derrama encima de los hilos. A cada vuelta de la rueda el volumen aumenta sobre el pabilo, la forma de la vela va lográndose.

En el horno de barro las criadas están cociendo el pan; amarillo, cubierto con una capa ligeramente más oscura, sale, oliendo a abundancia, a bendición, a riqueza. Lo guardan en grandes canastos, acomodándolo cuidadosamente para que no se desmorone y cubriéndolo con servilletas blancas y tiesas de almidón.

Allá están las planchas de fierro, pegando su mejilla con la de la brasa, las dos fundidas en un mismo calor, como los enamorados. Hasta que una mano las separa. Humean entonces las sábanas que no han perdido su humedad. Sueltan esa fragancia de limpieza, esa memoria de sus interminables siestas bajo el sol, de sus largos oreos en el viento.

Hasta el fondo del traspatio están beneficiando un cerdo que mataron muy de madrugada. La manteca hierve ahora y alza humo espeso y sucio. Cerca, los perros lamen la sangre que no ha acabado de embeber la tierra. Los perros de lengua ávida, acezantes al acecho de los desperdicios, gruñidores entre los pies de los que se afanan.

La casa parece una colmena, llena de rumores y de trabajo. Sólo los indios se están tranquilos, encuclillados en el corredor, espulgándose. A mi madre le molesta verlos sin quehacer. Pero no hay ninguna tarea que pueda encomendárseles en esos momentos. Entonces se le ocurre algo:

—Ve vos... como te llamés. Vas a ir a la casa de la niña Amalia Domínguez. Necesita un burrero para que cargue el agua. Y vos también, preguntá dónde vive don Jaime Rovelo. Le precisa que arranquen el monte de su patio.

Los indios se levantan, dóciles. Llevan colgando del hombro el morral con su bastimento: la bola de posol, las tostadas, que es todo lo que trajeron del rancho. Porque saben que donde van tampoco les darán qué comer.

XX

MI NANA me lleva aparte para despedirnos. Estamos en el oratorio. Nos arrodillamos ante las imágenes del altar.

Luego mi nana me persigna y dice:

—Vengo a entregarte a mi criatura. Señor, tú eres testigo de que no puedo velar sobre ella ahora que va a dividirnos la distancia. Pero tú que estás aquí lo mismo que allá, protégela. Abre sus caminos, para que no tropiece, para que no caiga. Que la piedra no se vuelva en su contra y la golpee. Que no salte la alimaña para morderla. Que el relámpago no enrojezca el techo que la ampare. Porque con mi corazón ella te ha conocido y te ha jurado fidelidad y te ha reverenciado. Porque tú eres el poderoso, porque tú eres el fuerte.

"Apiádate de sus ojos. Que no miren a su alrededor como miran los ojos del ave de rapiña.

"Apiádate de sus manos. Que no las cierre como el tigre sobre su presa. Que las abra para dar lo que posee. Que las abra para recibir lo que necesita. Como si obedeciera tu ley.

"Apiádate de su lengua. Que no suelte amenazas como suelta chispas el cuchillo cuando su filo choca contra otro filo.

"Purifica sus entrañas para que de ellas broten los actos no como la hierba rastrera, sino como los árboles grandes que sombrean y dan fruto.

"Guárdala, como hasta aquí la he guardado yo, de respirar desprecio. Si uno viene y se inclina ante su faz que no alardee diciendo: yo he domado la cerviz de este potro. Que ella también se incline a recoger esa flor preciosa —que a muy pocos es dado cosechar en este mundo— que se llama humildad.

"Tú le reservaste siervos. Tú le reservarás también el ánimo de hermano mayor, de custodio, de guardián. Tú le reservarás la balanza que pesa las acciones. Para que pese más su paciencia que su cólera. Para que pese más su compasión que su justicia. Para que pese más su amor que su venganza.

"Abre su entendimiento, ensánchalo, para que pueda caber la verdad. Y se detenga antes de descargar el latigazo, sabiendo que cada latigazo que cae graba su cicatriz en la espalda del verdugo. Y así sean sus gestos como el ungüento derramado sobre las llagas.

"Vengo a entregarte a mi criatura. Te la entrego. Te la encomiendo. Para que todos los días, como se lleva el cántaro al río para llenarlo, lleves su corazón a la presencia de los beneficios que de sus siervos ha recibido. Para que nunca le falte gratitud. Que se siente ante su mesa, donde jamás se ha sentado el hambre. Que bese el paño que la cubre y que es hermoso. Que palpe los muros de su casa, verdaderos y sólidos. Esto es nuestra sangre y nuestro trabajo y nuestro sacrificio."

Oímos, en el corredor, el trajín de los arrieros, de las criadas ayudando a remachar los cajones. Los caballos ya están ensillados y patean los ladrillos del zaguán. La voz de mi madre dice mi nombre, buscándome.

La nana se pone de pie. Y luego se vuelve a mí, diciendo:

—Es hora de separarnos, niña.

Pero yo sigo en el suelo, cogida de su tzec, llorando porque no quiero irme.

Ella me aparta delicadamente y me alza hasta su rostro. Besa mis mejillas y hace una cruz sobre mi boca.

—Mira que con lo que he rezado es como si hubiera yo vuelto, otra vez, a amamantarte.

XXI

CUANDO salimos de Comitán ya está crecido el día. Mi padre y Ernesto van adelante, a caballo. Mi madre, mi hermano y yo, en sillas de mano que cargan los indios. Vamos sujetos al paso del más lento. El sol pica a través del palio que colocaron sobre nuestra cabeza y que está hecho con sábanas de Guatemala. El aire se adensa bajo la manta y se calienta y nos sofoca.

Tardan para acabar los llanos. Y cuando acaban se alza el cerro, con sus cien cuchillos de pedernal, con su vereda difícil. Mido la altura de lo que vamos subiendo por el jadeo del indio que me carga. Parejos a nosotros van los pinos. Detienen al viento con sus manos de innumerables dedos y lo sueltan ungido de resinas saludables. Entre las rocas crece una flor azul y tiesa que difunde un agrio aroma de polen entre el que zumba, embriagada, la abeja. El grueso grano de la tierra es negro.

En algún lugar, dentro del monte, se precipita el rayo. Como al silbo de su pastor, acuden las nubes de lana oscura y se arrebañan sobre nosotros. Mi padre grita una orden en tzeltal al tiempo que descarga un fuetazo sobre el anca de su caballo.

Los indios apresuran la marcha. Tenemos que llegar a Lomantán antes de que cunda el aguacero. Pero estamos apenas traspasando la cresta de esta serranía y ya empiezan a menudear las gotas. Al principio es una llovizna leve y confiamos en que no durará. Pero luego la llovizna va agarrando fuerza y los chorritos de agua vencen el ala doblada de los sombreros; resbalan entre los pliegues de la manga de hule que no basta para cubrirnos.

Por fin, a lo lejos, divisamos un caserío. Son chozas humildes, con techos de palma y paredes de bajareque. Cuando olfatean la presencia extraña salen a ladrar los perros flacos, sarnosos, escurriendo agua. El alboroto convoca a la gente que se asoma a las puertas. Son indios. Mujeres de frente sumisa que dan el pecho a la boca ávida de los recién nacidos; criaturas barrigonas y descalzas; ancianos de tez amarillenta, desdentados.

Mi padre se adelanta y sofrena su caballo ante una de las chozas. Habla con el que parece dueño. Pero a las razones de mi padre el otro responde con un estupor tranquilo. Mi padre nos señala a todos los que estamos empapándonos bajo la lluvia. Explica que nos hace falta fuego para calentar la comida y un sitio donde guarecernos. Saca de su morral unas monedas de plata y las ofrece. El indio ha comprendido nuestra necesidad, pero no acierta a remediarla. Ante lo que presencia no hace más que negar y negar con su triste rostro ausente, inexpresivo.

Tenemos que seguir adelante. Avanzamos ahora entre la neblina que juega a cegarnos. Los animales se desbarrancan en las laderas flojas o sus cascos rayan la superficie de las lajas produciendo un sonido desagradable y áspero. Los indios calculan bien antes de colocar el pie.

Como a las siete de la noche llegamos a Bajucú. El ocotero está encendido a media majada. En el corredor de la casa grande, en unas largas bancas de madera, están las mujeres sentadas, envueltas en pesados chales negros.

—Buenas noches, casera —dice mi padre desmontando—. ¿No das posada?

—El patrón está en Comitán y se llevó las llaves de los cuartos. Sólo que quieran pasar la noche aquí.

Nos instalamos en el corredor después de haber bebido una taza de café. Las mangas de hule nos sirven de almohada. Sobre el suelo de ladrillo ponemos petates y zaleas de carnero. Estamos tan cansados que nos dormimos antes de que la llama del ocote se extinga.

XXII

El aire amanece limpio, recién pronunciado por la boca de Dios. Pronto va llenándose del estrépito del día. En el establo las vacas echan su vaho caliente sobre el lomo de los ternerillos. En la majada se esponjan los guajolotes mientras las hembras, feas y tristes, escarban buscando un gusano pequeño. La gallina empolla solemnemente, sentada en su nido como en un trono.

Ya aparejaron las cabalgaduras. Salimos temprano de Bajucú, porque la jornada es larga. Vamos sin prisa, adormilados por el paso igual de los indios y de las bestias. Entre la espesura de los árboles suenan levemente los pájaros como si fueran la hoja más brillante y más verde. De pronto un rumor domina todos los demás y se hace dueño del espacio. Es el río Jataté que anuncia su presencia desde lejos. Viene crecido, arrastrando ramas desgajadas y ganado muerto. Espeso de barro, lento de dominio y poderío. El puente de hamaca que lo cruzaba se rompió anoche. Y no hay ni una mala canoa para atravesarlo.

Pero no podemos detenernos. Es preciso que sigamos adelante. Mi padre me abraza y me sienta en la parte delantera de su montura. Ernesto se hace cargo de mi hermano. Ambos espolean sus caballos y los castigan con el fuete. Los caballos relinchan, espantados, y se resisten a avanzar. Cuando al fin entran al agua salpican todo su alrededor de espuma fría. Nadan, con los ojos dilatados de horror, oponiendo su fuerza a la corriente que los despeña hacia abajo, esquivando los palos y las inmundicias, manteniendo los belfos tenazmente a flote. En la otra orilla nos depositan, a Mario y a mí, al cuidado de Ernesto. Mi padre regresa para ayudar el paso de los que faltan. Cuando estamos todos reunidos es hora de comer.

Encendemos una fogata en la playa. De los morrales sacamos las provisiones: rebanadas de jamón ahumado, pollos fritos, huevos duros. Y un trago de comiteco por el susto que acabamos de pasar. Comemos con apetito y después nos tendemos a la sombra, a sestear un rato.

En el suelo se mueve una larga hilera de hormigas, afanosas, trasportando migajas, trozos diminutos de hierba. Encima de las ramas va el sol, dorándolas. Casi podría sopesarse el silencio.

¿En qué momento empezamos a oír ese ruido de hojarasca pisada? Como entre sueños vimos aparecer ante nosotros un cervato. Venía perseguido por quién sabe qué peligro mayor y se detuvo al borde del mantel, trémulo de sorpresa y de miedo; palpitantes de fatiga los ijares, húmedos los rasgados ojos, alerta las orejas. Quiso volverse, huir, pero ya Ernesto había desenfundado su pistola y disparó sobre la frente del animal, en medio de donde brotaba, apenas, la cornamenta. Quedó tendido, con los cascos llenos de lodo de su carrera funesta, con la piel reluciente del último sudor.

—Vino a buscar su muerte.

Ernesto no quiere adjudicarse méritos, pero salta a la vista que está orgulloso de su hazaña. Con un pañuelo limpia cuidadosamente el cañón de la pistola antes de volverla a guardar.

Mario y yo nos acercamos con timidez hasta el sitio donde yace el venado. No sabíamos que fuera tan fácil morir y quedarse quieto. Uno de los indios, que está detrás de nosotros, se arrodilla y con la punta de una varita levanta el párpado del ciervo. Y aparece un ojo extinguido, opaco, igual a un charco de agua estancada donde fermenta ya la descomposición. Los otros indios se inclinan también hacia ese ojo desnudo y algo ven en su fondo porque cuando se yerguen tienen el rostro demudado. Se retiran y van a encuclillarse lejos de nosotros, evitándonos. Desde allí nos miran y cuchichean.

—¿Qué dicen? —pregunta Ernesto con un principio de malestar.

Mi padre apaga los restos del fuego, pisoteándolo con sus botas fuertes.

—Nada. Supersticiones. Desata los caballos y vámonos.

Su voz está espesa de cólera. Ernesto no entiende. Insiste.

—¿Y el venado?

—Se pudrirá aquí.

Desde entonces los indios llaman a aquel lugar "Donde se pudre nuestra sombra."

XXIII

La próxima estación es Palo María, una finca ganadera que pertenece a las primas hermanas de mi padre. Son tres: tía Romelia, la separada, que se encierra en su cuarto cada vez que tiene jaqueca. Tía Matilde, soltera, que se ruboriza cuando saluda. Y tía Francisca.

Viven en el rancho desde hace años. Desde que se quedaron huérfanas y tía Francisca tomó el mando de la casa. Rara vez bajan al pueblo. Las vemos llegar montadas a mujeriegas en sus tres mulas blancas, haciendo girar la sombrilla de seda oscura que las protege del sol. Se están con nosotros varios días. Consultan al médico, encargan ropa a la costurera y cuando van de visita escuchan (tía Romelia con delicia; tía Matilde atónita; tía Francisca desdeñosa) los chismes que mantienen en efervescencia a Comitán. Y al despedirse nos regalan, a Mario y a mí, un peso de plata. Nos aconsejan que nos portemos bien, y ya no volvemos a saber de ellas más que por cartas espaciadas y breves.

Ahora los huéspedes somos nosotros. Como no nos esperaban, al vernos mezclan las exclamaciones de bienvenida con las órdenes a la servidumbre que se desbanda a preparar la cena, a abrir y limpiar las habitaciones que nos han destinado. Mientras, nos sentamos todos en el corredor y tomamos un vaso de temperante.

—Nos da mucho gusto tenerlos entre nosotras —dice tía Matilde mirando especialmente a Ernesto.

—¿Por qué no tocas algo en el piano? —pide tía Romelia. Y agrega en tono confidencial—: Matilde sabe un vals que se llama "A la sombra de un manglar". Es precioso, lleno de arpegios. Por desgracia yo no soporto la música. Al primer arpegio ya está la jaqueca en su punto.

—¿No te aliviaron las medicinas del doctor Mazariegos?

—El doctor Mazariegos es un pozo de ciencia. Pero mi caso es complicado, César, muy complicado.

Está orgullosa de su mala salud y la exhibe como un trofeo.

—¿Ya terminó, señor?

Tía Matilde recibe el vaso de Ernesto.

—No le digas señor. Es tu sobrino. Es hijo de mi hermano Ernesto.

—¿De veras?

Tía Matilde no sabe ocultar su contrariedad. Interviene tía Francisca.

—Me alegra saber que eres de la familia.

—¿Aunque no sea yo más que un bastardo?

La voz de Ernesto es desafiante y dura. Tía Matilde enrojece y deja caer el vaso al suelo. Echa a correr hacia el interior de la casa, cubriéndose el rostro con el delantal.

—Allí tienes a tus primas, César —dijo tía Francisca—. Lloran si oyen volar un mosquito, se ponen nerviosas, toman aspirinas. Y yo soy la que tiene que coger la escoba y barrer los vidrios rotos.

Después de cenar, mi madre, que está muy cansada, fue a acostarse. La acompañaron tía Romelia y tía Matilde. Nosotros quedamos en el comedor un rato más. Colgada del techo la lámpara de gasolina zumba como si devorara los insectos que incesantemente se renuevan rondando a su alrededor.

Tía Francisca dice:

—Creí que este año no subirías a Chactajal, César.

—¿Por qué no? Siempre he venido a vigilar la molienda y las hierras.

—Pensé que, si acaso, vendrías solo. ¿Para qué trajiste a tu familia?

—Zoraida quiso acompañarme. Y como los niños no están en la escuela...

—Es una imprudencia. Las cosas que están sucediendo en estos ranchos no son para que las presencien las criaturas. Hasta estoy considerando que a mis hermanas les convendría hacer un viaje a México. Ya ves a Romelia. Está perfectamente sana pero le consuela pensar que sufre todas las enfermedades. Con ese pretexto la mandaré. En cuanto a Matilde todavía no es propiamente una vieja. ¿No te parece, Ernesto?

—tía Francisca no obtuvo respuesta; continuó—: Debe divertirse un poco.

Mi padre tomó la mano de su prima entre las suyas.

—¿Y tú?

Ella fue retirando su mano sin vacilación, sin violencia. Y se puso de pie como para dar por terminada la plática.

—Yo me quedo aquí. Éste es mi lugar.

XXIV

LLEGAMOS a Chactajal a la hora en que se pone el sol. Alrededor de la ceiba de la majada nos esperan los indios. Se acercan para que toquemos su frente con nuestros dedos y nos hacen entrega del "bocado": gallinas bien maneadas para que no escapen, huevos frescos, medidas pequeñas de maíz y frijol. A nosotros nos corresponde recibirlo con gratitud. Mi padre ordena que se reparta entre ellos un garrafón de aguardiente y una pieza de manta. Después vamos a la ermita para dar gracias por haber llegado con bien. La adornaron como en los días de fiesta: guirnaldas de papel de china, juncia regada en el suelo. En el altar la Virgen muestra su vestido de seda bordado con perlas falsas. A sus pies un xicalpextle con frutas exhala cien perfumes mezclados. Mi madre se arrodilla y reza los misterios del rosario. Los indios responden con una sola voz anónima.

Después de rezar nos sentamos en las bancas que están adosadas a la pared. Una de las indias (de las principales ha de ser, a juzgar por el respeto que le tributan las otras) pone en manos de mi madre una jícara con atole. Mi madre apenas prueba la bebida y me la pasa a mí. Yo hago el mismo gesto y se la doy a la que me sigue y así hasta que todos hemos puesto nuestros labios en el mismo lugar.

En uno de los ángulos de la iglesia los músicos preparan sus instrumentos: un tambor y una flauta de carrizo. Mientras, los hombres, colocados del lado izquierdo, se preparan a escoger su pareja para el baile. Carraspean y ríen entrecortadamente. Las mujeres aguardan en su lugar, con las manos unidas sobre el regazo. Allí reciben el pañuelo rojo que les lanza el hombre, si es que aceptan salir a bailar con él. O lo dejan caer, como al descuido, cuando rechazan la invitación.

La música —triste, aguda, áspera, como el aire filtrándose entre los huesos de un muerto— instala entre nosotros su presencia funeral. Las parejas se ponen de pie y permanecen un momento inmóviles, uno frente a la otra, a la distancia precisa. Las mujeres con los ojos bajos y los brazos caídos a lo largo del cuerpo. Los hombres con las manos a la espalda, encorvados hacia adelante. Danzan casi sin despegar sus pies de la tierra y se están horas y horas, con la presión alterna de sus pasos, llamando insistentemente a un ser que no responde.

La juncia pierde su lozanía y su fragancia. Las velas se consumen. Yo reclino mi cabeza, rendida de sueño, sobre el hombro de mi madre. En brazos me llevan a la casa grande. A través de mis párpados entrecerrados distingo el resplandor del ocotero ardiendo en la majada. Las palmas que cubren los pilares del corredor. Y, entre las sombras, la mirada hostil de los que no quisieron ir a la fiesta.

Desde mi cama sigo oyendo, quién sabe hasta cuándo, el monótono ritmo del tambor y la flauta; el chisporroteo de la leña quemándose; los grillos latiendo ocultamente entre la hierba. A veces, el alarido de un animal salvaje que grita su desamparo en la espesura del monte.

—¿Quién es?

Me incorporo temblando. En la tiniebla no acierto con las facciones del bulto que ha venido a pararse frente a mí. Creo adivinar la figura de una mujer india sin edad, sin rostro.

—Nana —llamo quedamente.

La figura se aproxima y se sienta al borde del lecho. No me toca, no acaricia mi cabeza como mi nana lo hacía siempre para arrullarme, no me echa su aliento sobre la mejilla. Pero sopla a mi oído estas palabras:

—Yo estoy contigo, niña. Y acudiré cuando me llames como acude la paloma cuando esparcen los granos de maíz. Duerme ahora. Sueña que esta tierra dilatada es tuya; que esquilas rebaños numerosos y pacíficos; que abunda la cosecha en las trojes. Pero cuida de no despertar con el pie cogido en el cepo y la mano clavada contra la puerta. Como si tu sueño hubiera sido iniquidad.

SEGUNDA PARTE

> Toda luna, todo año, todo día, todo viento camina y pasa también. También toda sangre llega al lugar de su quietud, como llega a su poder y a su trono.
>
> Chilam-Balam de Chumayel

Esto es lo que se recuerda de aquellos días:

I

El viento del amanecer desgarra la neblina del llano. Suben, se dispersan los jirones rotos mientras, silenciosamente, va desnudándose la gran extensión que avanza en hierba húmeda, en árboles retorcidos y solos, hasta donde se yergue el torso de la montaña, hasta donde espejea el río Jataté.

En el centro del llano está la casa grande, construcción sólida, de muros gruesos, capaces de resistir el asalto. Las habitaciones están dispuestas en hilera como por un arquitecto no muy hábil. Son oscuras, pues la luz penetra únicamente a través de las estrechas ventanas. Los tejados están ennegrecidos por la lluvia y el tiempo. Los tres corredores tienen barandales de madera. Desde allí César señalaba a Ernesto los cobertizos que servían de cocina y trojes. Y, al lado contrario de la majada, los corrales.

—Estos corrales los mandó hacer la abuela Josefa. Cuando por su edad ya no podía salir al campo. Sentada en el corredor vigilaba las hierras. El ganado se contaba ante su vista.

—Era desconfiada.

—¿Y quién no? Los administradores son una partida de sinvergüenzas. El último que tuve está todavía refundido en la cárcel.

Después del copioso desayuno, en esta hora fresca, nueva de la mañana, cuando todos, cada uno en su puesto, comenzaban a cumplir los quehaceres con una precisión perfecta, César era feliz. Y se sentía inclinado a la benevolencia aun con aquellos que habían intentado arrebatarle su felicidad. Como ese hombre, por ejemplo.

—Por poco me deja en la calle. Yo estaba en Europa. Muy joven. Me mandaron —como a todos los hijos de familias pudientes en Comitán— a estudiar una carrera. No tengo cerebro para esas cosas y no alcancé ningún título. ¡Ah, pero cómo me divertí! Imagínate: a esa edad, con dinero de sobra y en París. Mientras mis padres vivieron, todo marchó muy bien. Pero después vino la mala época y ya no pude sostenerme. El administrador, con el pretexto de la bola revolucionaria, me estaba haciendo las cuentas del Gran Capitán. Regresé apenas a tiempo para salvar el rancho.

A Ernesto no le interesaban los asuntos de negocios. No entendía de qué estaba hablando su tío: hipotecas, embargos, demandas.

—¿Y le fue fácil aclimatarse de nuevo en Chiapas, después de haber vivido en el extranjero?

—Tú no sabes lo que se extraña la tierra cuando está uno lejos. Hasta en el mismo París hacía yo que me mandaran café, chocolate, bolsas de posol agrio. No, no cambiaría nunca Chactajal por ninguno de los Parises de Francia.

César no era de los hombres que se desarraigan. Desde donde hubiera ido, siempre encontraría el camino de regreso. Y donde estuviera siempre sería el mismo. El conocimiento de la grandeza del mundo no disminuía el sentido de su propia importancia. Pero, naturalmente, prefería vivir donde los demás compartían su opinión; donde llamarse Argüello no era una forma de ser anónimo; donde su fortuna era igual o mayor que la de los otros.

Ernesto estaba entrando, por primera vez, en la intimidad de uno de estos hombres a quienes tanto había envidiado y admirado desde lejos. Bebía, ávidamente, cada gesto, cada palabra. El apego a las costumbres, la ignorancia tan impermeable a la acción de los acontecimientos exteriores le parecieron un signo más de fuerza, de invulnerabilidad. Ernesto lo sabía ahora. Su lugar estaba entre los señores, era de su casta. Para ocultar la emoción que este descubrimiento le producía, preguntó mostrando el edificio que se alzaba, a cierta distancia, frente a ellos.

—¿Ésa es la ermita donde rezamos anoche?

—Sí. ¿Te fijaste que la imagen de Nuestra Señora de la Salud es de bulto? La trajeron de Guatemala, a lomo de indio. Es muy milagrosa.

—Hoy estuvieron tocando la campana desde antes que amaneciera.

—Para despertar a los peones. Mi padre me decía que antes, cuando los indios oían las campanadas, salían corriendo de los jacales para venir a juntarse aquí, bajo la ceiba. El mayordomo los esperaba con su ración de quinina y un fuete en la mano. Y antes de despacharlos a la labor les descargaba sus buenos fuetazos. No como castigo, sino para acabar de despabilarlos. Y los indios se peleaban entre ellos queriendo ganar los primeros lugares. Porque cuando llegaban los últimos ya el mayordomo estaba cansado y no pegaba con la misma fuerza.

—¿Ahora ya no se hace así?

—Ya no. Un tal Estanislao Argüello prohibió esa costumbre.

—¿Por qué?

—Él decía que porque era un hombre de ideas muy avanzadas. Pero yo digo que porque notó que a los indios les gustaba que les pegaran y entonces no tenía caso. Pero lo cierto es que los otros rancheros estaban furiosos. Decían que iba a cundir el mal ejemplo y que los indios ya no podían seguir respetándolos si ellos no se daban a respetar. Entonces los mismos patrones se encargaron de la tarea de azotarlos. Muchos indios de Chactajal se pasaron a otras fincas porque decían que allí los trataban con mayor aprecio.

—¿Y don Estanislao?

—En sus trece. Los vecinos querían perjudicarlo y picaron pleito por cuestiones de límites. Pero toparon con pared. El viejo era un abogado muy competente y los mantuvo a raya. Fue hasta después, en el testamento de mis padres, que Chactajal se partió. Una lástima. Pero con tantos herederos no quedaba más remedio.

—Usted no tiene de qué quejarse. Le tocó el casco de la hacienda.

—Soy el mayor. También me correspondía la indiada para desempeñar el trabajo.

—Conté los jacales. Hay más de cincuenta.

—Muchos están abandonados. Dicen que el primer Argüello que vino a establecerse aquí encontró una población bien grande. Poco a poco ha ido mermando. Las enfermedades —hay mucho paludismo y disentería— diezman a los indios. Otros se desperdigan. Se meten al monte, se huyen. Además yo regalé algunas familias a los otros Argüellos. Bien contadas no alcanzan ni a veinte las que quedaron.

Miró el caserío. Sólo de algunas chozas brotaba humo. En las demás no había ningún signo de estar habitadas.

—Los jacales vacíos se están cayendo. Tú pensarás que tienen razón los que dicen que éste es el acabóse, porque eres nuevo y no tienes experiencia. ¡Cuántas veces pusimos el grito en el cielo por motivos más graves: pestes, revoluciones, años de mala cosecha! Pero viene la buena época y seguimos viviendo aquí y seguimos siendo los dueños.

¿Por qué no iba a ser igual ahora, precisamente ahora que Ernesto había llegado? Tenía derecho a conocer la época de la abundancia, de la despreocupación. También él, como todos los Argüellos.

Un kerem venía de la caballeriza jalando por el cabestro dos bestias briosas, ligeras, ensilladas como para las faenas del campo. César y Ernesto descendieron los escalones que separan el corredor de la majada. Montaron. Y a trote lento fueron alejándose de la casa grande. El kerem corría delante de ellos para abrir el portón y dejarles paso libre. Todavía cuando iban por la vereda que serpentea entre los jacales, su paso despertaba el celo de los perros, flacos, rascándose la sarna y las pulgas, ladrando desaforadamente. Las mujeres, que molían el maíz arrodilladas en el suelo, suspendieron su tarea y se quedaron quietas, con los brazos rígidos, como sembrados en la piedra del metate, con los senos fláccidos colgando dentro de la camisa. Y los miraron pasar a través de la puerta abierta del jacal o de la rala trabazón de carrizos de las paredes. Los niños, desnudos, panzones, que se revolcaban jugando en el lodo confundidos con los cerdos, volvían a los jinetes su rostro chato, sus ojos curiosos y parpadeantes.

—Ahí están las indias a tu disposición, Ernesto. A ver cuándo una de estas criaturas resulta de tu color.

A Ernesto le molestó la broma porque se consideraba rebajado al nivel de los inferiores. Respondió secamente:

—Tengo malos ratos pero no malos gustos, tío.

—Eso dices ahora. Espera que pasen unos meses para cambiar de opinión. La necesidad no te deja escoger. Te lo digo por experiencia.

—¿Usted?

—¿Qué te extraña? Yo. Todos. Tengo hijos regados entre ellas.

Les había hecho un favor. Las indias eran más codiciadas después. Podían casarse a su gusto. El indio siempre veía en la mujer la virtud que le había gustado al patrón. Y los hijos eran de los que se apegaban a la casa grande y de los que servían con fidelidad.

Ernesto no se colocaba, para juzgar, del lado de las víctimas. No se incluía en el número de ellas. El caso de su madre era distinto. No era una india. Era una mujer humilde, del pueblo. Pero blanca. Y Ernesto se enorgullecía de la sangre de Argüello. Los señores tenían derecho a plantar su raza donde quisieran. El rudimentario, el oscuro sentido de justicia que Ernesto pudiera tener, quedaba sofocado por la costumbre, por la abundancia de estos ejemplos que ninguna conciencia encontraba reprochables y, además, por la admiración profesada a este hombre que con tan insolente seguridad en sí mismo, cabalgaba delante de él. Como deseoso de ayudar guardando el secreto, preguntó:

—¿Doña Zoraida lo sabe?

Pero su complicidad era innecesaria.

—¿Qué? ¿Lo de mis hijos? Por supuesto.

Habría necesitado ser estúpida para ignorar un hecho tan evidente. Además toda mujer de ranchero se atiene a que su marido es el semental mayor de la finca. ¿Qué santo tenía cargado Zoraida para ser la única excepción? Por lo demás no había motivo de enojo. Hijos como ésos, mujeres como ésas no significan nada. Lo legal es lo único que cuenta.

Habían dejado atrás el caserío. Una vegetación de arbustos, rastreros, hostiles, flanqueaban la vereda. Las espinas se prendían al género grueso de los pantalones, rayando la superficie lisa de las polainas de cuero. César espoleó levemente su caballo para que trotara con mayor rapidez hasta donde la maleza se despejaba.

—Éste es el potrero del Panteón. Lo llaman así porque cuando estábamos posteando para tender las alambradas se encontró un entierro de esqueletos y trastos de barro. Un gringo loco que andaba por aquí dizque cazando mariposas...

—¡Ah!, sí, ese que le pusieron de apodo Míster Peshpen.

—Pero qué mariposas. Lo que buscaba ha de haber sido petróleo o minas o algo por el estilo. Bueno, pues ese Míster Peshpen se entusiasmó con el hallazgo. Quería que siguiéramos haciendo excavaciones porque los libros dicen que todo este rumbo es zona arqueológica y podíamos descubrir ruinas muy importantes. Pero la única ruina iba a ser la mía si descuidábamos el trabajo para dedicarnos a abrir agujeros. Cuando Míster Peshpen vio que no iba yo a cejar estuvo dale y dale, pidiéndome unos papeles que tengo en la casa de Comitán y que escribió un indio.

—¿Que los escribió un indio?

—Y en español para más lujo. Mi padre mandó que los escribiera para probar la antigüedad de nuestras propiedades y su tamaño. Estando como están las cosas tú comprenderás que yo no iba a soltar un documento así por interesante y raro que fuera. Para consolar a Míster Peshpen tuve que regalarle los tepalcates que desenterramos. Se los llevó a Nueva York y desde allá me mandó un retrato. Están en el Museo.

Continuaron cabalgando. Ante ellos se tendía la pradera de zacatón alto, mecido por el viento. Apenas sobresalía la cornamenta y el dorso de las reses que pastaban diseminadas en la extensión.

—Así que estos potreros son recientes.

—Los mandé hacer yo. No tanto por el lugar. Hay otros más apropiados. Sino para poner mojones que dividieran mi parte de la de los otros dueños.

—¿Por qué rumbo quedaba la parte de mi padre?

—Tu padre recibió su herencia en dinero.

—¿Nunca trabajó aquí?

—Es lo que yo he dicho siempre: el dinero no rinde, no puede durar. Lo despilfarró en menos que te lo cuento: malos negocios, parrandas. Cuando murió estaba en quiebra.

—Si hubiera tenido tiempo —dicen que era un hombre muy listo— habría podido rehacerse. De no ser por ese desdichado accidente...

César dirigió a Ernesto una rápida mirada de reojo. ¿El muchacho hablaba así por ingenuidad o por cálculo?

—No fue accidente. Fue un suicidio.

Ernesto sofrenó su caballo. Había oído ese rumor, pero nunca le pareció digno de crédito. Y ahora la brutalidad de la afirmación lo aturdía.

—¿Matarse? ¿Por qué?

—Estaba hasta el cuello de compromisos y sin manera de solventarlos.

—Pero acababa de casarse con una mujer muy rica, esa Grajales de Chiapa.

—Ella no quiso soltar ni un centavo para ayudarlo.

—¡Maldita!

—Descubrió que Ernesto sólo se había casado con ella por interés. Las tierracalentanas no son tan mansas como nuestras mujeres. No se lo pudo perdonar. Pero después, ya viuda, ella misma fue a buscar a los acreedores para pagarles.

—¿Murió intestado?

—Dejó una carta con sus últimas recomendaciones.

—¿No hablaba de mí?

—No. ¿Por qué?

—Porque soy su hijo.

—No eres el único. Además, nunca te reconoció.

César había pronunciado estas palabras sin ánimo de ofender. Para él era tan natural el comportamiento de su hermano que no se preocupaba siquiera por encontrarle un atenuante, una disculpa. Pero si se hubiera vuelto a ver tras de sí habría encontrado el rostro de Ernesto con una marca purpúrea como si acabaran de abofetearlo. Todo él, temblando de cólera, no podía contradecir la aseveración de César porque lo que había dicho era verdad. No, no era cierto que perteneciera a la casta de los señores. Ernesto no era más que un bastardo de quien su padre se avergonzaba. Porque cuantas veces pretendió aproximarse a él, siguiendo los consejos de su madre y sus propios deseos, su propia necesidad, fue despedido con una moneda como si fuera un mendigo. Y a pesar de todo, él había querido a ese hombre que nunca consintió en ser para su hijo más que un extraño. Ernesto se sublevaba contra esa debilidad de su corazón con la que probaba el cinismo de su padre, la indiferencia, la facilidad con que —bastaba un movimiento de hombros— se despojaba de las responsabilidades. Le alegró saber la noticia del matrimonio de su padre y el que la novia fuera una mujer de tal apellido y de tal riqueza. No podría perdonarle nunca a esa advenediza —¡una chiapaneca, una tierracalentana!— que lo hubiera dejado morir. La vida de su padre valía mucho más que los celos, el despecho de ninguna mujer. Él, su hijo, el abyecto, hubiera deseado estar cerca y ayudarlo. Él, que tenía más motivos de rencor que ninguno. Pero ya nada podía remediarse. Y ahora Ernesto seguía arrimándose a una sombra del difunto; al hermano, que tenía el mismo acento de autoridad cuando hablaba; que hacía ademanes semejantes; que se mantenía a la misma distancia desdeñosa que el otro.

Habían llegado hasta un corral pequeño. Pararon sus cabalgaduras bajo un árbol. Desde allí se escuchaba, cada vez más próximo, el grito de los vaqueros arreando el ganado —¡Tou, tou, tou!—, el ladrido de los perros pastores, más insistente cuando querían atajar al novillo que, agachando la cabeza, pretendía separarse de los demás y correr libremente. Atropellándose, mugiendo, ciegas de la polvareda que levantaba su carrera, las reses entraron en el corral.

—Este trozo es de ganado fino, cruza de cebú. Dan carne buena y los bueyes resultan muy resistentes para el trabajo. Pero son bravos y los partideños huyen de esta raza como de la peste. Míralos: peleando.

Los toros se trenzaban de los cuernos en un forcejeo rudo y sin desenlace. La mirada torva, sanguinolenta, las pezuñas golpeando amenazadoramente la tierra, el bufido caliente y ronco.

Los vaqueros vaciaban bolsas de sal sobre las canoas de madera. Los animales se precipitaron a lamerla con su lengua gruesa y morroñosa. Sin cesar de rumiar las vacas dilataban los ojos maravillados, enormes, buscando a la cría recién nacida, empujándola con delicadeza a probar este grano colorado y vidrioso.

César gritó a uno de los vaqueros.

—Ey, vos, mirá aquel becerrito, el negro con la estrella en la frente, como que tiene gusanera.

Guiado por la señal de César, el vaquero localizó al animal. Cogió su soga y después de escupirse las manos empezó a ondearla en el aire. El becerro tiritaba cerca de la vaca y no se dio cuenta del momento en que el lazo de la soga ciñó su garganta. El vaquero corrió al poste más cercano y allí enroscó la soga y empezó a jalar. El becerro bramaba, con la lengua de fuera, debatiéndose. Pero no por mucho tiempo. Otro vaquero le maneó las patas para derribarlo. Se retorcía, como en un ataque convulsivo, pero no pudo soltarse. La vaca lo miraba mugiendo tristemente. Hasta que las carreras de los otros animales la empujaron apartándola de allí.

Una de las ancas del becerro derribado estaba herida y en la llaga pululaban los gusanos. El vaquero vertió sobre ella un chorro de creolina y la frotó mezclándola al estiércol. El becerro soportaba esta operación con un semblante extrañamente inexpresivo. Sólo el estertor, retorcido en su garganta, delataba su sufrimiento. Ernesto no pudo resistir más y volvió la cara a otro lado para no verlo. Su movimiento no escapó a la observación de César que dijo con sorna:

—Eres tan mal ranchero como tu padre. Vámonos. Porque cuando empiece la capazón de los toros te vas a desmayar.

En la frente de Ernesto brotaba un sudor frío. Sus mejillas estaban sin color. Entre los dientes trabados alcanzó a musitar esta frase:

—No es nada. Falta de costumbre.

Pero no insistió en que permanecieran allí. Y cuando el caballo de César echó a andar, el suyo lo siguió dócilmente.

—Quiero que conozcas el cañaveral. La cosecha de este año promete ser buena.

Las cañas se alzaban en un haz apretado y verde rasgando el aire con el filo de sus hojas.

—Aquél es el trapiche.

Bajo un cobertizo de teja estaba la máquina, del modelo más antiguo, de las que todavía se mueven por tracción animal.

—En caso de necesidad puede engancharse un indio.

Naturalmente que César había oído hablar de aparatos más modernos, más rápidos. Los había visto en sus viajes. Pero como éste aún daba buen rendimiento, César no veía ningún motivo para cambiarlo.

—Es hora de volver a la casa grande. Estarán esperándonos para tomar el posol.

La mano que regía la rienda hizo un viraje brusco. Los caballos, presintiendo su querencia, trotaban alegremente.

Ernesto iba pensativo. César le preguntó:

—¿Qué te parece Chactajal?

Ernesto no podía responder aún. Su paladar estaba todavía reseco de asco por lo que había presenciado en los corrales. El olor, en que se mezclan el estiércol y la creolina, no había cesado de atormentar su nariz. El polvo le escocía en los párpados. Y, ¡Dios mío!, la vergüenza de haber parecido despreciable, ridículo, débil, según la opinión de César.

—Chactajal es la mejor hacienda de estos contornos. Pregúntale a cualquiera si hay por aquí rebaños con mejor pie de cría que los que has visto. En cuanto a las semillas me las mandan especialmente de los Estados Unidos. Ya te mostraré los catálogos. La tierra es muy agradecida. Siembras y como una bendición te da el ciento por uno. Ni qué decir de la casa grande. No hay otra que se le pueda comparar en toda la zona fría. Es construcción de las de cuánto ha, bien hecha.

—Sí, se ve.

Ernesto afirmó con desgano. Qué pueril resultaba César insistiendo en el valor de sus propiedades como si se tratara de venderlas. Pero Ernesto no era un comprador. Cuando le hablaban de riqueza pensaba en otra cosa, en aquellas películas que había visto en el cine de Comitán. Los ricos son los que viven en palacios; los que ordenan a lacayos vestidos de librea; los que comen viandas deliciosas en vajillas de oro. Pero aquí no había más que un caserón viejo. En el cuarto de Ernesto había goteras y sobre las vigas del techo corrían, toda la noche, las ratas y los tlacuaches. Más valía no hablar de la servidumbre. Las criadas y los mozos eran indios. Harapientos. Y no había modo de entenderse con ellos. Se apresuraban a cumplir las órdenes. Pero como no las entendían siempre las cumplían mal. Los platos eran de peltre, estaban descascarados por el uso. La comida no era mejor que la que su madre preparaba en Comitán. Comida de rancho, decían, como enorgulleciéndose en vez de disculparse, cuando partían los tasajos de carne salada, cuando servían los plátanos fritos.

De modo que esto era ser rico. Bien. Ernesto no iba a decepcionarse de sus parientes. Al contrario, estaba contento. Claro que le habría gustado disfrutar de una de aquellas vidas de película. Pero no a costa de su humillación. La riqueza real, verdadera, tal como aparecía en el cine, habría abierto un abismo más hondo entre él y los Argüellos. Si su familia lo admitía así con tanta dificultad, con tantas reticencias. Y era en estas privaciones, en estas necesidades, en lo que podían identificarse, aproximarse. La misma sangre, el mismo apellido, las mismas costumbres. ¿En qué el uno era superior al otro?

Habían llegado ante una tranca. Ernesto, absorto en sus pensamientos, no hizo el menor ademán para desmontar. César aguardó unos instantes, tamborileando los dedos sobre la manzana de su silla. Cuando habló su voz estaba pesada de impaciencia y disgusto.

—¿Qué esperas para bajar a abrir?

Ernesto parpadeó, despertando. Midió la distancia que lo separaba de este hombre. Y con la boca llena de saliva amarga, obedeció.

II

Estas mecedoras de mimbre ya están muy viejas. ¡Y cómo las ha comido la polilla! Deberíamos comprar un ajuar moderno, como ese que tiene en su sala don Jaime Rovelo y que le dicen pulman. Pero César me baraja la conversación cada vez que le trato el punto. Dice que no es por tacañería sino que porque estos muebles son herencia de quién sabe quiénes y que hay que conservarlos como si fueran una reliquia. Ay, me va a regañar cuando se dé cuenta de que los retratos están llenos de polvo y las moscas se han dado sus buenas paseadas en ellos. Hoy mismo, antes de que se me olvide, voy a decirle a la criada que les pase un trapo encima. Es una india más tarda de entendimiento... ¡Qué va las de Comitán! Éstas sí son arrechas. Pero César no quiso que trajéramos a ninguna. Por lo que cobraban, digo yo. Así que no hay más que atenerse a lo que haya. Y más vale arriar el burro... No me voy a meter yo hasta de sacudidora. En mi casa no éramos así. Qué íbamos a estar guardando cháchara como si fuera oro en paño. Tal vez porque siempre fuimos tan pobres. Mamá enviudó cuando yo tenía cinco años. ¡Qué trabajos pasó para criarme! Haciendo sombreros de palma, camisas de manta para los burreros. Todo el día nos quebraban la puerta los que venían a cobrar: la renta, la mujer de las verduras. Mamá los recibía muy amable, como si fueran visitas. Les contaba sus apuros y les prometía pagarles en cuanto juntara el dinero. Nunca juntábamos nada. Una vez, me acuerdo, ya era yo varejoncita, ya me gustaba presumir, cuando llegaron los custitaleros a la feria de San Caralampio. Yo me enamoré de unos choclos que vi en un puesto. Eran unos choclos de vaqueta muy bien curtida. Costaban tres pesos, un capital. Diario pasaba yo a verlos, con una angustia de que alguno los hubiera comprado. No sé qué le movió el corazón a mi madrina que se puso muy espléndida y me dio cinco pesos de gasto. Corriendo me fui al puesto donde vi los choclos. Con los dos pesos que me sobraron me compré un par de medias de popotillo, negras. Cuando iba yo estrenando hubiera yo querido que las calles relumbraran de limpias y no tuvieran tantas piedras. Pisaba yo con tiento para que mis choclos no se me fueran a raspar ni a ensuciar. Era la última noche de la feria. Había serenata con música de viento y yo bajé a sentarme en las gradas de la iglesia. Alargaba yo los pies, todo lo que podía, para que la gente viera mis zapatos nuevos. Me apretaban, tenían chillera. Pero eran tan bonitos. Amalia, que siempre me ha tenido envidia, me puso de apodo "La choclitos", y empezó a decir que no me quitaba yo los zapatos ni para dormir y que cuando yo me muriera me iban a enterrar calzada. Entonces di en rezar un triduo a Santa Rita de Casia, abogada de los imposibles, para que me hiciera el milagro de que, de vez en cuando, no siempre, los choclos parecieran botines y Amalia creyera que tenía yo dos pares de zapatos. Pero antes de que acabara el triduo vinieron unos hombres a embargar lo que teníamos y se lo llevaron todo. Hasta los choclos. Nos dejaron como quien dice en un petate. Tuvimos que irnos a vivir a un cuarto redondo. Mamá trajinaba todo el santo día para ganar un poco más y que no pasáramos tantos ajigolones. Y al llegar la noche rezaba su rosario, y lo ponía todo en manos de la Divina Providencia y se dormía como un lirón. Yo era la que me pasaba la noche en vela, subiendo y bajando libros, pensando en que el hombre que nos surtía el pichulej de los sombreros ya no quería fiarnos más. Se me caía la cara de vergüenza cuando tenía yo que ir a hablar con él para pedirle que nos esperara, que estábamos pendientes de recibir un giro. Mentiras. ¿Quién nos iba a mandar ningún giro si no teníamos apoyo en ninguna parte? Por eso cuando César se fijó en mí y habló con mamá porque tenía buenas intenciones vi el cielo abierto. Zoraida de Argüello. El nombre me gusta, me queda bien. Pero me daba miedo casarme con un señor tan alto, tan formal y que ya se había amañado a vivir solo. Porque no se le conocían queridas. Queridas de planta, pues, formales. Quebraderos de cabeza nunca le han faltado. Dejaría de ser hombre. Pero no se casó más que conmigo. El vestido de novia era precioso, bordado de chaquira como entonces se usaba. César lo encargó a Guatemala. Era rico y como quería quedar bien. ¡Qué vueltas da el mundo! Ahora dice que está escaso de dinero y hasta me hace devolver lo que compro. Tengo que pedir permiso antes. ¡Qué azareada me dio ante doña Pastora! Un color se me iba y otro se me venía mientras le inventaba yo que las sábanas que escogí resultaron falsas. Que tu boca sea la medida, dijo. Y me aventó la paga encima y no quiso llevar las sábanas. Ay, siquiera mamá no alcanzó a ver estas cosas. Mientras ella vivió estuve pendiente de que no le faltara nada. Hasta sus libras de chocolate le compraba yo, arañando de lo que César me daba para gastar. Y fui pagando, poco a poco, todas sus ditas. Los últimos años de la pobre fueron más tranquilos. Aunque siempre se afligía de verme como gallina comprada. Y es que la familia de César me consideraba menos porque mi apellido es Solís, de los Solís de abajo y yo era muy humilde, pues. Pero nada tenían que decir de mi honra. Y cuando me casé estaba yo joven y era yo regular. Después me vinieron los achaques. Me sequé de vivir con un señor tan reconcentrado y tan serio que parece un santo entierro. Como es mayor que yo, me impone. Hasta me dan ganas de tratarlo de usted. Pero delante de él por boba si lo demuestro. ¿Por qué voy a dar mi brazo a torcer? Para que yo deje que se me acerque todavía me tiene que rogar. No sé cómo hay mujeres tan locas que se casan nomás por su necesidad de hombre. Ni que fuera la vida perdurable. Después de que nació Mario quedé muy mala. Ni un hijo más, me sentenció el doctor Mazariegos. Lástima. Yo hubiera querido tener muchos hijos. Alegran la casa. César dice que para qué queremos más. Pero yo sé que si no fuera por los dos que tenemos ya me habría dejado. Se aburre conmigo porque no sé platicar. Como él se educó en el extranjero. Cuando éramos novios me llegaba a visitar de leva traslapada. Y me quería explicar lo de las fases de la luna. Nunca lo entendí. Ahora casi no habla conmigo. No quiero ser una separada como Romelia. Se arrima uno a todas partes y no tiene cabida con nadie. Si se arregla uno, si sale a la calle, dicen que es uno una bisbirinda. Si se encierra uno piensan que a hacer mañosadas. Gracias a Dios tengo mis dos hijos. Y uno es varón.

III

Al atardecer, la familia se congrega en el corredor de la casa grande.

Los rebaños de ovejas regresan lentamente y en el establo las vacas mugen, desconsoladas, cuando las separan de sus crías. Los rumores de las faenas disminuyen. Los utensilios vuelven a su lugar de reposo. En la caballeriza las monturas, impregnadas del sudor de los caballos, se orean y el viento se retira de ellas transformado en un olor acre. Los animales de labor, mansos y taciturnos, pacen libremente. De los jacales, de la cocina, sale el humo haciendo más indecisa y velada la luz de esta hora.

—¿No quieren tomar un tentempié? —ofrece Zoraida.

Ernesto, que está acodado en el barandal contemplando el cielo remoto, hace un gesto negativo. Desde la hamaca en que se recuesta, César hace un signo de aceptación. Y agrega:

—Procura alimentarte, Ernesto. Hoy casi no comiste.

Es verdad. Desde la primera vez que Ernesto habló con su tío en Comitán, está nervioso, no puede dormir bien, se sobresalta en sueños, tiene pesadillas. Los incidentes del viaje a Chactajal (el venado aquel sobre el que disparó tan irreflexivamente) acabaron de hacerle perder el sosiego. Y ahora es peor, instalado en el corazón de una rutina desagradable y tonta. No tiene ningún trabajo fijo que desempeñar y por eso mismo se le multiplican los encargos diversos, nimios, humillantes. César lo desechó desde el primer día como inepto para las tareas del campo. Entonces permanecía en la casa grande a merced de los caprichos imprevisibles e inútiles de Zoraida. Porque era inútil que sacudiera los muebles una y otra vez, que los barnizara. Jamás lograrían adquirir un aspecto menos deslucido. Y esto es todavía tolerable. Lo que no soporta es que lo pongan a cuidar a los niños. Ernesto siente una desconfianza instintiva de ellos. Los imagina solapados, astutos, sabedores de muchas más cosas de las que sus semblantes limpios dejan transparentar. Esos ojos tan agudos, tan nuevos, son implacables para descubrir los secretos vergonzosos, las debilidades ridículas de los mayores. Y Ernesto experimenta una desazón extraña al sentirse observado, sujeto a examen. En cuanto alguien le dirige una mirada crítica echa a temblar inconteniblemente y se apodera de él una violencia irracional que sólo se saciaría destruyendo al que se erige en su juez. Aún ignora cómo pudo reprimirse el primer día en que estos dos niños, señalando a Ernesto como si fuera un juguete mal hecho y divertido, se habían puesto a gritar: "bastardo, bastardo". Cierto que los niños no conocen con exactitud el significado de esta palabra. Que la estaban repitiendo mecánicamente, como los loros, porque la oyeron decir. Pero aprendieron bien el acento despectivo, la mueca de ironía que acompaña siempre a palabras como ésta.

—San tat, patrón.

En fila, con los maltratados sombreros de palma girando entre sus dedos, han ido subiendo los indios. Desde sus chozas, desde el tiempo que se les permite entregarse al descanso, vienen a saludar a César. Se aproximan a él, uno por uno, primero los ancianos, los rodeados de respeto. Y ofrecen su frente a una mano de cuyo poder debía emanar una especie de bendición. Luego van al lugar de Zoraida, pero ya únicamente por cortesía, y ante ella la ceremonia vuelve a repetirse. Después se encuclillan apoyando su espalda contra los barrotes del barandal.

César extrae de una de las bolsas de su camisa un atado de cigarros de hoja y los convida a fumar. Los indios aceptan con gesto grave como si se tratara del cumplimiento de un rito. Entre la oscuridad, cada vez más densa, brillan las puntas encendidas de los cigarros y apagan intermitentemente su brillo, igual que las luciérnagas.

—Diles que estén pendientes. Que se acerca el tiempo de rezar la novena de Nuestra Señora de la Salud. Que barran bien la ermita y que junten flores del monte para adornarla.

César repite el recado en tzeltal. Los indios escuchan seriamente, asintiendo. Cuando el patrón termina de hablar les toca su turno a ellos. Narran los incidentes del día y luego dejan un lapso de silencio para recibir la aprobación, el consejo, el reproche del amo. César sabe modular el tono y escoger las frases adecuadas. Dosifica la aprobación de modo que no parezca absoluta y el consejo pese de autoridad y el reproche inspire temor. Conoce a cada uno de sus interlocutores. Han compartido juntos muchas vicisitudes y azares y ellos están ahora probando su lealtad. Porque las épocas son difíciles para la gente de orden y el mismo gobierno azuza a los indios contra los patrones, regalándoles derechos que los indios no merecen ni son capaces de usar. La lealtad es valiosa hoy, comparándola con la traición de los otros. Porque muchos de los que César contaba como suyos (tal vez alguno de sus hijos entre ellos), se han rebelado. Exigen el salario mínimo, se niegan a dar el baldío como era la costumbre, abandonan la finca sin pedir permiso. Claro, allí estaban sonsacándolos los dueños de las monterías, extranjeros a los que no les interesa más que la prosperidad de su negocio y que enganchaban a los indios para llevárselos de peones a las madererías o de recolectores en los cafetales de la costa. Se van, los muy brutos, pensando en la ganancia sin saber que nadie vuelve vivo de aquellos climas. No son dignos de compasión, se buscan su desgracia. A los que se quedan aquí César les muestra, en cambio, una deferencia especial no muy distante de la gratitud. Aunque siga conservando su severidad y su rigor y a la hora de exigir el rendimiento de una tarea, su gesto, su voz, sean naturalmente despóticos. Lo trae en la sangre y es el ejemplo que contempla en los vecinos y en los amigos. Pero sabía ser cordial en estas conversaciones de asueto, meciéndose perezosamente en la hamaca, fatigado del esfuerzo del día, satisfecho de su cumplimiento. Entretiene a los indios, como a niños menores, con el relato de sus viajes. Las cosas que había visto en las grandes ciudades; los adelantos de una civilización que ellos no comprenden y cuyos beneficios no han disfrutado jamás. Los indios reciben estas noticias ávidamente, atentos, maravillados. Pero nada de lo que escuchan tiene para ellos una realidad más verdadera que la de una fábula. El mundo evocado en los relatos de César era hermoso, ciertamente.

Pero no hubieran movido una mano para apoderarse de él. Habría sido como un sacrilegio.

Zoraida se aburre. La escena que está presenciando es la misma del día anterior y del otro y del otro. Le molestan estos rostros oscuros e iguales y el rumor del dialecto incomprensible. Desperezándose, se levanta de la mecedora y va hasta el barandal, cerca de Ernesto.

—¿Entiendes lo que están diciendo? —pregunta señalando al grupo de indios.

—No.

—Ellos son tan rudos que no son capaces de aprender a hablar español. La primera vez que vine a Chactajal quise enseñarle a hablar a la cargadora de la niña. Y ni atrás ni adelante. Nunca pudo pronunciar la *f*. Y todavía hay quienes digan que son iguales a nosotros.

Nosotros. El círculo de exclusión en que Ernesto se siente confinado está roto. Pero su satisfacción no es completa. Habría preferido que quien lo rompiera hubiera sido César, el hombre, el Argüello.

Es ya noche cerrada. Los indios empiezan a ponerse de pie y a despedirse. Un kerem atravesó la majada llevando entre las manos un hachón de ocote encendido para prender la luminaria. Sopla el viento frío y hostil. Un batz aúlla lastimeramente en la distancia. Zoraida se estremece.

—Entremos. Estoy temblando.

En el comedor, alumbradas por la llama insegura, amarilla de las velas, dos criadas preparan la mesa: un mueble de cedro, pesado, tosco, con las patas sumergidas en pequeñas escudillas de barro llenas de agua para evitar el paso de las hormigas. Al ver entrar a la familia las criadas se apresuran a terminar y salen para servir la cena. Mientras los demás ocupan la silla que les corresponde, Zoraida inspecciona la correcta disposición de los platos y los cubiertos, cambiándolos de lugar mientras mueve desaprobatoriamente la cabeza.

—Ernesto, por favor, endereza la servilleta de Mario. Está torcida.

Las criadas entran trayendo un platoncillo donde humean los frijoles. El pumpo lleno de tortillas calientes. La jarra de café.

Zoraida reparte las raciones. Comen en silencio. Contra la tela metálica de la puerta vienen a estrellarse, desde la oscuridad de afuera, los insectos. De pronto, la puerta se abre para dar paso a un indio. Sus facciones se distinguen mal a la fluctuante claridad de las velas.

Ernesto había levantado la cuchara rebosante de caldo de frijol y esperó, para llevársela a la boca, que el indio se inclinara en la reverencia habitual. Pero el tiempo transcurre sin que el indio haga el menor movimiento de sumisión. Ernesto vuelve a depositar cuidadosamente la cuchara en su plato. Zoraida muestra a César un rostro contrariado y que exige una explicación. César habla entonces al intruso dirigiéndole una pregunta en tzeltal. Pero el indio contesta en español.

—No vine solo. Mis camaradas están esperándome en el corredor.

Zoraida se replegó sobre sí misma con violencia, como si la hubiera picado un animal ponzoñoso. ¿Qué desacato era éste? Un infeliz indio atreviéndose, primero, a entrar sin permiso hasta donde ellos están. Y luego a hablar en español. Y a decir palabras como "camarada", que ni César —con todo y haber sido educado en el extranjero— acostumbra emplear. Bebe un trago de café porque tiene la boca seca. Espera una represalia rápida y ejemplar. Pero César (¡qué extraños son los hombres, portándose siempre de un modo contrario al que se espera de ellos!) parece no tener prisa. Escucha pacientemente, espolvoreando un trozo de queso encima de los frijoles, lo que el indio continúa diciendo:

—Me escogieron a mí, Felipe Carranza Pech, para que yo fuera la voz.

—Estuviste en las fincas de Tapachula, ¿verdad? Y por poco no contás el cuento. Estás flaco, acabado de paludismo. Creí que no ibas a regresar, aunque vivieras, porque como te fuiste sin pagar la deuda de tu tata, sin pagar tu propia deuda...

—Vine a ver mi casa y mis milpas.

Zoraida va a reír con sarcasmo ante esta presuntuosa manera posesiva de referirse a cosas que no le pertenecen. Pero un gesto de César la contiene.

—Te voy a volver a recibir, con la condición de que...

Felipe no atiende las palabras del patrón. Está mirando a Ernesto. Así, no se da cuenta de que interrumpe el principio de una amonestación, cuando dice:

—Mis camaradas me mandaron para que preguntara si éste es el maestro que vino de Comitán.

Adelantándose a César, Ernesto responde:

—Soy yo. ¿Qué quieren conmigo?

—Mis camaradas me mandaron a preguntar cuándo vas a abrir la escuela.

Ernesto mira a César con unos ojos desorientados y como quien pide auxilio. César está mondando parsimoniosamente una naranja. Sin dignarse a levantar los ojos hacia el indio, interroga:

—¿Les interesa mucho el asunto?

—Sí.

—¿Por qué?

—Para que se cumpla la ley.

Pero esto no puede ser verdad. Está soñando. Es una de esas pesadillas horrorosas que le amargan las noches cuando despierta, cerniéndose de miedo, porque ha soñado que alguien le arrebata a sus hijos. Tiene que encender la luz y levantarse y correr descalza al cuarto de los niños para convencerse de que están allí y de que nada ha sucedido. Pero ahora la pesadilla se prolonga. Y es ella, Zoraida, la que está en el centro de esta conversación absurda, oyendo la voz inflexible y sin fatiga de un indio que machaca esta sola frase:

—Lo manda la ley.

César ha terminado por impacientarse y da un manotazo enérgico sobre la mesa.

—¿Cuál escuela quieren que se abra? Yo ya cumplí con mi parte trayendo al maestro. Lo demás es cosa de ustedes.

César espera una respuesta balbuciente, una humildad repentina, una proposición de tregua. Pero el semblante de Felipe no se altera. Y su acento no se ha modificado cuando dice:

—Voy a hablar con mis camaradas para que entre todos resolvamos lo que es necesario hacer.

La puerta rechina al abrirse para dar paso al indio. Ernesto se pone de pie, muy pálido, para encararse con César.

—Yo se lo advertí en Comitán. No voy a dar clases. No quiero, no sé. Y usted no puede obligarme.

César retira con disgusto la taza de café y volviéndose a Zoraida protesta:

—Está frío.

Zoraida toma la jarra para llevarla a la cocina. Cuando se quedan solos, César mira burlonamente a Ernesto y dice con una suavidad hipócrita:

—Me estás resultando de los que chillan antes de que los pisen.

Y luego, ásperamente.

—Aquí no eres tú quien va a disponer nada, sino yo. Y si yo mando que desquites tu comida dando clases, las darás.

Zoraida ha vuelto.

—No pude llegar a la cocina. Tuve miedo. Están todos amontonados en el corredor. Son muchos, César.

—Qué bueno. Ernesto se lamentaba precisamente de que tendría pocos alumnos.

Los niños corren a la puerta y aplastan su nariz contra la tela metálica. Pero cuando llegan ya en el corredor no hay nadie.

IV

Estaban sentados en el suelo, alrededor del fuego. De cuando en cuando, uno tomaba un puñado de copal y lo arrojaba a las brasas. El aire se difundía entonces ferviente y aromado.

—Esto es lo que me dijeron en la casa grande.

Felipe guardó silencio esperando la deliberación de los demás. Sobre su rostro se estrellaba el resplandor, enrojeciéndolo.

En uno de los ángulos del jacal, arrodillada en el suelo, Juana, la mujer de Felipe, escanciaba una jícara de atole agrio. Luego se puso de pie y la entregó a su marido. El hombre posó los labios en el borde de la jícara y la pasó al que estaba más próximo. Éste se sintió entonces autorizado a hablar.

—Nuestros abuelos eran constructores. Ellos hicieron Chactajal. Levantaron la ermita en el sitio en que ahora la vemos. Cimentaron las trojes. Tantearon el tamaño de los corrales. No fueron los patrones, los blancos, que sólo ordenaron la obra y la miraron concluida; fueron nuestros padres los que la hicieron.

Todos movieron la cabeza para indicar que el que había hablado, había hablado bien. Y éste continuó:

—Han caído años sobre la casa y la casa sigue en pie. Tú eres testigo, tata Domingo.

El viejo asintió.

—Porque la autoridad del blanco movió la mano del indio. Porque el espíritu del blanco sostuvo el trabajo del indio.

Los demás callaron abatiendo los ojos como para no ver la choza que los amparaba. La pared de bejucos delgados, disparejos, unidos con lianas, no los defendía del frío que entraba a morderlos como un animal furioso. Y cuando el granizo apedrea el techo de paja lo rompe. Porque esto es todo lo que el indio puede hacer cuando la voluntad del blanco no lo respalda.

Desde la penumbra de su lugar alguno suspiró:

—¡Quién como ellos!

Felipe estaba riendo a carcajadas. Su mujer lo miró con espanto como si se hubiera vuelto loco.

—Me estoy acordando de lo que vi en Tapachula. Hay blancos tan pobres que piden limosna, que caen consumidos de fiebre en las calles.

Los demás endurecieron sus ojos en la incredulidad.

—En Tapachula fue donde me dieron a leer el papel que habla. Y entendí lo que dice: que nosotros somos iguales a los blancos.

Uno se levantó con violencia.

—¿Sobre la palabra de quién lo afirma?

—Sobre la palabra del Presidente de la República.

Volvió a preguntar, vagamente atemorizado.

—¿Qué es el Presidente de la República?

Felipe contó entonces lo que había visto. Estaba en Tapachula cuando llegó Lázaro Cárdenas. Los reunieron a todos bajo el balcón principal del Cabildo. Allí habló Cárdenas para prometer que se repartirían las tierras. Alguien preguntó con timidez:

—¿Es Dios?

—Es hombre. Yo estuve cerca de él.

(Le había dado la mano. Pero eso Felipe no lo podía decir. Era su secreto.)

Los demás se apartaron de Felipe para buscar el regazo de la oscuridad.

—El Presidente de la Repúlica quiere que nosotros tengamos instrucción. Por eso mandó al maestro, por eso hay que construir la escuela.

Tata Domingo dudaba.

—El Presidente de la República quiere. ¿Tiene poder para ordenar?

Felipe declaró, orgulloso:

—Tiene más poder que los Argüellos y que todos los dueños de fincas juntos.

La mujer de Felipe se deslizó sin hacer ruido hasta la puerta. No podía seguir escuchando.

—¿Y dónde está tu Presidente?

—En México.

—¿Qué es México?

—Un lugar.

—¿Más allá de Ocosingo?

—Y más allá de Tapachula.

Los cobardes se desenmascararon.

—No demos oídos a Felipe. Nos está tendiendo una trampa.

—Si seguimos sus consejos el patrón nos azotará.

—¡Nadie necesita una escuela!

Se apiñaron en la sombra como queriendo protegerse, como queriendo huir. Porque las palabras de Felipe los acorralaban igual que los ladridos del perro pastor acorralan al novillo desmandado.

—No soy yo el que pide que se construya la escuela. Es la ley. Y hay un castigo para el que no la cumpla.

—Pero el guardián de la ley está lejos. Y el patrón aquí, vigilándonos.

—Yo me presenté hoy delante de César y le hablé en su propia lengua. Mira: nada malo me ha sucedido.

—¡Se estará acordando de para qué sirve el cepo!

—¡Estará embraveciendo a los perros para que nos persigan!

—¿Por qué tiene que caer el daño sobre todos nosotros? El patrón no sabe quiénes fuimos acompañando a Felipe.

—La patrona salió una vez y volvió a entrar.

—¿Pero cómo iba a conocernos la cara en aquella oscuridad?

El fuego casi se había extinguido. Con la punta de su dedo Felipe dibujaba signos sobre la ceniza. Sin alzar los ojos, con voz monótona, confesó:

—Yo le dije a César: éstos son mis camaradas. Y no olvidé el nombre de ninguno de los que iban conmigo. Y agregué: si alguno vuelve mañana a la casa grande es con el bocado de una falsa reconciliación. Guárdate de comerlo.

El estupor selló los labios de todos. Ahora sabían que lo que habían hecho era irrevocable, que no podían retroceder.

—Los que quieran irse, váyanse. Yo continuaré solo.

Felipe se puso de pie como invitándolos a retirarse. Uno hizo seña a Tata Domingo para que intercediera.

—¿Adónde podemos ir ahora, kerem, sino adonde tú nos lleves?

—Yo no quiero llevarlos más que a nuestro bien. No hay razón para atemorizarse. Cuenten cuántos somos. Tú, tata Domingo, que tienes tres hijos mayores. Y Manuel, con sus hermanos. Y Jacinto, con la gente del Pacayal. Y Juan que se basta solo. Y tantos más, si los llamamos. César no tiene ni la ley de su parte.

—Lo que tú digas, Felipe, será nuestra ley.

—Me obedecerán en todo. Yo sé lo que es más prudente. Construiremos la escuela. Después de que cada uno cumpla con su tarea para que César no tenga nada que argüirnos, construiremos la escuela. Nosotros mismos acarrearemos el material.

—¿Quién nos dirá: esto se hace así y así?

—El que sabe.

—Tata Domingo.

—Estoy muy viejo, kerem. Hace tiempo que no hago este oficio. La memoria no me ayuda.

—¿Y tus hijos? ¿No les dejaste en herencia lo que sabías?

—Mis hijos son servidores de la casa grande. Se han enemistado conmigo.

—Déjalo, Felipe, otra vez será.

Estaban apresurándose a marcharse, contentos de haber aplazado la ejecución del proyecto. Pero Felipe los detuvo.

—Si no hay entre nosotros ninguno capaz, yo lo buscaré en otras fincas, en los pueblos. Mañana mismo iré a buscarlo. Pero antes de irme quiero que amarremos nuestra voluntad.

Fue a sacar una botella de aguardiente y dijo al destaparla:

—Los que bebamos ahora será en señal de compromiso.

Todos bebieron. El alcohol fuerte removió el frenesí en el pecho de cada uno. Y entonces quedaron ligados como con triple juramento.

Juana volvió a entrar después de que hubo salido el último. Y encontró a Felipe sentado todavía junto al rescoldo, cavilando.

Felipe no podía tener confianza en los hombres que había escogido. La primera vez que habló con ellos, a su regreso de Tapachula, los encontró inconformes, próximos a la rebeldía. Pero andaban aún, como él antes de su viaje, en tinieblas. Y no para consolar, no para mentir, les contó lo que había visto. Y una vez y otra vez tuvo que repetirlo para quebrar su desconfianza. No había que esperar la resurrección de sus dioses, que los abandonaron en la hora del infortunio, que permitieron que sus ofrendas fueran arrojadas como pasto de los animales. ¡Cuántos habían esperado y cerraron los ojos sin haberlos visto venir! No. Él había conocido a un hombre, a Cárdenas; lo había oído hablar. (Había estrechado su mano, pero éste era su secreto, su fuerza.) Y supo que Cárdenas pronunciaba justicia y que el tiempo había madurado para que la justicia se cumpliera. Volvió a Chactajal para traer la buena nueva. ¿Para qué más podía volver? Venir para encontrar la cerca de sus milpas derribada y los cerdos hozando en el lugar de la semilla y otras bestias pisoteando con sus pezuñas el tallo doblado del maíz. No. Venir porque sabía que era necesario que entre todos ellos uno se constituyera en el hermano mayor. Los antiguos tuvieron uno que los guiaba en sus peregrinaciones, que los aconsejaba entre sus sueños. Éste dejó constancia de su paso, una constancia que también les arrebataron. Y desde que los abandonó, años, años de tropezar contra la piedra. Nadie sabía cómo aplacar las potencias enemigas. Visitaban las cuevas oscuras, cargados de presentes, en las épocas calamitosas. Masticaban hojas amargas antes de decir sus oraciones y, ya desesperados, una vez escogieron al mejor de entre ellos para crucificarlo. Porque los blancos tienen así a su Dios, clavado de pies y manos para impedir que su cólera se desencadene. Pero los indios habían visto pudrirse el cuerpo martirizado que quisieron erguir contra la desgracia. Entonces se quedaron quietos y todavía más: mudos. Cuando Felipe les habló alzaron los hombros con un gesto de indiferencia. ¿Quién le dio autoridad a éste, se decían? Otros hablan español, igual que él. Otros han ido lejos y han regresado, igual que él. Pero Felipe era el único de entre ellos que sabía leer y escribir. Porque aprendió en Tapachula, después de conocer a Cárdenas.

La mujer vino y tapó el rescoldo con una piedra grande, hasta el día siguiente. Sin hacer ruido, para no turbar el pensamiento de Felipe, fue a tenderse en un rincón. Sus ojos cerrados simulaban dormir. Pero bajo los párpados se sucedían, se atropellaban las imágenes. El baile en la ermita cuando Felipe la escogió tirándole el pañuelo colorado sobre la falda. Las tardes, cuando volvía del río, con el tzec todavía escurriendo agua y Felipe la miraba, ceñudo, sentado en un tronco del camino. Los tratos entre las dos familias. El año de prueba que había pasado cada uno sirviendo a los padres del otro. Ella se había esmerado, pues Felipe estaba bien para marido suyo. Cuando molía el maíz la masa del posol salía más fina y más sabrosa. (Secretamente mezclaba los granos de almendra que compró a los custitaleros y que trajo escondidos entre su camisa. Pero eso no lo sabían sus suegros cuando alababan su mano.) Conocía maneras de que todos los huevos de una nidada reventaran en pollos amarillos. Felipe sembró la milpa y cuidó de los animales domésticos. Y durante ese tiempo no se hablaron porque seguían escrupulosamente la costumbre del noviazgo para que las bendiciones no se apartaran de ellos. Se veían, sin cruzar palabra, en las fiestas; se encontraban por casualidad en los caminos. Pero no se detenían y era apenas la ropa la que se rozaba en el encuentro. Al cabo del año los padres se reunieron. Estaban de acuerdo en que Felipe había resultado listo y Juana capaz para el trabajo. Y consentían en hacer el casamiento. Pero discutieron mucho sobre el asunto de la dote. Al fin, la familia de Felipe se conformó con recibirla a ella llevando un torito de sobreaño, un almud de maíz, un zontle de frijol. Hizo entrega de todo esto a sus suegros. Y Felipe compró el garrafón de aguardiente para la fiesta de la boda y la obligó a ella a dejar sus arracadas de oro, su gargantilla de coral para pagar a sus padres el tiempo que había estado bajo su amparo. Entonces se fueron a vivir juntos. Y hasta muchos meses después, cuando vino el señor cura a solemnizar el rezo de la novena de Nuestra Señora de la Salud, se casaron.

Juana no tuvo hijos. Porque un brujo le había secado el vientre. Era en balde que macerara las hierbas que le aconsejaban las mujeres y que bebiera su infusión. En balde que fuera, ciertas noches del mes, a abrazarse a la ceiba de la majada. El oprobio había caído sobre ella. Pero a pesar de todo Felipe no había querido separarse. Siempre que se iba —porque era como si no tuviera raíz— ella se quedaba sentada, con las manos unidas, como si se hubiera despedido para siempre. Y Felipe volvía. Pero esta vez que volvió de

Tapachula ya no era el mismo. Traía la boca llena de palabras irrespetuosas, de opiniones audaces. Ella, porque era humilde y le guardaba gratitud, pues no la repudió a la vista de todos, sino en secreto, callaba. Pero temía a este hombre que le había devuelto la costa, amargo y áspero como la sal, perturbador, inquieto como el viento. Y en lo profundo de su corazón, en ese sitio hasta donde no baja el pensamiento, ella deseaba que se marchara otra vez. Lejos. Lejos. Y que no regresara nunca.

Una ráfaga fría la hizo abrir los ojos, sobresaltada. La hoja de la puerta golpeaba aún contra el dintel. Y allí, en el centro del jacal, estaba tata Domingo, con la frente inclinada, como dispuesto a recibir las órdenes de Felipe.

V

—¡PATRONA, patrona, ahí vienen los custitaleros!

La criada entró corriendo a la ermita, cubriéndose la cabeza con el delantal.

—Ya voy —contestó desganadamente Zoraida—. ¿Vienes, Ernesto? Si quieres comprar algo pide que lo apunten en nuestra cuenta.

—Vaya usted. La alcanzaré luego.

Zoraida salió a la majada. Allí se habían congregado ya las otras mujeres dejando en las trojes las mazorcas a medio desgranar; en el gallinero los pollitos piando de hambre; en la cocina los tasajos de carne salada al alcance del gato. Zoraida lo sabía, pero no les hizo ningún reproche. Ante la llegada de los custitaleros las costumbres podían quebrarse.

Haciéndose pantalla con sus tocas de manta, para defenderse del reflejo demasiado vivo del sol, las mujeres fijaban sus ojos en el camino. Allí venían los custitaleros, descendiendo la última loma. Contaron hasta ocho mulas cargadas con grandes bultos envueltos en petate y palmotearon de alegría.

—¿Tenés dinero vos?

—He estado juntando todo el año.

Porque los custitaleros traían en aquellos enormes baúles forrados un caudal inagotable de objetos: calderas de latón, panzudas, relumbrosas; molinillos de asta fina y larga; peroles de cobre bien pulido. Para las muchachas, gargantillas de coral, listones anchos, varas de percal y de yerbilla, polvos de enamorar. Para los niños, confites teñidos de rojo con un grano de anís en el centro; trepatemicos peludos, maromeros nerviosos. Y machetes en cuyo filo culebrea el escalofrío; y fajas tejidas y sombreros de palma con un espejo incrustado, para los hombres.

—¿Desde dónde vendrán?

—De Ocosingo, tal vez.

—De San Carlos.

—De más allá, de Comitán.

Porque estos comerciantes (que radican en San Cristóbal, en el barrio de Custitali, del que toman el nombre) recorren todos los climas, todos los lugares de Chiapas llevando su figura pintoresca, su acento cantarín, su habla rebuscada, su utilidad de hormigas acarreadoras.

Un kerem se precipitó a abrir el portón de la majada. Los custitaleros desmontaron del anca de sus bestias antes de atravesar el umbral. Envueltos, como siempre, en sus gruesas frazadas de lana, avanzaron pisando fuerte para sacudir sus zapatos. Con una varita se quitaron las mostacillas que se les habían pegado a la ropa, antes de acercarse a ofrecer sus respetos a

Zoraida. Después pidieron un lugarcito y autorización para vender su mercancía. Rezagada entró una mujer que venía montando una hermosa mula blanca. Envolvía su cabeza y velaba su rostro con una chalina transparente. Su vestido era de paño de buena calidad. Y cuando quiso bajar de la cabalgadura, uno de los custitaleros puso las dos manos entrelazadas para que le sirvieran como estribo. Ella posó allí los pies, tímida y torpemente, y luego en el suelo. Dio un paso, dos. Sus miembros carecían de flexibilidad, entumecidos por una jornada de tantas leguas. Iba tambaleándose como los ebrios. Zoraida la observaba con atención. Encontraba un aire familiar en esta mujer y con el ceño fruncido hacía esfuerzos por reconocerla. Entonces exclamó con un acento en el que se mezclaban la sorpresa, la alarma, el reproche:

—¡Matilde!

Porque era Matilde la recién llegada. Al oírse nombrar se quedó inmóvil. Como si la chalina no fuera suficiente se llevó las dos manos a la cara para cubrírsela.

Uno de los custitaleros avanzó hasta el sitio donde estaba Zoraida.

—Con su venia, patrona, vamos a hacerle entrega de la adonisa.

Y otro explicó:

—Cuando pasamos por Palo María, la niña Matilde estuvo buscando ocasión para hablarnos.

—Y nos ofreció dinero si la traíamos a Chactajal.

—Salimos a medianoche.

—Ninguno nos vio salir.

—Y por si nos seguían dijimos que íbamos con el rumbo de Las Delicias.

—Dios y su Santísima Madre son testigos de que la hemos cuidado como cosa propia.

—No venimos a rendir malas cuentas.

—¿Es verdad lo que dicen éstos, Matilde?

Matilde hizo un gesto de asentimiento. Todavía no podía hablar.

—Que ella declare si aceptamos un centavo del dinero que nos ofreció.

—Somos cristianos, patrona.

—Está bien. Ya recibirán su recompensa.

Con estas palabras cortó Zoraida la conversación. Y mientras Matilde, apoyada en su brazo, subía los escalones que van de la majada al corredor, el kerem echó a vuelo la campana de la ermita para avisar a todos que los custitaleros iban a empezar a desenvolver su mercancía. Ernesto oyó los pasos numerosos, rápidos, descalzos de la indiada encaminándose a la casa grande. Titubeó un momento antes de seguirlos.

Zoraida condujo a Matilde hasta la sala y la hizo recostarse en un estrado de madera. Una india de la servidumbre —contrariada por tener que permanecer aquí mientras las otras hacían ya sus tratos con los custitaleros— había traído una taza de té de azahar.

Zoraida pasó su mano por detrás de la cabeza de Matilde para sostenerla.

—Bebe. Quién quita y te haga provecho.

Matilde se esforzó por dar un trago.

—No. Tengo un nudo aquí. Hace días que no puedo pasar bocado.

Y dejó caer hacia atrás la cabeza, como tronchada.

La india salió presurosamente. Los ojos de Matilde la siguieron. No habló hasta que su figura hubo desaparecido.

—¿Son de fiar tus gentes, Zoraida?

—Hasta donde cabe. ¿Por qué?

—Porque si Francisca llega a saber que estoy aquí, me matará.

Zoraida no pudo menos que sonreír.

—Francisca ha de estar disgustada porque te viniste sin su autorización. Pero de eso a querer matarte...

—¡Sí, me matará, me matará!

Matilde estaba gritando con una voz aguda y desagradable. Zoraida se puso de pie.

—Estás muy nerviosa. Descansa un rato. Ya hablaremos después.

Matilde la detuvo cogiéndola bruscamente por la manga.

—No te vayas. No me dejes sola. Tengo miedo.

—¿Pero miedo de qué, criatura?

Matilde la miró atónita como si la pregunta fuera de las que no necesitan respuesta por obvias. No obstante dijo:

—Tengo miedo de Francisca.

—¿De Francisca?

—No repitas lo que yo digo como si creyeras que estoy desvariando. No estoy loca. ¡Francisca no ha logrado enloquecerme!

Zoraida volvió a sentarse junto a Matilde.

—¿Por qué pelearon?

—No es pleito. Tú sabes cómo la respetaba yo, cómo la quería.

(Pues Francisca tomó el lugar de la madre, muerta al nacer Matilde. Y desde ese día se acabaron las fiestas y las diversiones, se acabó el noviazgo con Jaime Rovelo. Francisca se dedicó a cuidar a Matilde. La velaba noches enteras cuando estaba enferma. Le compraba los juguetes más caros, los vestidos más bonitos. Ella misma le enseñó a leer porque en Palo María no había otro que lo hiciera. Se habían ido a vivir durante años a la finca. A trabajar, a hacerse ricas para que Matilde pudiera comprar todo lo que le viniera en gana. Para que pudiera llevar una buena dote a su matrimonio. Pero sucedió que Matilde era un alma de cántaro que se conformaba con cualquier cosa y que no se desprendía de las faldas de su hermana. Cuando ya estaba en edad de merecer dijo que no quería casarse, que quería vivir siempre con Francisca. Y así vivieron juntas y en paz. Hasta que Romelia, separada de su marido, regresó a la casa. A ponerse como una mampara entre las dos. Las aturdía con su incesante parloteo no interrumpido ni por las horribles jaquecas que padecía. Francisca la toleraba, era condescendiente con esa mujer a quien la edad no había hecho más formal ni menos voluble y frívola. Pero cuando empezó a hablarse de agrarismo y de las nuevas leyes y los indios reclamaron airadamente sus derechos, Francisca pensó en alejar a sus hermanas. Romelia aceptó de inmediato el proyecto de ir a México y, para que su viaje no pareciera una fuga, se quejó con más insistencia que nunca de sus malestares e insistió en la necesidad de consultar con los especialistas de la capital. Matilde se negó a acompañarla. ¿Cómo abandonar a Francisca en un momento que podía ser peligroso? Y ahora, apenas unas semanas después, Matilde estaba huyendo de Francisca como de su peor enemigo.)

—Estas desavenencias son pasajeras. Se reconciliarán. Yo voy a recomendarle a César que medie entre ustedes.

Matilde negó apasionadamente.

—Si te pesa haberme recibido, me voy. No faltará un alma caritativa que me recoja. Pero volver a Palo María, nunca. Óyelo bien, ¡nunca!

(Era la primera vez que Matilde hablaba de este

modo. Siempre había sido apocada, sumisa, dócil. Y ahora se erguía como un gallo de pelea contra Francisca. ¿Por qué? En asuntos de intereses nunca tuvieron dificultades. Un hombre... no, no era posible. Francisca —después de la ruptura con Jaime— había rechazado a todos los pretendientes que se le presentaron. Decía, con esa franqueza suya que no perdonaba ni sus propios defectos, que a ella no podían buscarla más que pensando en el dinero, pues nunca había sido bonita y ahora, además, estaba vieja. Y a Matilde nunca se le había conocido novio. Si se había enamorado por primera vez y si Francisca se opuso a sus relaciones...)

—En Palo María ya no se puede vivir. Los indios están muy alzados.

—Pues saliste de las brasas para caer en el fuego.

—Pero aquí está César que es hombre.

—Francisca no es ninguna no nos dejes. Es de las de zalea y machete.

Los labios de Matilde se plegaron en un gesto de amarga burla.

—De zalea y machete. ¿Sabes lo que hizo? Levantó el cepo en medio de la majada. Y a punta de chicotazos metía allí a los indios y los dejaba a sol y sereno. Los que no aguantaban se morían. Pero no así nomás. Antes de que murieran Francisca los cogía y...

—¿Qué?

Ante la morbosa expectación de Zoraida, Matilde volvió el rostro ruborizado hacia la pared:

—Nada. Me da vergüenza decirlo.

Zoraida se puso en pie, defraudada.

—¡Pero esa mujer perdió el sentido! Hacer eso ahora, que la situación está tan difícil.

—Los indios llegaron a la casa grande a amenazarnos. ¿Crees que Francisca se asustó? Les dijo que si no estaban conformes con su trato que se fueran.

—Qué fácil. ¿Y de qué van a vivir ustedes si los indios dejan Palo María?

—A Francisca no le importa. No volvió a salir a campear, despidió a todos los vaqueros. Desde el corredor de la casa grande veíamos la zopilotada bajando a comer las reses que se morían de gusanera, los becerritos recién nacidos cayendo de enfermedad porque no había quien los vacunara.

—Pero, criaturas, ¿adónde van a ir a parar?

—Francisca ya no salía de la casa. Dispuso que había que tapizar de negro todos los cuartos. Después ella misma clavó las tablas para hacer un ataúd. ¡Lo pintó de negro! Lo puso en el lugar donde antes tenía su cama. Y allí se acuesta. Pero no duerme. Yo lo he visto. No puede dormir.

(Aquellas interminables noches en vela. Matilde encerrada con llave, pendiente del más leve rumor, temblando hasta con el vuelo de los murciélagos, con el chirriar de la madera. Y Francisca paseándose en los corredores tapada con un chal negro. De pronto ese grito de terror. La persecución en el patio, entre el ladrido de los perros y el relinchar espantado de los caballos. Al amanecer habían salido, las criadas, Matilde, a buscar a Francisca. La encontraron como muerta en el fondo de un barranco. Golpeada por las piedras, lastimada por las espinas. Cuando volvió en sí dijo que había tenido una visión. Entre los indios se corrió la voz de que la había arrastrado el dzulúm. Y que si no se la llevó fue porque hizo el pacto de servirle y de obedecerle.)

—Lo del dzulúm es puro cuento.

—Pregúntale a Francisca. Dice que lo vio. Que hablaron.

—Son mañas para que los indios le tengan miedo.

—Los indios llegan a consultar con ella. Y al que le dice: tal cosa va a suceder, sucede.

(Había un tal Emilio Jatón. Le dijo: no vas a llegar sano a tu casa. Y en el camino le agarró una gran congoja y como mal de corazón y cayó desvanecido. Entre cuatro lo llevaron cargado a su jacal. Allí se estuvo semanas, tendido en un petate, agonizando. Hasta que le mandó un bocado a la patrona y le rogó que viniera a curarlo. Entonces Francisca preparó un bebedizo y se lo dio a tomar. El indio se alivió como con la mano. Y ahora estaba sirviendo de semanero en la casa grande.)

—¡San Caralampio bendito!

—Le supliqué, de rodillas le supliqué a Francisca que nos fuéramos a Comitán. Tenemos dinero ahorrado, podemos comprar una casa, una tienda. Pero Francisca me contestó que si volvía yo a decir algo semejante me iba a hacer daño a mí también.

(Francisca tenía los ojos vidriosos al proferir estas amenazas. Y desde entonces miraba a Matilde con recelo y la ahuyentaba para recitar a solas conjuros y maldiciones.)

—¡Qué templada fuiste de aguantarte! Cuando se lo digas a César te va a regañar por no haberte venido desde el primer momento.

—¿Cómo iba yo a venir? No es mi casa.

—Tienes más derecho a estar aquí que yo.

Zoraida lo dijo y le dolía que fuera verdad. Esta casa perteneció a los abuelos de Matilde. No era ni una advenediza ni una extraña. Mientras que ella...

Dijo para disimular su despecho:

—Ven conmigo. Vamos a ver que te preparen tu cuarto.

Al abrir la puerta apareció en el vano la figura de Ernesto. No se turbó de que lo encontraran allí. Soportó la mirada inquisitiva de Zoraida sin inmutarse, como si no lo hubiera sorprendido escuchando. Qué hipócrita. Bastardo tenía que ser.

VI

Es muy triste ser huérfana. ¡Cuántas veces se lo dijeron a Matilde acariciando su cabeza como con lástima! Esta niña se va a criar a la buena de Dios, igual que el zacate. Porque Francisca, la segunda madre, es muy joven todavía, se casará. Y la criatura vendrá a ser como un estorbo. ¿Y si Francisca no se casa? Peor. En esta familia no habrá un respeto de hombre.

Matilde se iba, cabizbaja, con una palabra zumbando a su alrededor. Huérfana. Las visitas eran malas. Le decían eso porque creían que estaba sola, que no tenía a nadie. Sabían que el único retrato de su madre —el que estaba en la sala— estaba colgado tan alto que ella, Matilde, no alcanzaba a mirarlo ni aun subiéndose a una silla. Y que desde abajo el vidrio quebraba la dirección de la luz en un reflejo que hacía borrosa, irreconocible, la imagen. Pero ella tenía un secreto, su refugio. Lo descubrió un día, por casualidad, en el cuarto de los trebejos. Había un armario grande. Y adentro, meciéndose en sus ganchos, albergando bolas de naftalina para preservarse de la polilla, estaban los vestidos que pertenecieron a su madre. Matilde buscaba aquel lugar cuando estaba triste. Cuando Francisca la regañaba por haber hecho alguna travesura. Cuando llegaban visitas a pronosticarle desgracias. Iba, abría el armario, se metía, se encerraba. Y se estaba allí horas y horas, mientras los demás la llamaban a gritos, la buscaban en la huerta, en la cocina, en los corrales. Y se estaba allí horas y horas respirando aquel olor a desinfectante, bien guardada contra las amenazas de fuera, bien protegida por aquel regazo oscuro. Se quedaba dormida, hecha un ovillo en un rincón, fatigada de haber llorado tanto. Una vez la despertó una mano puesta sobre su hombro. Era Francisca. Sin pronunciar una palabra tomó a Matilde entre sus brazos, besó sus párpados húmedos todavía. Pero esa misma tarde ordenó que vaciaran el armario y dio regalada la ropa a los pobres.

—Niña Matilde, necesito una tapa de panela.

Sobresaltada, Matilde desató el llavero que llevaba prendido a su cinturón —y que Zoraida le confió el día de su arribo a Chactajal porque ella estaba muy ocupada con los preparativos de la novena— y fue a la despensa. Pues Matilde se había hecho cargo del manejo de la casa. Disponía lo que iba a hacerse para comer, daba los víveres a la cocinera. Estaba pendiente del aseo de las habitaciones. Y ella misma se encargó de remendar la ropa.

¡Cómo se reiría Francisca si la viera! Porque Matilde siempre fue perezosa. Le gustaba acostarse en la hamaca el día entero y estarse allí, pensando. (Era siempre en una fiesta. Matilde estaba sentada bajo una lámpara de cristal. El ruedo de su vestido se derramaba a su alrededor y ella tenía una copa en la mano. Había música. Una orquesta tocaba un vals y las parejas bailaban. Matilde tenía los ojos bajos, por modestia. Alguien la había elegido desde lejos y venía a invitarla a bailar. Ella veía primero sus pies, calzados de charol.

Y luego el traje de casimir fino y la camisa blanca y el nudo de la corbata bien hecho. Y cuando iba a verle el rostro, un grito, el aletear de los gavilanes rondando el gallinero, una puerta cerrada por un golpe de viento, algo, la despertaba. El rostro de ese hombre —el que iba a llegar, al que estaba destinada— se le ocultó siempre como se le había ocultado el rostro de su madre.) Pero aquí en Chactajal era distinto. Estaba en casa ajena y tenía que agradar. Agrado quita camisa, dicen las personas prudentes. Por eso Matilde se afanaba en cumplir bien las obligaciones que se había impuesto. Porque temía que la malmiraran por estar recibiendo un favor sin merecerlo. Al principio tuvo la esperanza de que Francisca —asustada al verla partir— volvería en su juicio y vendría a buscarla. Adivinaba en la lejanía del camino la figura de la hermana mayor, su sombrilla de seda oscura. Pero Francisca aceptó la separación sin una palabra de protesta, sin hacer la menor tentativa por averiguar el paradero de Matilde. Cuando quedó sola se encerró en los cuartos tapizados de negro de Palo María, negándose a ver y a hablar a nadie, excepto a los indios que reconocían sus poderes y que acudían a ella en solicitud de consejo. Los viajeros a los que no dio hospedaje fueron los que hicieron correr —de finca en finca, y en Comitán y hasta en San Cristóbal, donde Francisca tenía parientes—, su fama de bruja.

—Pobre niña Matilde, venir a parar en salera después de ser patrona.

Matilde sonrió resignadamente. De estos cambios de la fortuna, de estas traiciones súbitas e inexplicables está vestido el mundo. Una criada platicando con ella como con su igual, sintiendo una compasión que Matilde aún tenía que agradecer. Porque jamás estuvo tan desamparada y tan sola.

—El muerto y el arrimado a los tres días apestan, niña Matilde.

Sí, era verdad. Matilde se sentaba en la orilla del estrado, presta a huir, a correr, a la menor insinuación de que su presencia sobraba en esta casa. Pero ¿adónde iría? Y entonces no se le alcanzó más que tratar de ocultar su presencia para no dar molestias a los demás. La hora de comer —que era cuando todos se reunían— significaba para ella una tortura. Con el pretexto de vigilar el servicio no se sentaba a la mesa. Las primeras veces su conducta les pareció extravagante y la instaban a que los acompañara. Pero luego fue volviéndose natural el hecho de que Matilde comiera después en la cocina, con la servidumbre. Y aun allí los bocados se le atragantaban, no podía bajarlos. Desalentada retiraba su plato.

—¿Para qué se va usted a resmoler de balde, niña Matilde? Mejor pídale usted a don César que le dé una soplada y así se averigua su voluntad.

Matilde siguió el consejo. Y una tarde, cuando estaban todos sesteando en el corredor, se acercó a ellos. Llevaba un frasco de aguardiente en la mano.

—César, como eres el hombre de la casa y el principal, vine a pedirte un favor.

—¿Sí?

—Estoy azarada de estar aquí. Y es necesario que me soples para que se me bajen los colores y yo quede en paz.

César respondió gravemente que no pusiera nada en su corazón. Tomó la botella que le ofrecía Matilde, la destapó y se llenó la boca con un sorbo de aquel trago fuerte. Matilde cerró los ojos al recibir, en plena cara, la rociadura. El alcohol le ardía en los párpados. Pero había borrado su vergüenza, la reconciliaba con los dueños de la casa, cuya voluntad ya le era conocida. Podía sosegar. Esa tarde estuvo con sus primos. Fueron juntos a bañarse al río. Cuando regresaron se sentaron en la majada, a cantar, porque Ernesto sabía tocar la guitarra y tenía buena voz.

De una cajita de cedro que trajo consigo de Palo María, Matilde sacó un manojo de hierbas. Las ocultó bajo el delantal y fue a la recámara de Ernesto. Arreglarla era una tarea que no encomendaba a las criadas. Son tan torpes. Dejan el polvo entre las junturas de los ladrillos, revuelven los papeles, se olvidan de cambiar el agua de los floreros. Matilde recogió las sábanas que habían estado asoleándose en el pretil de la ventana y las sacudió enérgicamente antes de estirarlas sobre el colchón. Después tendió las cobijas y, bajo la almohada, metió el manojo de hierbas que había traído.

—¿Por qué inventó usted esa mentira?

—¡Ernesto!

Matilde estaba roja de sorpresa. Su acento se elevó apenas por encima del timbre habitual. Quería expresar dignidad ofendida, severo orgullo. Pero no había tenido tiempo de apartar la mano de la almohada y estaba temblando como si la hubieran sorprendido en una falta.

—¿Qué mentira?

—Que usted vino a Chactajal huyendo de su hermana. Usted no vino huyendo de nadie. Usted vino buscándome a mí.

Sí, ahora estaba segura. Ernesto la había visto colocar las hierbas bajo la almohada. Con la fuerza que da la desesperación Matilde se atrevió a replicar:

—¿Con qué derecho viene usted a insultarme? Yo no le he dado ninguna confianza, yo...

—¡No me hables en ese tono, Matilde!

—Ah, además me está tuteando.

—¿Y por qué no?

Matilde golpeó el suelo con el pie, colérica.

—No somos iguales.

—¿Cuál es la diferencia? Tú estás aquí de arrimada lo mismo que yo.

—Estoy en la desgracia, es cierto. Pero hay cosas que ninguna desgracia me puede arrebatar.

—¿Qué cosas?

—Soy... ¡soy Argüello!

—Yo también.

—¡Pero mal habido!

Respondió instintivamente, sin pensarlo, sin intención de ofender. Y ahora Matilde callaba, horrorizada de haber sido capaz de pronunciar esas palabras. Pero ella no tenía la culpa, de veras. Ernesto la había obligado. ¿En qué forma había ella provocado a Ernesto para que viniera a sacudirla con esa violencia, con esa brutalidad, con ese odio?

—Nací marcado. No tengo delito, pero nací marcado. El señor cura no quería admitirme en su escuela, porque era yo hijo de un mal pensamiento. Mi madre tuvo que humillarse para que el señor cura consintiera en recibirme. Pero no me permitía sentarme con los demás. En un rincón, aparte. Porque las señoras protestaban de que sus hijos estuvieran revueltos con un cualquiera. Yo era más listo que ellos, yo me sacaba las primeras calificaciones, pero a fin de año el premio no era para mí. Era para otro, para el hijo de don Jaime Rovelo. Porque yo soy un bastardo. ¿No has oído cómo lo gritan los niños? ¡Bastardo! ¡Bastardo!

Matilde estaba conmovida. Suavemente replicó:

—Déjame ir, Ernesto.

—¿No te divierte lo que te estoy contando?

—No.

—Entonces es verdad.

—¿Qué?

—Que me quieres.

Matilde se echó a llorar y Ernesto la atrajo hasta su pecho. Las lágrimas le empapaban la camisa, calientes, abundantes.

—Sí, es verdad. No podía yo estar equivocado. Lo noté desde la primera vez, por la manera como me miraste.

Matilde se desprendió con lentitud del abrazo de Ernesto.

—Estás desvariando. Déjame ir.

—¿Por qué?

Matilde se aproximó a la ventana y, como quien se desnuda, gritó:

—¿No te das cuenta? Mírame, mírame bien. Estas arrugas. Soy vieja, Ernesto. Podría ser tu madre.

Se retiró para defenderse de la luz y, acezante, con la espalda pegada a la pared, como un animal acosado, esperó. Ernesto no comprendía el dolor de estas palabras, el desgarramiento de esta confesión. Veía sólo la resistencia opuesta a su voluntad. Veía que esta mujer escapaba de su dominio, que no había podido subyugarla, que había fracasado.

—¡No digas el nombre de mi madre! ¡No te atrevas a compararte con ella!

El rostro de Matilde estaba rígido, bañado de una absoluta lividez. La obstinación de su silencio enardeció aún más a Ernesto.

—¿Te crees mejor que ella, más honrada? ¿Por qué? ¿Porque preferiste secarte en tu soltería que sacrificarte por un hijo? Ella se ha sacrificado por mí. Y yo no me afrento de que sea mi madre. No me afrento de que nos vean juntos en la calle, aunque vaya mal vestida y descalza. Y aunque esté ciega.

Ernesto se dejó caer en una silla. Con su pañuelo se limpió el sudor que le corría por las sienes. ¿Se estaba volviendo loco? ¿Por qué se había dejado llevar así? ¿Qué necesidad tenía esta mujer de presenciar el conflicto que lo torturaba desde que nació? Para que saliera después a contarlo con los demás y entre todos se burlaran de él. Alzó los ojos brillantes de rencor. Matilde se había vuelto de espaldas para no verlo. Dijo:

—Debajo de la almohada hay un manojo de hierbas. Son para dormir bien, para tener buenos sueños.

Empezó a caminar hacia la puerta pero Ernesto se puso en pie de un salto y la alcanzó.

—Usted las puso allí. ¿Por qué?

Matilde esquivó su mirada.

—Porque no quiero que sufras.

Los labios de Ernesto se posaron en su mejilla y fueron borrando las arrugas, una por una. Volvió a ser joven como antes. Como cuando se sentaba bajo la lámpara de cristal, sosteniendo una copa entre su mano. Amortiguados por la música de la orquesta se acercaban los pasos. Miró primero los zapatos. Eran viejos. Los pantalones, remendados; el cuello de la camisa abierta, sin corbata. Y por fin el rostro, el rostro de Ernesto. Su mano soltó la copa que fue a estrellarse contra el suelo.

VII

"Para la construcción elegimos un lugar, en lo alto de una colina. Bendito porque asiste al nacimiento del sol. Bendito porque lo rigen constelaciones favorables.

Bendito porque en su entraña removida hallamos la raíz de una ceiba.

"Cavamos, herimos a nuestra madre, la tierra. Y para aplacar su boca que gemía, derramamos la sangre de un animal sacrificado: el gallo de fuertes espolones que goteaba por la herida del cuello.

"Habíamos dicho: será la obra de todos. He aquí nuestra obra, levantada con el don de cada uno. Aquí las mujeres vinieron a mostrar la forma de su amor, que es soterrado como los cimientos. Aquí los hombres trajeron la medida de su fuerza que es como el pilar que sostiene y como el dintel de piedra y como el muro ante el que retrocede la embestida del viento. Aquí los ancianos se descargaron de su ciencia, invisible como el espacio consagrado por la bóveda, verdadero como la bóveda misma.

"Ésta es nuestra casa. Aquí la memoria que perdimos vendrá a ser como la doncella rescatada a la turbulencia de los ríos. Y se sentará entre nosotros para adoctrinarnos. Y la escucharemos con reverencia. Y nuestros rostros resplandecerán como cuando da en ellos el alba."

De esta manera Felipe escribió, para los que vendrían, la construcción de la escuela.

VIII

El día de Nuestra Señora de la Salud amaneció nublado. Desde el amanecer se escuchaba el tañido de la campana de la ermita, y sus puertas se abrieron de par en par. Entraban los indios trayendo las ofrendas: manojos de flores silvestres, medidas de copal, diezmos de las cosechas. Todo venía a ser depositado a los pies de la Virgen, casi invisible entre los anchos y numerosos pliegues de su vestido bordado con perlas falsas que resplandecían a la luz de los cirios. El ir y venir de los pies descalzos marchitaban la juncia esparcida en el suelo y cuyo aroma, cada vez más débil, ascendía confundido con el sudor de la multitud, con el agrio olor a leche de los recién nacidos y las emanaciones del aguardiente que se pegaba a los objetos, a las personas, al aire mismo. Otras imágenes de santos, envueltos a la manera de la momias, en metros y metros de yerbilla, se reclinaban contra la pared o se posaban en el suelo, mostrando una cabeza desproporcionadamente pequeña, la única parte de su cuerpo que los trapos no cubrían.

Las mujeres, enroscadas en la tierra, mecían a la criatura chillona y sofocada bajo el rebozo, e iniciaban, en voz alta y acezante, un monólogo que al dirigirse a las imágenes que la tela maniataba y reducía a la impotencia, adquiría inflexiones ásperas como de reprensión, como de reproche ante el criado torpe, como de vencedor ante el vencido. Y luego las mujeres volvían el rostro humilde ante el nicho que aprisionaba la belleza de Nuestra Señora de la Salud. Las suplicantes desnudaban su miseria, sus sufrimientos, ante aquellos ojos esmaltados, inmóviles. Y su voz era entonces la del perro apaleado, la de la res separada brutalmente de su cría. A gritos solicitaban ayuda. En su dialecto, frecuentemente entreverado de palabras españolas, se quejaban del hambre, de la enfermedad, de las asechanzas armadas por los brujos. Hasta que, poco a poco, la voz iba siendo vencida por la fatiga, iba disminuyendo hasta convertirse en un murmullo ronco de agua que se abre paso entre las piedras. Y se hubiera creído que eran sollozos los espasmos repentinos que sacudían el pecho de aquellas mujeres si sus pupilas, tercamente fijas en el altar, no estuvieran veladas por una seca opacidad mineral.

Los hombres entraban tambaleándose en la ermita y se arrodillaban al lado de sus mujeres. Con los brazos extendidos en cruz conservaban un equilibrio que su embriaguez hacia casi imposible y balbucían una oración confusa de lengua hinchada y palabras enemistadas entre sí. Lloraban estrepitosamente golpeándose la cabeza con los puños y después, agotados, vacíos como si se hubieran ido en una hemorragia, se derrumbaban en la inconsciencia. Roncando, proferían amenazas entre sueños. Entonces las mujeres se inclinaban hasta ellos y, con la punta del rebozo, limpiaban el sudor que empapaba las sienes de los hombres y el viscoso hilillo de baba que escurría de las comisuras de su boca. Permanecían quietas, horas y horas, mirándolos dormir.

No había testigo para estas ceremonias hechas a espaldas de la gente de la casa grande. Los patrones se hacían los desentendidos para no autorizar con su presencia un culto que el señor cura había condenado como idolátrico. Durante muchos años estos desahogos de los indios estuvieron prohibidos. Pero ahora que las relaciones entre César y los partidarios de Felipe eran tan hostiles, César no quiso empeorarlas imponiendo su voluntad en un asunto que, en lo íntimo, le era indiferente y que para los indios significaba la práctica de una costumbre inmemorial. Pero en la noche, que era cuando César asistía al rezo del último día de la novena, acompañado de toda la familia, ya no debería haber ni una huella de los acontecimientos diurnos. Las imágenes envueltas en yerbilla serían guardadas de nuevo en el lugar oculto que era su morada durante todo el año. La juncia pisoteada se renovaría por cargas de juncia fresca. Y los cirios consumidos serían reemplazados por otros cirios de llama nueva, de pabilo intacto. Pero ahora, en el recinto de la ermita, los indios, momentáneamente libres de la tutela del amo, alzaban su oración bárbara, cumplían un rito ingenuo, mermada herencia de la paganía. Torpe gesto de alianza, de súplica, petición de tregua hecha por la criatura atemorizada ante la potencia invisible que lo envuelve todo como una red.

Zoraida se paseaba, impaciente, por el corredor de la casa grande. De pronto se detuvo encarándose con César.

—¿Esos indios van a estar aullando como batzes todo el santo día?

César tardó, deliberadamente, unos minutos antes de desviar los ojos de la página del periódico que estaba leyendo por enésima vez. Respondió:

—Es la costumbre.

—No. ¿Ya no te acuerdas? Los otros años se iban al monte, donde no los oyéramos, lejos. Pero ahora ya no nos respetan. Y tú tan tranquilo.

—Conozco el sebo de mi ganado, Zoraida.

—No se atreverían a hacer esto si Felipe no estuviera soliviantándolos.

César suspiró como quien se resigna y dobló el periódico. El tono de Zoraida exigía más atención que la vaga y marginal que estaba concediéndole. Como para explicarle a un niño, y a un niño tonto, César contestó:

—No podemos hacer nada. Estas cosas son, ¿cómo diré?, detalles. Te molestan. Pero si los acusas ante la autoridad no encontrarían delito.

Zoraida enarcó las cejas en un gesto de sorpresa exagerada.

—¡Ah, habías pensado recurrir a la autoridad!

Y luego, sarcástica:

—Es la primera vez. Antes arreglabas tus asuntos tú solo.

César azotó el periódico contra el suelo, irritado.

—Tú lo has dicho: antes. Pero, ¿no estás viendo cómo ha cambiado la situación? Si los indios se atreven a provocarnos es porque están dispuestos a todo. Quieren un pretexto para echársenos encima. Y yo no se los voy a dar.

Zoraida sonrió desdeñosamente. La intención de esta sonrisa no pasó inadvertida para César.

—No me importa lo que opines. Yo sé lo que debo hacer. Y deja ya de moverte que me pones nervioso.

Zoraida se detuvo, roja de humillación. César nunca se había permitido hablarle así. Y menos delante de los extraños. Su orgullo quería protestar, reivindicarse. Pero ya no se sentía segura de su poder delante de este hombre, y el miedo a ponerse en ridículo la enmudeció.

Matilde había asistido, con una creciente incomodidad, a la escena entre sus primos. Sin musitar siquiera una disculpa se puso en pie para marcharse. Ernesto la miró ir y casi dio un paso para seguirla. Pero la frialdad de Matilde lo paralizó. Ella no quería hablar con él. Había estado esquivándolo desde hacía días. Desde aquel día.

—¿Qué piensas, Ernesto?

La pregunta de César lo volvió bruscamente a la realidad. Alzó los hombros en un ambiguo ademán. Pero César no se conformó con esta respuesta y añadió:

—Yo digo que hay que ser prudentes. Sólo a una mujer se le ocurre meterse de gato bravo.

Zoraida fue hasta la silla que había desocupado

Matilde y se sentó. Se arrugaría su vestido nuevo. Y esta certidumbre le produjo una amarga satisfacción.

—Los prudentes parecen más bien miedosos.

Ernesto lo dijo con malevolencia. Pero César apenas se irguió un poco para preguntar.

—¿No saben las últimas novedades?

Y luego, como los otros callaban:

—Claro, encerrados aquí no pueden enterarse. Pero yo lo he visto cuando voy a campear. Los indios levantaron un jacal en la loma de los Horcones.

—¿Para la escuela?

—¿Y con qué permiso?

Eran Ernesto y Zoraida, arrebatándose el turno para hablar. A César le gustó el efecto que había producido con sus palabras y entonces volvió a reclinarse en la hamaca. Suavemente dijo:

—Se acabaron las vacaciones, Ernesto.

—Pero yo le advertí desde Comitán...

—Comitán... ¿Quieres regresar?

Salir de aquí. Eso era lo que deseaba Ernesto. Pero no quería responder para que se burlaran de su ansia de fuga, de su cobardía.

—Puedes regresar si quieres. Lo harás habiéndote valido de la ocasión. Y dime, ¿lo que te estoy pidiendo es un sacrificio? Además de que no olvidaré tu recompensa. ¡Palabra de Argüello!

César le había hablado con un tono de voz casi afectuoso. Pero ya no volvería a dejarse engañar. Declaró, contento de poder mostrar en alguna forma su generosidad y su desdén:

—Si me quedo no es por la recompensa. Sino porque yo sí tengo palabra.

Y se alejó de allí pisando con fuerza, lamentando que Matilde no hubiera visto lo valiente de su actitud.

A César no le quedó más que el comentario mordaz.

—¡Pobre neurasténico!

Zoraida no quiso asentir, no quiso solidarizarse con su marido. Se mantuvo seria, distante. César recogió el periódico que había dejado caer al suelo y reanudó la lectura. Zoraida entonces comenzó a remolinearse, a mover la mecedora rechinante, a suspirar ostentosamente. Estos pequeños ruidos, y la intención con que se producían, crispaban los nervios de César que simulaba una concentración en la lectura que estaba muy lejos de experimentar. Zoraida lo sabía y se alegró cuando tuvo un motivo válido para interrumpirlo.

—Parece que vamos a tener visita.

César volvió su rostro hacia el camino. Un jinete avanzaba con rapidez, desapareciendo y volviendo a aparecer según iban las subidas y bajadas del lomerío. Sin desmontar abrió el portón de la majada y desde lejos saludó:

—Buenos días, señores.

César y Zoraida se pusieron de pie para recibirlo.

—Adelante. Está usted en su casa.

—Quisiera desensillar mi bestia. ¿Dónde está la caballeriza?

—No faltaba más que se molestara. De eso se encargará el kerem. ¡Kerem! ¡Kerem!

El grito de César se extinguió sin que nadie respondiera al llamado. Zoraida abatió los párpados para ocultar su vergüenza. Pero César salió del paso afectando buen humor y deshaciéndose en explicaciones.

—Como ahora es día de fiesta... Me olvidaba que los semaneros están libres... Puede usted amarrar su caballo en aquel tronco. Y la montura queda bien aquí, sobre el barandal.

El recién venido subió los escalones. Estrechó la mano de César y saludó a Zoraida con un leve movimiento de cabeza.

—¿No habrá un refresco que podamos ofrecer al señor, Zoraida? Un vaso de... ¿de qué prefiere usted? Ya sabe de lo que se dispone en los ranchos.

Quería humillarla también delante de este hombre haciéndola ir a la cocina a preparar el refresco. Porque de sobra sabía que las criadas estaban en la fiesta. Zoraida apretó los labios, resentida y, sin embargo, dispuesta a obedecer. Pero el recién venido salvó la situación al rehusar.

—Muchas gracias. Acabo de pasar por el arroyo y bebí mi posol.

Zoraida, en una efusión de simpatía por el desconocido, le ofreció la mecedora en que había estado sentada. Pero el huésped tampoco quiso aceptar. Apoyado en el barandal, con las manos metidas en las bolsas del pantalón, preguntó:

—¿No me reconoce usted, don César?

César lo miró atentamente. Aquel rostro moreno, aquellas cejas pobladas no le despertaban ningún recuerdo.

—Soy Gonzalo Utrilla, el hijo de la difunta Gregoria.

—¿Tú? Pero cómo no me lo habías dicho. Mira Zoraida, es mi ahijado.

Gonzalo midió a César con una mirada irónica.

—Cuando te dejé eras tamañito, así. Y ahora eres un hombre hecho y derecho.

—Gracias a sus cuidados, padrino.

César decidió ignorar la ironía de esta frase. Pero su acento era mucho más cauteloso cuando dijo:

—Tú saliste de Comitán desde hace mucho tiempo, ¿verdad?

—Me fui a rodar tierras, como dicen ustedes.

—¿Y todavía no te has establecido?

Gonzalo creyó adivinar un matiz de reticencia como de quien teme una petición de ayuda. Se apresuró a aclarar, arrogantemente:

—Trabajo en el gobierno.

César asumió la actitud paternal y desde su altura reprochó:

—¿En el gobierno? ¿No te da vergüenza?

Pero inmediatamente, arrepentido de su falta de tacto:

—Bueno, yo ya estoy chocheando. Claro que no tienes de qué avergonzarte. En el gobierno están las personas aptas y capaces. Pero en mis tiempos, servir al gobierno era un desprestigio. Equivalía a... a ser un ladrón.

—Por fortuna ya no son sus tiempos, don César. Suponiendo que las cosas no hubieran cambiado. El gobierno me da de comer. En cambio, de los ricos nunca he merecido nada.

No hay enemigo pequeño, pensaba César. ¡Si hubiera sido más amable con este Gonzalo cuando no era más que un indizuelo! Llegaba de visita los domingos y se sentaba, horas y horas, en la grada del zaguán, esperando que César se dignara salir. Era por interés, no por afecto, naturalmente. Porque la costumbre es que los padrinos den gasto a sus ahijados los días de fiesta. Pero cuántas veces, y ahora se arrepentía, César en vez de ir a saludar personalmente al muchachito y poner en su mano algunas monedas, mandaba a la criada para entregarle un regalo, mal escogido y sin ningún valor. Pero cuando el regalo fue una tapa de panela, Gonzalo se negó a recibirla y no volvió nunca. Hasta ahora.

—¿En qué consiste tu trabajo?

—Soy inspector agrario.

—Y ¿vienes a Chactajal... oficialmente?

—Estoy haciendo el recorrido reglamentario por toda la zona fría. He encontrado muchas irregularidades en la situación de los indios. Los patrones siguen abusando de su ignorancia. Pero ahora ya no están indefensos.

—¿Y qué sucede cuando encuentras esas irregularidades?

—Eso lo verá usted, padrino.

—Espero que no. Mis asuntos están en orden.

—Ojalá.

Gonzalo dejaba caer sus palabras, precisas, cortantes como quien deja caer un hachazo. Decepcionado al no poder entablar una conversación amistosa, César no tuvo más remedio que ceder.

—No te ha de sobrar el tiempo. Si podemos ayudarte en algo... ¿Qué tienes que hacer?

—Hablar con los indios.

—Tuviste suerte de llegar hoy. Los vas a encontrar a todos reunidos en la ermita. Como te decía, a propósito del kerem, hoy es día de fiesta. Día de la santa patrona de Chactajal. Realmente tuviste suerte.

—No fue suerte, don César. Fue cálculo.

Gonzalo comenzó a bajar los escalones. César lo alcanzó para preguntar:

—¿Te quedarás a comer con nosotros?

—No. Sigo hasta Palo María.

Y como César insistiera en caminar a su lado, le dijo casi perentoriamente:

—Le agradeceré que no me acompañe, padrino. Quiero hablar a los indios con entera libertad.

César permaneció con la espalda vuelta a la casa

grande hasta que la figura de Gonzalo desapareció confundida entre la gran multitud de indios que rodeaban la ermita. Entonces se volvió hacia su mujer para ordenarle:

—Prepara un vaso de limonada. Y que Matilde lo lleve a la ermita. Gonzalo va a decir un discurso. Probablemente tendrá sed.

Zoraida miró a su marido con desaprobación.

—Matilde..., ¿qué sé yo dónde está Matilde? Nunca se le encuentra cuando se le busca. Pero si quieres rebajarte hasta ese grado, iré yo.

César se aproximó a Zoraida y la cogió por el brazo. Ella se crispó.

—No me entendiste, Zoraida. Como siempre.

—No, soy tonta. No entiendo las fases de la luna aunque me las expliques cien veces. Pero me doy cuenta cuando alguno me hace un desprecio. Y tengo dignidad.

—No se trata aquí de dignidad ni de rendirnos a un tal por cual como Gonzalo. Si yo quería mandar a Matilde era para que se enterara de lo que va a hablar con los indios. Hay que cuidarse de él. Es un hombre peligroso.

El llanto, los lamentos de los indios, habían cesado. A veces llegaba hasta la casa grande el chillido de una criatura impaciente, la explosión repentina de un petardo. Zoraida se retiró de su marido.

—Gonzalo está hablando con ellos ahora. ¿Oyes?

—No se distinguen las palabras.

Al ir subiendo los escalones Zoraida observó con disgusto:

—A buena hora se despeja el cielo.

—¡Cállate!

Porque un rumor retumbaba entre las paredes de la ermita. Gritos desordenados, exclamaciones ebrias, el torpe movimiento de la multitud. Y de pronto, desprendiéndose de ella y corriendo por la majada, Matilde con la cabeza descubierta y las manos vacías, como una loca. Zoraida se precipitó a recibirla, pero Matilde la apartó sin consideración y no se detuvo sino frente a César. Allí habló. El aliento le faltaba, partía en dos sus frases:

—Les dijo... Les dijo que ya no tenían patrón. Que ellos eran los dueños del rancho, que no estaban obligados a trabajar para nadie. Y les hizo una seña, levantando el puño cerrado.

—Fue entonces cuando los indios empezaron a gritar, ¿verdad?

—Y Felipe estaba allí —afirmó Zoraida.

Matilde hizo un signo negativo.

—Llegó al oír la gritería. No le gusta entrar a la ermita. Pero atravesó entre todos y se acercó al hombre ese que vino...

—Mi querido ahijado, Gonzalo Utrilla.

—Y le dio la mano y le empezó a decir que habían construido la escuela y que tú trajiste a un maestro de Comitán y que si podían pedir que empezaran las clases. El hombre les dijo que sí. Y entonces quisieron salir todos en montón y venir a la casa grande para hablar contigo. Pero el hombre les aconsejó que vinieran mañana, cuando estuvieran en su juicio. Porque dice que de las borracheras del indio es de lo que se han aprovechado siempre los patrones.

—De todos modos —dijo César—, hay que estar preparados por si vienen. Voy a traer mi pistola. Y ustedes mejor si se encierran.

—Sí. Ahorita vamos.

Pero cuando César ya no podía escucharlas, Zoraida se volvió suspicazmente a Matilde.

—¿Qué hacías en la ermita? ¿Por qué fuiste?

—Suéltame, Zoraida, me lastimas. No me mires así. Sólo quería rezar.

Y antes de que Zoraida pudiera hacerle ninguna otra pregunta Matilde escapó.

IX

Despertar. Bastaba un ruido de pasos en el corredor, la algarabía con que los animales reciben el amanecer, para que Matilde abandonara bruscamente esa gruta musgosa y tibia del sueño y, a tientas todavía, buscara dentro de sí misma la presencia del dolor. Porque antes de saber que despertaba en la casa ajena, lejos de Francisca, lejos del tiempo dichoso, Matilde sabía que despertaba al sufrimiento. En vano se apretaba los párpados con obstinación pidiendo al sueño un minuto más de tregua. El violento repique de la campana de la ermita, el carrereo de los pies descalzos, los gritos en tzeltal se confabulaban contra Matilde para arrojarla a esa intemperie helada que era su conciencia. Entonces abría los ojos desmesuradamente y se agitaba como el animal cuando se da cuenta de que ha sido cogido en una trampa. Galvanizada, Matilde se incorporaba, sentándose en la orilla del lecho y allí, con el rostro hundido entre las manos, repetía en voz alta, como esperando que alguien la contradijera:

—No voy a poder pasar este día.

Porque el día estaba erguido frente a ella como un árbol enorme que era necesario derribar. Y ella no tenía más que un hacha pequeña, con el filo mellado. El primer hachazo: levantarse. Algo que no era ella, que no era su voluntad (porque su voluntad no deseaba más que morir), la ponía en pie. Como sonámbula Matilde daba un paso, otro, a través de la habitación. Vistiéndose, peinándose. Y después, abrir la puerta, decir buenos días, sonreír con una sonrisa más triste que las lágrimas.

Matilde descendió lentamente los escalones del corredor. Esquivó los grupos de indios que aguardaban a que les señalaran sus tareas y fue directamente hasta el portón de la majada. Varias veredas se le ofrecieron: la que lleva al río, la que va al trapiche, y la más larga, la vereda que conduce a Palo María. Pero Matilde echó a andar, desdeñándolas todas, entre el zacatón alto. Avanzaba apartando las varas con las dos manos, como nadando; el rocío le salpicaba las mejillas. Y las zarzas se prendían a su ropa.

El sol subía lentamente en el cielo. Matilde respiraba con dificultad, con fatiga. Se sentía mal. Había dejado atrás el zacatón del potrero y ahora caminaba en el llano de hierbas apegadas a la tierra roja y reseca. Matilde buscó con la vista la sombra de un árbol —el único en aquel alrededor—, y allí dejó caer todo su peso, con los brazos en cruz, con las manos distendidas y preguntándose: ¿Hasta cuándo? ¿Hasta cuándo? No con impaciencia, porque el cansancio la agobiaba, sino con mansedumbre, con la secreta esperanza de que su docilidad conmoviera al verdugo que estaba atormentándola y que decidiría no prolongar aquella tortura mucho tiempo. ¿Y si fuera hoy el día señalado? Un terror irracional, de yegua que se encabrita al olfatear el peligro, se apoderó de Matilde. Porque su deseo de morir había rondado, hasta entonces, en una zona de fantasmas, sólo en la imaginación. Pero ahora Matilde estaba caminando hacia su fin, lo mismo que caminó Angélica y tal vez hasta iba siguiendo la huella de aquellos pasos. No era tan fácil como cuando lo pensaba. Sus zapatos estaban empapados de rocío y la humedad le dolía en los huesos. La aspereza de la tierra estaba lastimándola a través de su vestido. Y esto, esta resistencia de los objetos, este cansancio, esta rebeldía de su cuerpo era lo único que le aseguraba que lo que estaba sucediendo era verdad y no un sueño como tantas otras veces. Matilde empezó a sudar de miedo. El sudor frío le empapaba las axilas y copiaba la forma de sus manos sobre la tierra en que se crispaban. Matilde se incorporó precipitadamente como para despertar de una pesadilla. No lo haré, no soy capaz de hacerlo, se dijo. Y siguió caminando, jugando aún con el peligro, sin tomar todavía el rumbo de la casa grande. No soy capaz de hacerlo. Una sonrisa de burla, de desprecio para sí misma afeaba su cara. No lo haré. Soy demasiado cobarde. Los que hacen esto son valientes. Y yo tengo miedo al dolor, no quiero que los animales me muerdan. No quiero que me desgarren otra vez, no quiero que me hieran. Ni una gota de sangre más. Es horrible. Me da náusea sólo al recordarlo. ¡Cómo pudo suceder, Dios mío! No, no puede ser pecado. Pecado cuando se goza. Pero así. En el asco, en la vergüenza, en el dolor. Ya. Dije que nunca volvería a pensar en lo que pasó. Ya no tiene remedio. Quiero morir. Esto es verdad. Pero ¿cómo? ¿No hay una manera de ir quedándose dormida cada vez más, cada vez más profundamente? Hasta que ya no se pueda despertar. Pero en el botiquín no hay pastillas suficientes. Y yo no me puedo arriesgar a quedar viva, a que me hagan curaciones horribles. Y dolorosas. No quiero que se rían de mí, que me señalen con el dedo: se quiso matar. Como las que se meten al convento y no aguantan y vuelven a salir.

El llano por el que vagabundeaba Matilde se había ido cerrando paulatinamente en tupidas manchas de árboles. Hasta que el espacio entre una mancha y otra acabó por desaparecer. Y el bosque comenzó a subir por las estribaciones de la montaña.

¿Y si yo no volviera?, dijo Matilde, como retando al miedo que la iba a sofrenar allí mismo, que iba a empujarla para que corriera despavorida de regreso a la casa. Pero el miedo no despertó y Matilde siguió andando, porque sabía que su amenaza era una mentira que había hablado de una historia muy remota que le sucedió alguna vez a alguien. Y Angélica, ¿estaría desesperada como ella? ¿O se perdió sin querer? Matilde repasó mentalmente su itinerario. Sí, podría regresar. Si yo no volviera me moriría de... ¿De qué se mueren los que se pierden en el monte? ¿De hambre? ¿De frío? ¿De miedo? Se los comen los animales, las hormigas. Matilde rió a carcajadas con las dos manos apretándose el vientre para que la risa no le hiciera tanto daño. ¡Qué cara pondría Ernesto! Una cara larga como las calderas de la cocina, desencajada, contraída. La cara de Matilde se puso seria, con un perfil agudo y rapaz de gavilán. Y se lanzó hacia esta idea para picotear ávidamente, como el gavilán cuando vislumbra desde lejos su presa. Ernesto sufriría, pagaría lo que la había hecho sufrir. Aquí se detuvo largo rato con delicia, saboreando esta consideración. Y la abandonó con disgusto quedando más necesitada, más vacía que antes. Porque era cobarde y nunca sería capaz de herir a Ernesto así, en mitad del corazón, con una herida definitiva, brutal. Seguiría atormentándolo con pequeños alfilerazos: esquivar su presencia, negarse a hablar con él. Pero, ¿cuánto podía durar esta situación? Ernesto se acostumbraría pronto al desvío de

Matilde, dejaría de buscarla. Después de todo, ¿qué había habido entre ellos? Se amaron como dos bestias, silenciosos, sin juramento. Él tenía que despreciarla por lo que pasó. Ya no podía encontrar respeto para ella. Matilde se lo había dado todo. Pero eso un hombre no lo agradece nunca, eso se paga profiriendo un insulto. Las cualquieras retienen a los hombres sólo mientras son jóvenes. Y Matilde ya no lo era. Otras mujeres esperaban su turno y serían menos torpes de lo que ella fue.

La angustia le cayó encima como una losa, aplastándola. Y Matilde gritó alarmando a los pájaros que dormían entre las ramas, despertando ecos múltiples y confusos. Pero cuando todos los rumores volvieron a aquietarse persistió una voz infantil, una voz inerme. Irreflexivamente Matilde se lanzó al encuentro de esa voz.

Al pie de un árbol, con la cara pegada contra el tronco, estaba llorando la niña. Y cuando sintió que unos pasos se aproximaban al lugar en el que se había refugiado, cerró fuertemente los ojos, se tapó los oídos con los dedos, porque era la única manera que conocía de defenderse de las amenazas. Pero la mano que la tocó era una mano suave y protectora que la separaba del tronco cuyas asperezas habían dejado su cicatriz en la frente, en la mejilla de la criatura. Cuando la tuvo frente a sí Matilde le pasó los dedos por la cara como para borrar ese gesto de persona adulta que la desfiguraba. Y sólo entonces la niña abrió los ojos y se destapó las orejas. Matilde le preguntó con dulzura:

—¿Qué viniste a hacer aquí?

La voz de la niña, quebrada en sollozos, dijo:

—Quiero irme a Comitán. Quiero irme con mi nana.

Entonces Matilde la apretó contra su regazo y comenzó a besarla frenéticamente y a llorar, también de gratitud, porque ahora sí tenía un motivo para regresar a la casa, sin que su conciencia la acusara de cobarde.

Cuando llegaron, la niña iba dormida. Matilde la depositó sobre su cama y fue al comedor donde la familia ya había comenzado a desayunarse. Zoraida miró con extrañeza la palidez de Matilde, el desorden de su pelo y de sus ropas. Pero no dijo nada para no interrumpir el interrogatorio de César.

—¿Qué tal te va en la escuela, Ernesto?

—Bien.

El tono de la respuesta era cortante y Ernesto lo escogió deliberadamente para cerrar la puerta a otra pregunta, a ningún comentario. Ernesto no ignoraba que detrás de la aparente indiferencia de César había no sólo curiosidad, sino verdadera preocupación por saber cómo se las arreglaba su sobrino en su tarea de maestro rural. Porque la actitud de los indios no era un secreto para nadie. Al día siguiente de la fiesta de Nuestra Señora de la Salud, Felipe se había presentado en la casa grande —con una cortesía que no ocultaba bien la firmeza de sus propósitos y su ánimo de no dejarse convencer por las argucias de César— a poner a las órdenes del patrón la escuela que ellos habían levantado y que Ernesto podía utilizar inmediatamente. No había ya ningún pretexto que aducir, ningún plazo justificado que invocar y las clases comenzaron.

—Parece que te comió la lengua el loro.

Ernesto sonrió forzadamente, pero no se sintió inclinado a hablar. En el tiempo que llevaba junto a César había aprendido que el diálogo era imposible. César no sabía conversar con quienes no consideraba sus iguales. Cualquier frase en sus labios tomaba el aspecto de un mandato o de una reprimenda. Sus bromas parecían burlas. Y además, elegía siempre el peor momento para preguntar. Cuando estaban reunidos, como ahora, alrededor de la mesa. Entre el ruido de los platos y de las masticaciones; el gemido de la puerta de resorte al ser soltada. Quizá antes, cuando aún no desconfiaba de la benevolencia de César, Ernesto hubiera contado lo que acontecía por las mañanas, durante las horas de clase. Quizá ahora, aún ahora, la confidencia hubiera sido posible de mediar otras circunstancias. Pero no así, ante el rostro vigilante, maligno, desdeñoso, de Zoraida. Y ante la faz devastada de Matilde. Parece que la hubiera arrastrado el diablo, pensó.

—¿Cuántos alumnos tienes?

César otra vez. ¿Qué ganaba con averiguarlo? Pero la ansiedad había enraizado en él ya tan profundamente que se delataba en su pregunta por más cautela que tuviera al formularla.

Y este disimulo y todo lo que dejaba entrever fueron los que impulsaron a Ernesto a responder con ambigüedad.

—No los he contado.

Y cada vez con menos pudor, la insistencia.

—Serán veinte

—Serán.

—O quince. O cincuenta. ¿No puedes calcular?

—No.

—Vaya. ¿Y llegan únicamente los niños o también hombres ya mayores?

—El primer día llegó Felipe. Ya se lo conté.

—¿Y ahora?

—Ahora ya no va. También se lo había yo dicho.

El primer día Felipe llegó para ver cómo era la clase. Se sentó en el suelo, con los niños que olían a brillantina barata y relumbraban de limpieza. Ernesto tragó saliva nerviosamente. Le molestaba la presencia de Felipe como la de un testigo, como la del juez que tanto odiaba tener enfrente. Pero tuvo que terminar por decidirse. Tenía que dar la clase de todos modos. Estaba seguro de que cuando quisiera hablar no tendría voz y que todos se reirían del ridículo que iba a hacer. Y sacando un ejemplar del Almanaque Bristol, que llevaba en la bolsa de su pantalón, se puso a leer. Con gran asombro suyo la voz correspondió a las palabras y hasta pudo elevarla y hacerla firme. Leía, de prisa, pronunciando mal, equivocándose. Leía los horóscopos, los chistes, el santoral. Los niños lo contemplaban embobados, con la boca abierta, sin entender nada. Para ellos era lo mismo que Ernesto leyera el Almanaque o cualquier otro libro. Ellos no sabían hablar español. Ernesto no sabía hablar tzeltal. No existía la menor posibilidad de comprensión entre ambos. Cuando dio por terminada la clase, Ernesto se acercó a Felipe con la esperanza de que se hubiera dado cuenta de la inutilidad de la ceremonia y renunciara a exigirla. Pero Felipe parecía muy satisfecho de que se estuviera dando cumplimiento a la ley. Agradeció a Ernesto el favor que les hacía y se comprometió a que los niños serían puntuales y aplicados.

Los niños permanecieron atentos mientras los maravilló la sorpresa del nuevo espectáculo que se desarrollaba ante sus ojos. Pero después comenzaron a distraerse, a inquietarse. Se codeaban y luego asumían una hipócrita inmovilidad; reían, parapetados tras los rotos sombreros de palma; hacían ruidos groseros. Ernesto se obligaba, con un esfuerzo enorme, a no perder la paciencia. Y como la ley no fijaba el número de horas de clase, Ernesto las abreviaba todo lo que le era posible.

—No van a aguantar el trote mucho tiempo. Ahora van porque en realidad no es época de quehacer. Pero los indios necesitan a sus hijos para que los ayuden. Cuando llegue el tiempo de las cosechas no se van a dar abasto solos. Y entonces qué escuela ni qué nada. Lo primero es lo primero.

—Yo que usted no me hacía ilusiones, tío. Parecen muy decididos.

—Es pura llamarada de doblador. Están como criaturas con un juguete nuevo. Pero pasada la embelequería ni quien se vuelva a acordar. Yo sé lo que te digo. Los conozco.

—Ojalá no se equivoque usted. Porque yo ya estoy hasta la coronilla de esta farsa.

—Ten calma, Ernesto. Ya pasará el mal paso. Y recuerda que yo no soy de los que se dan por bien servidos.

Espera, espera el premio, pensó irónicamente Zoraida. Sacrifícate por él si todavía crees que vale la pena. Todavía no has acabado de entender que los Argüellos ya no son los de antes. Daba gusto servirles cuando tenían poder, cuando tenían voz. Pero ahora andan sobre la punta de los pies, aconsejando prudencia, escatimando el dinero. Nos arrimamos a un mal árbol, Ernesto, a un árbol que no da sombra.

X

A mediodía comenzaban los preparativos para el baño. El semanero ensillaba las bestias. Una mula vieja, jubilada ya de los grandes y pesados quehaceres; dos burros diminutos y mansos servían para transportar diariamente, de la casa grande al río, a Zoraida, a Mario y a la niña. El kerem iba adelante jalando el cabestro que apersogaba a los animales. Y una india cargaba sobre su cabeza la canasta con las toallas y los jabones. Matilde iba rezagada, siguiendo al grupo. Se defendía de la fuerza del sol con un sombrero de alas anchas y redondas.

Atravesaron lentamente en medio del caserío sin que los acompañara una palabra de benevolencia, un saludo. Las indias desviaban los ojos haciéndose las desentendidas para no mirarlos pasar.

Escogían una de las veredas. La mula tropezaba, doblaba las patas en el encuentro con cada piedra y recuperaba penosamente el equilibrio. O se detenía a arrancar manojos de zacate que masticaba con calma mientras entrecerraba los ojos y se espantaba las moscas y los tábanos que la acosaban, con un perezoso movimiento de su cola. Era en vano que Zoraida hostigara al animal azotándolo con un fuete. En vano que golpeara el abdomen de la mula con el estribo de fierro del galápago en que se sentaba. Ni el kerem, estirando hasta su límite el cabestro, podía hacerla andar. La mula no avanzaba sino después de tragar parsimoniosamente el último bocado. Sólo para volver a pararse, unos cuantos pasos más adelante, bajo la sombra de un árbol, a cabecear allí. Zoraida se desesperaba y hacía cómicos gestos de impaciencia. Los niños reían y Matilde y la india tenían tiempo para alcanzar a los que iban delante.

A la tierra roja de la vereda empezaba a mezclarse una arena parda, suelta y húmeda que formaba manchones dispersos. Entre el follaje, ya más tupido de los árboles, aturdía un escándalo de chachalacas que se comunicaban a gritos la novedad de una presencia extraña. Y en la vaharada de aire caliente se desenvainaba una ráfaga repentina, fresca y olorosa.

Desmontaron junto a una roca de la playa. El kerem ató las bestias a un tronco y se alejó, silbando suavemente, para no presenciar el baño de las mujeres. Y ellas fueron, llevando de la mano a los niños, hasta un toldo de ramas. La india sacó del cesto los camisones, desteñidos por el uso, los estropajos enmarañados, la raíz del amole para lavarse el pelo.

Zoraida y la niña caminaron, ya descalzas, sobre la arena vidriosa y chisporroteadora. La tela rígida del camisón iba dejando una huella informe, serpenteante, detrás de ellas.

—¿Y tú, Matilde?

Matilde se arrebujó en una toalla, como con escalofrío, diciendo:

—Estoy indispuesta. Si me baño se me va a cortar la sangre.

El pie de la niña quebró la superficie del agua y se retiró vivamente como si se hubiera quemado.

—Está fría.

Era necesario decidirse de golpe. Cerrar los ojos, aguantar la respiración y hundirse en aquella realidad hostil. Zoraida braceó a ciegas, sacudiendo vigorosamente su pelo, a un lado y otro, parpadeando para deshacer las gotas que le escurrían sobre los ojos. Cuando los abrió bien midió la distancia que la separaba de la orilla y, contrariando la dirección de su esfuerzo, volvió a ella. Ahí estaba la niña, salpicada de espuma, tiritando.

—Ven —la animó Zoraida.

Pero la niña movía la cabeza, negándose, y Zoraida tuvo que salir a la playa. El camisón se le había untado al cuerpo dibujando todas las líneas de una obesidad naciente. Y el agua pesaba y escurría en los bordes de la tela. Condujo a la niña al río y, con el fin de darle confianza, fue tanteando la hondura que pisaba y la sostenía a flote cuando un desnivel demasiado brusco del terreno abría, bajo los pies de la criatura, un pequeño abismo.

—¿Quieres nadar?

La niña asintió castañeteando los dientes de frío. Entonces Matilde se aproximó hasta donde el agua amenazaba mojar sus zapatos y desde allí estiró los brazos para entregar el par de tecomates. Cuando la niña los tuvo atados a la espalda, sostenida más que por ellos por la certeza de que no se hundiría, nadó. Bajo la vigilancia de su madre, iba y venía sin salir de los límites de esta poza donde el agua se remansaba mientras la corriente seguía, más allá, atropellándose, bramando.

La india, desnuda hasta la cintura, con los pechos al aire, bañaba al niño vertiendo sobre su cabeza jicaradas de agua. Frotó su pelo con la raíz del amole hasta dejarlo rechinante de tan limpio. Matilde esperaba, con la toalla extendida, para arropar a Mario. Ya estaba vistiéndolo, bajo el toldo de ramas, cuando volvieron Zoraida y la niña, arreboladas y felices.

Los camisones húmedos quedaron en el suelo, enrollados como dos gruesas culebras rojas. La india fue a recogerlos y los enjuagó, azotándolos rudamente contra las piedras de la orilla.

Matilde se acercó, solícita, hasta el lugar donde se vestía Zoraida, para decirle:

—¿Vas a beber tu posol?

Y le alargó la jícara de posol batido. Pero en el momento en que Zoraida iba a recibirla, quedó suspensa, con la mano en el aire, atendiendo a un rumor como de muchas pisadas y de voces y de risas, que venía avanzando cada vez más hacia ellas. Las bestias despertaron de su sopor y pararon las orejas en señal de alarma.

—¿Qué es eso? —preguntó Matilde con un leve temblor en la voz.

—Gente —contestó Zoraida.

—¡Dios mío! Y nos van a encontrar así. Termina de vestirte pronto y vámonos.

—No te muevas, Matilde. Aprende a darte tu lugar. Sean quienes sean los que vienen tendrán que esperar. Saben que nadie tiene derecho ni a coger agua del río ni a bañarse mientras los patrones están aquí.

La india corrió hasta la enramada y apresuradamente volvió a ponerse la camisa. El ruedo de su tzec, empapado, goteaba silenciosamente sobre la arena.

El rumor de pisadas y de voces tomó, al fin, cuerpo. Era un grupo de muchachos indios, seis o siete, que venían corriendo. Zoraida los miró con severidad y luego torció el rostro, desdeñosa. Los indios se detuvieron paralizados por esta mirada. Fue sólo un momento, en el lugar donde alcanzaba su término la vereda. Pero uno entre ellos se movió para avanzar. Dándose ánimo con una risa fuerte y grosera descendió con rapidez por el talud de arena que bajaba, desmoronado y flojo, hasta la playa. Allí se paró, jadeando, más que de fatiga de expectación. Y continuó riéndose, golpeando sus muslos con la palma abierta de las manos. Los otros llevaban sus ojos, alternativamente, de la figura de su compañero a la de Zoraida. Y con cautela fueron adelantándose, reuniéndose con el que había llegado primero y que se desabotonaba ya la camisa con diez dedos torpes y temblorosos.

—Vámonos, Zoraida —suplicó Matilde.

Pero Zoraida no dio muestras de haberla escuchado. Con las pupilas dolorosamente dilatadas contemplaba cómo los indios, uno por uno, iban despojándose de la camisa, de los caites. Con el pantalón de manta bien ceñido se movieron hasta el agua y se sumergieron en ella, sin ruido, como si volvieran a su elemento propio.

—Van a ensuciar nuestra poza —dijo Zoraida con un acento soñador y remoto.

Los jóvenes de torso lustroso, como de cobre pacientemente abrillantado, nadaban. Se zambullían con agilidad, se deslizaban a favor de la corriente, volvían al punto del que partieron, todo con un silencio, con una facilidad de pez.

—¿Viste? La poza está ya turbia.

El kerem, avisado por la india, había vuelto y estaba desatando las bestias.

—Vámonos, Zoraida.

Matilde tuvo que repetir la súplica. Tuvo que sacudir delicadamente a su prima como para volverla en sí. Pero cuando Zoraida estuvo frente a la mula se negó a montar en ella.

—Prefiero ir a pie.

Subieron lentamente por el talud de arena. A cada descanso que la fatiga les exigía, Zoraida volvía el rostro y se quedaba viendo largamente el río.

—No los mires así, Zoraida. Te van a faltar al respeto.

Habían llegado a la vereda, habían caminado los primeros pasos, cuando el ruido estalló a sus espaldas. Gritos, carcajadas soeces, el retumbar del agua al romperse ante la fuerza de los cuerpos. Y el chillido de los pájaros y el despliegue rápido de las alas, huyendo.

Zoraida se detuvo.

—¿Qué dicen? —preguntó.

—Quién sabe. Están hablando en su lengua.

—No. Fíjate bien. Es una palabra en español.

—Qué nos importa, Zoraida. Vámonos. Mira hasta dónde van ya los niños.

Zoraida se desprendió con violencia de las manos de Matilde.

—Regresa tú si quieres.

Matilde bajó las manos con un gesto de resignación. Zoraida había desandado el camino para oír mejor.

—¿Ya entendiste lo que están gritando?

La intensidad de la atención le crispaba los músculos de la cara. Matilde hizo un ademán de negación y de indiferencia.

—Gritan "camarada". Oye. Y lo gritan en español.

Matilde esperaba la explosión de cólera, por lo demás ya tan conocida, de Zoraida. Pero en vez de eso Zoraida curvó los labios en una sonrisa suave, indulgente, cómplice. Y ya no hubo necesidad de insistir para que regresaran. Echó a andar con prontitud, la cabeza baja, la mirada fija en el suelo. No habló más. Pero cuando llegaron a la casa grande y vio a César recostado en la hamaca del corredor empezó a gritar como si un mal espíritu la atormentara:

—¡Estaban desnudos! ¡Los indios estaban desnudos!

XI

César lo dispuso así: que de entonces en adelante las mujeres y los niños no volvieran a salir si no los acompañaba un hombre que sirviera como de respeto y, en caso necesario, de defensa. Ese hombre no podía ser César, porque estaba ocupado en las faenas del campo. Ernesto disponía de más tiempo libre una vez terminadas las horas de clase en la mañana. Matilde se sobresaltó y estuvo a punto de confesar a César que los acontecimientos del día anterior no habían tenido las proporciones que la exageración de Zoraida les confiriera. Ni los indios se habían desnudado delante de ellas, ni las habían insultado obligándolas a salir del río antes de terminar de bañarse. Pero Matilde había dejado pasar el momento oportuno para esta aclaración y ahora ya no resultaría creíble. Pero es que Matilde se asombró tanto al escuchar los gritos de Zoraida, su versión falsa de los hechos, que no se le ocurrió siquiera desmentirla. La miraba, sobrecogida de estupor, temiendo las consecuencias de este relato. Pero no sucedió nada. Zoraida no había vuelto a hacer alusión al asunto, como si un olvido total lo hubiera borrado. Sólo que ya no quiso volver a bañarse al río. Mandó acondicionar uno de los sótanos de la casa como baño. Una habitación lóbrega, con las paredes pudriéndose en humedad y lama, a la que los niños se negaron a entrar.

—Por fortuna estás tú aquí, Matilde, y puedo botar carga. De hoy en adelante tú los llevarás al río.

¿Cómo replicar? Matilde hizo ese gesto de asentimiento que ya se le estaba convirtiendo en automático. No sabía cómo escapar a esta obligación penosa. Confiaba en que a última hora ocurriría algo imprevisto, que Ernesto sería requerido para desempeñar alguna tarea más urgente y no los acompañaría. Pero a la hora convenida Ernesto se presentó ante Matilde, diciéndole:

—Usted sabe que no vengo por mi gusto.

Eran las primeras palabras que se cambiaban desde el día en que estuvieron juntos en el cuarto de Ernesto. El corazón de Matilde le dio un vuelco y le dolió hasta romperse y un calor repentino le quemó la cara.

Bajó los párpados sin responder y echó a andar por la vereda en seguimiento de Ernesto. Detrás venían los niños montados en sus burros, y el kerem jalando el cabestro, y la mujer con la canasta de ropa sobre la cabeza.

(Hablarme así, con esa impertinencia. Claro. Se siente con derecho porque ante sus ojos yo no soy más que una cualquiera. Y él. ¿Qué estará creyendo que es? Un bastardo, un pobre muerto de hambre. Mira nada más los zapatos que trae. Por Dios, pero si a cada paso parece que se le van a desprender las suelas.)

Y los ojos de Matilde se llenaron de lágrimas. Hubiera querido correr y alcanzar a Ernesto y humillarse a sus pies y besárselos como para pedir perdón por aquellos pensamientos tan ruines.

(Si yo dispusiera de dinero, como antes, iría corriendo a la tienda y le compraría todo, todo. ¡Qué cara tan alegre pondría! Yo conozco cuando está contento. Lo vi una vez. Se le suaviza el gesto como si una mano pasara sobre él, acariciándolo. Por volverlo a ver así sería yo capaz de... No tengo dignidad, ni vergüenza, ni nada. Y me arrimo donde me hacen cariños como se arriman los perros. Hasta que estorban y los sacan a palos. Sí, yo estoy muy dispuesta a humillarme; pero él ¿qué? Mírenlo. Ahí va caminando, sin dignarse mirar para atrás. ¿Y para qué me va a ver? No quiere nada de mí, me lo dijo. ¿Qué puede querer un hombre como él de una vieja como yo?)

Y en el preciso momento en que pronunció la palabra "vieja", Matilde sintió una congoja tan fuerte que le fue necesario pararse y respirar con ansia, porque estaba desfallecida. Vieja. Ésa era la verdad. Y volvió a caminar, pero ya no con el paso ligero de antes, sino arrastrando los pies dificultosamente, como los viejos.

Y el sol que caía sobre su espalda empezó a pesarle como un fardo. Se palpó las mejillas con la punta de los dedos y comprobó con angustia que su piel carecía de la firmeza, de la elasticidad, de la frescura de la juventud y que colgaba, floja, como la cáscara de una fruta pasada. Y su cuerpo también se le mostró —ahora que estaba desnudándose bajo el cobertizo de ramas— opaco, feo, vencido. Y cada arruga le dolió como una cicatriz. ¿Cómo me vería Ernesto? Una vergüenza retrospectiva la hizo cubrirse precipitadamente. El camisón resbaló a lo largo de ella con un crujido de hoja seca que se parte.

¿Cómo le iba yo a gustar a Ernesto? Mejores habrá conocido.

Y súbita, luminosamente, se le representó a Matilde la juventud, la hermosura de Ernesto. Y volvió a estar, como todos los días anteriores, clavada en el centro mismo de la nostalgia. Y su lengua se le pegó al paladar, reseca.

(No puedo más. No puedo más, repetía. ¿Para qué seguir atormentándome y pensando y golpeándome la cabeza contra esta pared? ¿Qué me importa ya que Ernesto sea lo que sea ni que yo sea lo que soy, si todo está decidido? Ya no podrán seguir humillándome.)

Con la cabeza erguida Matilde caminó hasta el borde mismo del agua y desde allí, sin volverse, dijo en tzeltal a la india que estaba desvistiendo a los niños:

—No los desvistas todavía. Parece que el agua está muy destemplada. Voy a probar yo primero.

La india obedeció. Matilde estaba entrando en el río. El agua lamió sus pies, se le enroscó en los tobillos, infló cómicamente su camisón. El frío iba tomando posesión de aquel cuerpo y Matilde tuvo que trabar los dientes para que no castañetearan. No avanzó más.

Los peces mordían levemente sus piernas y huían. El camisón inflado le daba el grotesco aspecto de un globo cautivo. Los niños rieron, señalándola. Matilde oyó la risa y con un gesto, ya involuntario, volvió el rostro y sonrió servilmente como en esta casa había aprendido a hacerlo. Y con la sonrisa congelada entre los labios dio un paso más. El agua le llegó a la cintura. La arena se desmenuzaba debajo de sus pies. Más adentro, más hondo, con el abdomen contraído por el frío. Hasta que sus pies no tuvieron ya dónde apoyarse. Entonces perdió el equilibrio con un movimiento brusco y torpe. Pero no quería quedar aquí, en la profunda quietud de la poza, y nadó hasta donde la corriente bramaba y allí cesó el esfuerzo, se abandonó. Un grito —¿de ella, de los que quedaron en la playa?— la acompañó en su caída, en su pérdida.

El estruendo le reventó en las orejas. No sintió más que el vértigo del agua arrastrándola, golpeándola contra las piedras. Un instinto, que su deseo de morir no había paralizado, la obligaba a manotear tratando de mantenerse en la superficie y llenando sus pulmones de aire, de aire húmedo que la asfixiaba y la hacía toser. Pero cada vez más su peso la hundía. Algas viscosas pasaban rozándola. La repugnancia y la asfixia la empujaban de nuevo hacia arriba. Cada vez su aparición era más breve. Sus cabellos se enredaron en alguna raíz, en algún tronco. Y luego fue jalada con una fuerza que la hizo desvanecerse de dolor.

Cuando recuperó el sentido estaba boca abajo, sobre la arena de la playa, arrojando el agua que tragó. Alguien le hacía mover los brazos y, a cada movimiento, la náusea de Matilde aumentaba y los espasmos se sucedían sin interrupción hasta convertirse en uno solo que no terminaba nunca. Por fin soltaron los brazos de Matilde y la despojaron del camisón hecho trizas y la envolvieron en una toalla. Cuando la frotaron con alcohol para reanimarla, el cuerpo entero le dolió como una llaga y entonces supo que estaba todavía viva. Una alegría irracional, tremenda, la cubrió con su oleada caliente. No había muerto. En realidad, nunca estuvo segura de que moriría, ni siquiera de haber deseado morir. Sufría y quería no sufrir más. Eso era todo. Pero seguir viviendo. Respirar en una pradera ancha y sin término; correr libremente; comer su comida en paz.

—Matilde...

La voz la envolvió, susurrante. Y luego una mano vino a posarse con suavidad en su hombro. Matilde sintió el contacto, pero no respondió siquiera con un estremecimiento.

—¡Matilde!

La mano que se posaba en su hombro se crispó, colérica. Matilde abrió los ojos abandonando el pequeño paraíso oscuro, sin recuerdos, en el que se había refugiado. La crudeza de la luz la deslumbró y tuvo que parpadear muchas veces antes de que las imágenes se le presentaran ordenadas y distintas. Esa mancha azul se cuajó en un cielo altísimo y limpio de nubes. Ese temblor verde era el follaje. Y aquí, próxima, tibia, acezante, la cara de Ernesto. El dolor, que había sobrevivido con ella, volvió a instalarse en el pecho de Matilde. Quiso apartarse de esa proximidad, huir, esconder el rostro. Pero al más leve movimiento sus huesos crujían, como resquebrajándose y por toda su piel corrió un ardor de sollamadura. ¿Y hacia dónde huir? Los brazos de Ernesto la cercaban. Impotente, Matilde volvió a cerrar los ojos, ahora mojados de lágrimas.

—No llores, Matilde. Ya estás a salvo.

Pero los sollozos la desgarraban por dentro y venían a estrellarse con una espuma de mal sabor entre sus labios.

—Gracias a Dios no tienes ninguna herida. Raspones nada más. Y el gran susto.

Delicadamente, con la punta de la toalla, Ernesto enjugó el rostro de Matilde.

—Cuando oímos los gritos de la india, el kerem y yo corrimos a ver qué pasaba. La corriente te estaba arrastrando. Yo quise tirarme al río, también. Pero el kerem se me adelantó. Yo hubiera querido salvarte. Hubieras preferido que te salvara yo, ¿verdad?

Ernesto aguardó inútilmente la respuesta. Matilde continuaba muda y el único signo que daba de estar despierta era el llanto que no cesaba de manar de sus ojos. Entonces Ernesto frotó sus labios contra los párpados cerrados y se quedó así, con la boca pegada a la oreja de Matilde, para que sus palabras no fueran escuchadas por los niños, a quienes la india contenía impidiéndoles acercarse.

—He soñado contigo todas estas noches.

Una furia irrazonada, ciega, empezó a circular por las venas de Matilde, a enardecerla. La voz seguía derramándose, como una miel muy espesa, y Matilde se sentía mancillada de su pegajosa sustancia. No le importaba ya lo que dijera. Pero sabía que este hombre estaba usurpando el derecho de hablarle así. Sólo porque no tenía fuerzas para defenderse, porque estaba, como la otra vez, inerme en sus manos, Ernesto la acorralaba y quería clavarla de nuevo en la tortura como se clava una mariposa con un alfiler. Ah, no. Esta vez se equivocaba. Matilde había pagado su libertad con riesgo de su vida. Abrió los ojos y Ernesto retrocedió ante su mirada sin profundidad, brillante, hostil, irónica, de espejo.

—¿Por qué no me dejaron morir?

Su voz sonaba fría, rencorosa. Ernesto quedó atónito, sin saber qué contestar. No esperaba esta pregunta. Se puso de pie y desde su altura dejó caer las palabras como gotas derretidas de plomo.

—¿Querías morir?

Matilde se había incorporado y respondió con vehemencia:

—¡Sí!

Y ante el gesto de estupefacción de Ernesto:

—¡No seas tan tonto de creer que fue un accidente! Sé nadar, conozco estos ríos mejor que el kerem que me salvó.

—Entonces tú…

—Yo. Porque no quiero que nazca este hijo tuyo. Porque no quiero tener un bastardo.

Retadora, sostuvo la mirada de Ernesto. Y vio cómo su propia imagen iba deformándose dentro de aquellas pupilas hasta convertirse en un ser rastrero y vil del que los demás se apartan con asco.

—¿Por qué no te atreves a pegarme? ¿Tienes miedo?

Pero Ernesto se dio vuelta lentamente y echó a andar. Matilde respiraba con agitación. No podía quedar así, sentada en el suelo, ridícula, con todo el odio que aquel silencio sin reproche transformaba en nada. Rió entonces escandalosamente. Su risa acompañó los pasos de Ernesto. Y los niños y la india y el kerem reían también a grandes carcajadas, sin saber por qué.

XII

ERNESTO empujó la puerta de la escuela. Chirriando levemente la puerta cedió. Ernesto se detuvo en el umbral a mirar el desmantelado aspecto de aquella habitación. No tenía más muebles que una mesa y una silla hechas en madera de ocote sin pulir. Las astillas se prendían en la ropa de Ernesto y acababan de rasgarla. Porque aquellos muebles eran para el maestro. Los niños se enroscaban en el suelo.

En las paredes de bajareque no había un pizarrón, un mapa, ningún objeto que delatara el uso que se le daba a esta habitación. Pero Felipe había recortado de un periódico el retrato de Lázaro Cárdenas. El presidente parecía borroso, entre una multitud de campesinos. Su retrato estaba muy alto, casi en el techo, pegado con cera cantul.

Ernesto le dedicó una irónica reverencia antes de retirar la silla para sentarse. Sacó del bolsillo trasero del pantalón una botella de comiteco y la depositó sobre la mesa. Cuando los muchachitos entraron y vieron aquel objeto tan familiar para ellos, sus caras se alegraron. Sin pronunciar una palabra, sin hacer un gesto de saludo, los niños desfilaron ante Ernesto y fueron a ocupar su sitio en el suelo. Allí se quedaron silenciosos, quietos, esperando que aquel hombre empezara a hablar de todas esas cosas que ellos no comprendían. Pero Ernesto no habló. Con parsimonia fue desenroscando el tapón de la botella y cuando estuvo abierta, la chupó ávidamente en tragos largos y ruidosos. Entonces se limpió la boca con la manga de su camisa, sin dejar de empuñar la botella, y estirando el brazo hacia adelante, ofreció:

—¿Gustan?

Los niños se miraron entre sí, desconcertados. Conocían el ademán que sus padres hacían tantas veces delante de ellos; algunos hasta ya sabían aceptar el convite. Iban a responder a él, pero Ernesto había retirado otra vez su brazo. Y ahora les decía:

—Estamos perdiendo el tiempo en una forma miserable, camaradas. ¿De qué nos sirve juntarnos aquí todos los días? Yo no entiendo ni jota de la maldita lengua de ustedes y ustedes no saben ni papa de español. Pero aunque yo fuera un maestro de esos que enseñan a sus alumnos la tabla de multiplicar y toda la cosa, ¿de qué nos serviría? No va a cambiar nuestra situación. Indio naciste, indio te quedás. Igual yo. No quise ser burrero, que era lo natural, lo que me correspondía. Ni aprendiz de ningún oficio. Si tenía yo más cabeza que ninguno. ¿Por qué no iba yo a ser más? Te lo estoy diciendo por experiencia, hacéme caso. Más te vale machete estar en tu vaina. Miren cómo vienen: limpios, recién mudados. Apuesto que hasta les cortaron las uñas y les echaron brillantina como si fueran a ir a un baile. Y tanto preparativo para venir a revolcarse enfrente de mí. Ya me imagino lo que estarán diciendo para sus adentros: ¡Por culpa de este desgraciado bastardo! ¿Cómo se dice bastardo en tzeltal? Tienen que tener una palabra. No me vengan a mí con el cuento de que son muy inocentes y no lo saben. Los niños de la casa grande que son menores que ustedes y no son precisamente muy listos, ya aprendieron a gritar: ¡Bastardo! ¡Bastardo! A escondidas de los mayores, naturalmente. Porque si los oyeran se les desgajaría una soberana cueriza. Bueno, eso digo yo. Aunque viéndolo bien quién sabe. Con suerte son los mismos papás los que les enseñan las groserías. No se puede confiar en nadie. El hongo más blanco es el más venenoso. Ahí tienen ustedes, sin ir más lejos, a Matilde. ¿No la conocen? Pues se las recomiendo. Es una muchacha... Bueno, eso de muchacha es un favor que ustedes y yo le vamos a hacer. Porque cuando a una muchacha le cuelgan los pechos como dos tecomates, es que se está pasando de tueste. Ella no quería que yo los viera. Se jalaba la blusa para taparlos. Quiso cerrar la ventana porque era mediodía y entraba el sol que era un gusto. Yo hice como que bajaba los párpados y entonces ella se tranquilizó y se fue quedando quieta como una pulioquita. Pero yo no estaba dormido. Yo me estaba fijando en eso de los pechos que les dije. Y en otras cosas. Se las daba de señorita. Y mucho remilgo y mucho escándalo y toda la cosa. Sí, cómo no. ¿Acaso las señoritas se entregan así al primero que les dice: qué lindos tienes los ojos? Y yo ni siquiera se lo dije. No tuve que rogarle. Tampoco que hacerle la fuerza. Nomás la besé y se quedó como un parasimo, toda trabada. Se fue cayendo para atrás, tiesa, fría, pálida, tal como si se hubiera muerto. Yo la cargué hasta la cama y la acosté. Estaba yo asustado, palabra de honor. La sacudía yo de los hombros y le decía yo: ¡Matilde! ¡Matilde! Nada que me contestaba. Sólo se puso a temblar y a llorar y a rogarme que no le hiciera yo daño, que tenía mucho miedo de lo que le iba a doler. Y yo, para qué les voy a mentir, tengo a Dios por testigo, de que ni por aquí se me había pasado un mal pensamiento. Pero ya sobre advertencia empecé a cavilar y a cavilar. Que Matilde iba a decir que yo era muy poco hombre si la dejaba en aquella coyuntura. Además ella empezó a defenderse, a forcejear. Hasta quiso dar de gritos, pero yo le tapé la boca. Nomás eso nos faltaba, que nos encontraran allí juntos. Se lo dije a Matilde para aplacarla. ¡Qué caso me iba hacer! No obedece a ninguno. Como la criaron tan consentida está acostumbrada a hacer siempre su regalada gana. Lo que necesita es un hombre que la meta en cintura y que la haga caminar con el trotecito parejo. Pero ya está visto que ese hombre no soy yo. Bueno, camaradas, eso merece que lo celebremos con otro trago. ¡Salud!

Ernesto volvió a beber. Un calor agradable lo envolvió. Le gustaba esta sensación que hacía contrapeso a los escalofríos del paludismo. Y luego empezar a moverse como en un sueño, como pisando sobre algodones. No le importaba decir lo que estaba diciendo porque tenía la certidumbre de que ninguno de sus oyentes lo entendía. Miró fijamente su mano extendida sobre la mesa y le sorprendió hallarla de ese tamaño. Para lo que pesaba debería ser mucho más, pero mucho más grande. Este descubrimiento le produjo un amago de risa. Movió los dedos y el cosquilleo que recorrió todo su brazo hizo que la risa se desbordara al fin. Los niños lo miraban con los ojos redondos, indiferentes.

—Yo la volví a buscar. No, no es que quedara yo muy convidado, pero la volví a buscar. En estos infelices ranchos no hay mucho dónde escoger. En el pueblo, en Comitán, la cosa hubiera sido distinta. Ahí sí hay mujeres de deveras y no melindrosas. Ay, camaradas, si hubieran visto a la mosca muerta de Matilde, seria, como si nunca rompiera un plato. No me volvió a dar ocasión de que yo le hablara. Claro, una señorita de su categoría desmerece hablando con un bastardo. Pero luego, ¿qué tal le fue? En el pecado llevó la penitencia, la pobre. Va saliendo con su domingo siete de que va a tener una criatura. Y como es muy lista no se le ocurre nada más que ir a tirarse al río para que se la lleve la corriente. Cuando lo derecho es avisarle al hombre. Yo no me iba a hacer para atrás, no la iba yo a dejar sentada en su deshonra. Eso llevando las cosas por derecho. Pero después de lo que hizo que ni sueñe que le voy a rogar. No soy tan sobrado. Para mí es como si hubiera muerto. Allá que se las averigüe con su hijo.

La lengua casi no le obedecía ya. En su torpeza se enredaban las palabras y salían escurriendo como un hilo de baba espeso, interminable. Los niños, tan acostumbrados al espectáculo de la embriaguez, hacía rato que no atendían el monólogo de Ernesto. El más audaz entre ellos principió por darle un codazo a su vecino. Éste gimió de dolor por el golpe y los demás rieron disimuladamente, cubriéndose la boca con la mano. Pero ahora se empujaban sin ningún recato, se tiraban bolitas de tierra, iniciaban luchas feroces. Los ojos turbios de Ernesto contemplaban este desorden sin hacerse cargo de él, como si fuera un acontecimiento muy remoto con el que su persona no guardaba ninguna relación.

—Pagué mi boca. Cuando mi tío César me contó que se metía con las indias —y el montón de muchachitos medio raspados, medio ladinos que andan desparramados por estos rumbos no lo dejan mentir—, dije, caray, se necesita estar muy urgido, tener muchas ganas. Porque lo que es yo, en Comitán, ni cuándo me iba yo a acercar a una envuelta. Pero aquí vine a pagar mi boca. Y miren con quién: con la molendera. Es una trinquetona que más bien parece pastora de barro de las que venden los custitaleros. Pero de cerca huele a... pues a lo que huelen las molenderas. Tiene un chuquij, que no se lo quita ni con cien enjabonadas, un chuquij de nixtamal rancio. Sólo porque era mucha la necesidad me fui a meter a su jacal. Pero después me puse a vomitar como si me hubieran dado veneno. La molendera se quedaba viéndome, así, como ahorita me están viendo ustedes, con sus ojos de idiota. Sin hablar ni una palabra. Y el vómito allí, apestando cerca de nosotros. Entonces ella se levantó y salió a traer un perro. Bueno, más vale que yo me ría. ¿Saben para qué lo trajo? Para limpiar el vómito. El perro —cómo estaría de hambre, el pobre— se abalanzó y de una sentada se lo lamió todo hasta no dejar ni rastro. Sólo quedó una manchita de humedad en el suelo. Mi tío César, ya me lo imagino, se hubiera quedado allí, tan satisfecho. Pero yo desde ese día no puedo comer de asco. Tengo que irme a otra parte. Primero era sólo la peste del estiércol cuando lo ponen de emplasto sobre la gusanera. Pero ahora también ese chuquij de nixtamal, en todas partes. Se los digo, honradamente, no puedo seguir aquí. Ya lo probé. No se puede. Y total, ¿qué estoy haciendo? Además de que no tengo obligación. Yo se lo dije a César desde Comitán. Y él, sí, sí, muy conforme con mis condiciones. Pero en cuanto me creyó seguro, me dejó bien zocado, al palo y sin zacate. ¿Y por qué? ¿Con qué derecho? ¿No soy tan Argüello como el que más? Me distinguen sólo porque soy pobre. Pero ¿cuánto vamos que pronto estaremos parejos?

Dando un manotazo sobre la mesa, Ernesto se puso en pie, tambaleante.

—¡Vengan y acaben con todo de una buena vez! Llévense las vacas y que les haga buen provecho! ¡Entren con sus piojos a echarlos a la casa grande! ¡Repártanse todo lo que encuentren! ¡Y que no quede ni un Argüello! ¡Ni uno! ¡Ni uno!

La exaltación de Ernesto se quebró en un hipo. Quiso volver a sentarse, pero no atinó con el lugar en el que se encontraba la silla y cayó al suelo. No intentó volver a levantarse. Allí se quedó, con las piernas abiertas, roncando sordamente. Los niños no quisieron acercársele por temor a que despertara y salieron en tropel, riendo, jugando, para regresar a sus jacales. Sobre la cabeza de Ernesto zumbaban los insectos. Gente de la casa grande vino a buscarlo al anochecer. Todavía inconsciente Ernesto dejó caer su peso sobre los hombros de quienes lo cargaron.

XIII

Doña Amantina, la curandera de por el rumbo de Ocosingo, recibió varios recados antes de consentir en un viaje a Chactajal.

—Que dice don César Argüello que hay un enfermo en la finca.

—Que digo yo que me lo traigan.

—Que su estado es peligroso y no se puede mover.

—Que yo no acostumbro salir de mi casa para hacer visitas.

—Que se trata de un caso especial.

—Que voy a dejar mi clientela.

—Que se le va a pagar bien.

Entonces doña Amantina mandó preparar la silla de mano y dos robustos indios chactajaleños —uno solo no hubiera aguantado aquella temblorosa mole de grasa— levantaron las andas de la silla. Atrás, un mozo de la confianza de doña Amantina transportaba un cofre, cerrado con llave, y en cuyo interior, oculto siempre a las miradas de los extraños, la curandera guardaba su equipaje.

Hicieron lentamente las jornadas. Deteniéndose bajo la sombra de los árboles para que doña Amantina destapara el cesto de provisiones y batiera el posol y tragara los huevos crudos, pues desfallecía de hambre.

Comía con rapidez, como si temiera que los indios —a quienes no convidaba— fueran a arrebatarle la comida. Sudaba por el esfuerzo de la digestión y una hora después ya estaba pidiendo que detuvieran la marcha para alimentarse de nuevo. Decía que su trabajo la acababa mucho y que necesitaba reponer sus fuerzas.

En Chactajal la esperaban y regaron juncia fresca en la habitación que habían preparado para ella. Doña Amantina la inspeccionó dando muestras de aprobación y luego sugirió que pasaran al comedor. Allí charlarían más tranquilamente. Y entre una taza de chocolate y la otra —los Argüellos empezaron a mostrar algunos signos de impaciencia— doña Amantina preguntó:

—¿Quién es el enfermo?

—Una prima de César —respondió Zoraida—. ¿Quiere usted que vayamos a verla? Desde hace días no sale de su cuarto.

—Vamos.

Se puso de pie con solemnidad. En sus dedos regordetes se incrustaban los anillos de oro. Las gargantillas de coral y de oro brillaban sobre la blusa de tela corriente y sucia. Y de sus orejas fláccidas pendían un par de largos aretes de filigrana.

Cuando abrieron la puerta del cuarto de Matilde se les vino a la cara un olor de aire encerrado, respirado muchas veces, marchito. Tantearon en la oscuridad hasta dar con la cama.

—Aquí está doña Amantina, Matilde. Vino a verte.

—Sí.

La voz de Matilde era remota, sin inflexiones.

—Vamos a abrir la ventana.

La luz entró para mostrar una Matilde amarilla, despeinada y ojerosa.

—Está así desde que la revolcó la corriente. No quiere ni comer ni hablar con nadie.

Ante la total indiferencia de Matilde, doña Amantina se inclinó sobre aquel cuerpo consumido por la enfermedad. Desconsideradamente tacteaba el abdomen, apretaba los brazos de Matilde, flexionaba sus piernas. Matilde sólo gemía de dolor cuando aquellas dos manos alhajadas se hundían con demasiada rudeza en algún punto sensible. Doña Amantina escuchaba con atención estos gemidos, insistía, volviendo al punto dolorido, respiraba fatigosamente. Hasta que, sin hablar una sola palabra, doña Amantina soltó a Matilde y fue a cerrar de nuevo la ventana.

—Es espanto de agua —diagnosticó.

—¿Es grave, doña Amantina?

—La curación dura nueve días.

—¿Va usted a empezar hoy?

—En cuanto me consigan lo que necesito.

—Usted dirá.

—Necesito que maten una res: Un toro de sobreaño.

A Zoraida le pareció excesiva aquella petición. Las reses no se matan así nomás. Sólo para las grandes ocasiones. Y los toros ni siquiera para las grandes ocasiones. Pero doña Amantina pedía como quien no admite réplica. Y no se vería bien que los Argüellos regatearan algo para la curación de Matilde.

—Que sea un toro de sobreaño. Negro. Junten en un traste los tuétanos. Ah, y que no vayan a tirar la sangre. Ésa me la bebo yo.

Al día siguiente la res estaba destazada en el corral principal. Espolvoreados de sal, los trozos de carne fueron tendidos a secar en un tapexco o se ahumaban en el garabato de la cocina.

—¿Quiere usted otra taza de caldo, doña Amantina?

(Si acepta, si vuelve a sorber su taza con ese ruido de agua hirviendo, juro por Dios que me paro y me salgo a vomitar al corredor.)

—No, gracias, doña Zoraida. Ya está bien así.

Ernesto suspiró aliviado. Le repugnaba esta mujer, no podía soportar su presencia. Y más sospechando qué era lo que había venido a hacer a Chactajal.

—¿Como a qué horas le pasó la desgracia a la niña Matilde?

—Pues se fueron a bañar como a la una. ¿No es verdad, Ernesto?

—No vi el reloj.

Que no creyeran que iban a contar con él para el asesinato de su hijo. ¿Y Zoraida era cómplice o lo ignoraba todo? No. A una mujer no se le escapan los secretos de otra. Lo que sucede es que todas se tapan con la misma chamarra.

—Para llamar el espíritu de la niña Matilde hay que ir al lugar donde se espantó y a la misma hora.

—Pero Matilde no se puede mover, doña Amantina. Usted es testigo.

—Hay que hacerle la fuerza. Si no va no me comprometo a curarla.

Y para hacer más amenazadora su advertencia:

—Es malo dejar la curación a medias.

No había modo de negarse. Porque ya en la mañana, muy temprano, doña Amantina había sacado de su cofre unas ramas de madre del cacao y con ellas "barrió" el cuerpo desnudo de Matilde. Después volvió a arroparla, pero entre las sábanas quedaron las ramas utilizadas para la "barrida", porque así, en esa proximidad, era como empezaba a obrar su virtud.

Matilde, como siempre, se prestó pasivamente a la curación. No protestaba. Y cuando le dijeron que era necesario volver al río, se dejó vestir, como si fuera una muñeca de trapo, y se dejó cargar y no abrió los ojos ni cuando la depositaron bajo el cobertizo alzado en la playa.

De repente la voz de doña Amantina se elevó, gritando:

—¡Matilde, Matilde, vení, no te quedés!

Y el cuerpo, grotesco, pesado, de la curandera, se liberó repentinamente de la sujeción de la gravedad y corrió con agilidad sobre la arena mientras la mujerona azotaba el viento con una vara de eucalipto como para acorralar al espíritu de Matilde, que desde el día del espanto había permanecido en aquel lugar, y obligarlo a volver a entrar al cuerpo del que había salido.

—Abre la boca para que tu espíritu pueda entrar de nuevo —le aconsejaba Zoraida en voz baja a Matilde, y Matilde obedecía porque no encontraba fuerza para resistir.

De pronto doña Amantina cesó de girar y llenándose la boca de trago, en el que previamente se habían dejado caer hojas de romero machacadas, sopló sobre Matilde hasta que el aguardiente escurrió sobre su pelo y rezumó en la tela del vestido. Y antes de que el alcohol se evaporara la envolvió en su chal.

Pero Matilde no reaccionó. Y pasados los nueve días su color estaba tan quebrado como antes. De nada valió que todas las noches doña Amantina untara los tuétanos de la res en las coyunturas de la enferma; ni que dejara caer un chorro de leche fría a lo largo de la columna vertebral de Matilde. El mal no quería abandonar el cuerpo del que se había apoderado. La curandera intentó entonces un recurso más: el baño donde se pusieron a hervir y soltar su jugo las hojas de la madre del cacao. Después, Matilde fue obligada a beber tres tragos de infusión de chacgaj. Pero ni por eso mostró ningún síntoma de alivio. Seguía como atacada de somnolencia y por más antojos que le preparaban para incitar su apetito, seguía negándose a comer. Era doña Amantina la que daba buena cuenta de aquellos platillos especiales. Su hambre parecía insaciable y su humor no se alteraba a pesar del fracaso de su tratamiento, como si fuera imposible que alguno pusiera en duda su habilidad de exorcizadora de daños. Y viendo que Matilde continuaba en el mismo ser —no más grave, pero tampoco mejor— dijo sin inmutarse:

—Es mal de ojo.

Entonces fue necesario conseguir el huevo de una gallina zarada y con él fue tocando toda la superficie del cuerpo de Matilde mientras rezaba un padrenuestro. Cuando terminó envolvió el huevo y unas ramas de ruda y un chile crespo en un trapo y todo junto lo ató bajo la axila de Matilde para que pasara el día entero empollándolo. En la noche quebró el huevo sin mirarlo y lo vertió en una vasijita que empujó debajo de la cama. Pero al día siguiente, cuando buscó en la yema los dos ojos que son seña del mal que le están siguiendo al enfermo, no encontró más que uno: el que las yemas tienen siempre.

Pero doña Amantina no mostró ni sorpresa ni desconcierto. Tampoco se desanimó. Y después de encerrarse toda la tarde en su cuarto, salió diciendo que ahora ya no cabía duda de que a Matilde le habían echado brujería; que quien estaba embrujándola era su hermana Francisca y que para curarla era necesario llevarla a Palo María.

—¡No! ¡No quiero ir!

Matilde se incorporó en el lecho, electrizada de terror. Quiso levantarse, huir. Para volver a acostarla fue precisa la intervención de la molendera y de las otras criadas. Y hubo que darle un bebedizo para que durmiera.

—Pero Matilde está imposibilitada para el viaje, doña Amantina. Luego la impresión de ver a su hermana...

—No se apure usted, patrona. Yo sé mi cuento. Las cosas van a salir bien.

Como ya habían terminado de cenar y la conversación languidecía, doña Amantina se puso de pie, dio las buenas noches y salió. Ya en su cuarto sacó de entre la blusa la llave de su cofre y lo abrió. Pero antes de que empezara a hurgar entre las cosas que el cofre contenía, un golpe muy leve en la puerta le indicó que alguien solicitaba entrar.

Una sonrisa casi imperceptible se dibujó en el rostro de doña Amantina, pero continuó trajinando como si no hubiera oído nada. Los golpes se repitieron con más decisión, con más fuerza. Entonces doña Amantina fue a abrir.

En el umbral estaba Matilde, tiritando de frío bajo la frazada de lana en que se había envuelto. Doña Amantina fingió una exagerada sorpresa al encontrarla allí.

—¡Jesús, María y José! No te quedés allí, criatura, que te vas a pasmar. Pasá adelante, estás en el mero chiflón. Pasá. Sentate. ¿O te querés acostar?

Acentuaba el *vos* como con burla, con insolencia. Nadie le había dado esa confianza, pero doña Amantina se sentía con derecho a tomarla.

Matilde no se movió. A punto de desvanecerse, alcanzó todavía a balbucir:

—Doña Amantina, yo...

—Pasá, muchacha. Yo sé lo que tenés. Pasá. Yo te voy a ayudar.

XIV

Juana, la mujer de Felipe, juntó los escasos desperdicios de la comida en un apaxtle de barro; acabó de lavar las ollas que utilizó para su trabajo y las puso a escurrir, embrocadas sobre una tabla. Retiró el comal del fuego, hasta el día siguiente. Y luego, llevando en la mano el apaxtle de los desperdicios, fue al chiquero. No había más que un cerdo flaco, hozando en el lodo.

El cerdo se abalanzó a la comida y la devoró en un instante.

—No va a estar cebado para la fiesta de Todos Santos —pensó Juana—. No va a ser posible venderlo a los custitaleros.

Y regresó al jacal, desalentada.

De la batea de ropa sacó una camisa. Era la que había usado el día de su casamiento. Después la guardó para lucirla sólo en las grandes ocasiones. Pero ahora se la ponía ya hasta entre semana y había tenido que llevarla a lavar al río varias veces. Por más cuidado que pusiera, por más delicadeza, por más esmero, el tejido iba adelgazándose y en algunos lugares estaba roto. Ahora, aprovechando estos últimos rayos de sol —la mansa lumbre del rescoldo no era suficiente— Juana iba a zurcir las rasgaduras. Felipe podía regresar en cualquier momento y encontrarla cumpliendo esta tarea. Pero ni siquiera le preguntaría si necesitaba dinero para comprarse un corte de manta nueva. Felipe se había desobligado de los gastos de su casa. Iba y venía de las fincas, de los pueblos, sin acordarse de traerle nunca nada a su mujer. Ella había tenido que darle las pocas monedas que guardaba de ahorro para ayudarlo en los gastos del viaje. Porque con esta cuestión del agrarismo los patrones veían con malos ojos a

Felipe y se negaban a darle trabajo. En cuanto a fiarles la manta como antes, ni pensarlo. El día que ella se presentó a la casa grande no sólo le negaron el fiado, sino que le reclamaron las deudas anteriores. Pero no por eso Juana se retiró de la casa grande. A veces se acercaba a ronciar por los empedrados de la majada, con un tolito lleno de frijol haciendo equilibrio sobre su cabeza. No perdía la esperanza de hablar con los patrones para interceder por Felipe y pedir que le perdonaran sus desvaríos y que le tuvieran paciencia, que iba a terminar por volver a su acuerdo. Porque Felipe no era un mal hombre. Ella lo conocía bien. Pero los Argüellos pasaban enfrente de Juana, distraídos, como si ella fuera cosa demasiado insignificante para detenerse a mirarla, para escuchar lo que decía, para prestar atención a su súplica. Y no faltó quién fuera a incriminarla delante de Felipe. Aquel día Felipe le pegó y le dijo que cuidado y volviera a saber que ella seguía en aquellas andanzas, porque la iba a abandonar. Y así tenía que ser, así debió haber sido desde hacía mucho tiempo. Sólo por caridad Felipe la conservaba junto a él. No por obligación. Porque Dios la había castigado al no permitirle tener hijos.

—Buenas noches, comadre.

Una voz trémula, como de quien está tiritando o como de quien acaba de llorar, había pronunciado, en tzeltal, aquellas palabras.

La mujer de Felipe se puso en pie para recibir a la visita. Era su hermana María quien acompañada del menor de sus hijos estaba parada en el umbral.

Inclinándose delante de ella la mujer de Felipe dijo la frase de bienvenida:

—Comadre María, qué milagro que te dignaste venir a esta tu humilde casa.

Y le ofreció el tronco de árbol en el que ella había estado sentada. Era el único mueble. Por más que se quejaba con Felipe, él no había querido hacerle caso trayendo aunque fuera nada más otro tronco del monte.

María se sentó y disimuladamente estuvo mirando de reojo todos los rincones, ya sumidos en sombras, del jacal. Había dejado de venir durante mucho tiempo y ahora lo encontraba más miserable y desprovisto que nunca.

Juana prefirió interpretar de otra manera esta mirada de inspección y dijo:

—¿Buscabas a tu compadre Felipe?

María hizo un gesto de asentimiento. Entonces Juana fue a escoger la más pequeña, la más delgada de las astillas de ocote que atesoraba en un rincón. Mientras lo prendía en el rescoldo, arrodillada, respondió:

—Tu compadre Felipe no está. ¿Se te ofrecía algo?

—Quería yo hablar con él. Me dijeron que era mi compadre Felipe el que se entendía con los asuntos de la escuela.

Entonces el niño se desprendió de la mano de su madre y se aproximó a Juana. Buscando el sitio donde mejor fuera alumbrado por la llama del ocote, el niño alzó el rostro para que Juana lo viese. Y como Juana permaneciera atónita, sin comprender, tuvo que señalar los moretones —aquí, aquí y aquí— porque se confundían con el color oscuro de su piel.

—Me pegó el maestro.

Estaba seguro, porque ya lo había experimentado varias veces, del efecto que estas palabras producían en las personas mayores. Aguardaba la consternada exclamación. Pero Juana continuó mirándolo en silencio. Hasta que, indiferente, apartó sus ojos del rostro amoratado del niño.

El niño creyó que era necesario, para conmover a Juana, repetir el relato de la historia. Pero antes de iniciarlo sintió caer sobre él una mirada tan severa, tan hosca, de su madre, que optó por callar.

La severidad de María no tenía su origen en la conducta del niño, sino en la inexplicable actitud de Juana. Dijo, tratando de excitar su curiosidad acerca de la forma en que se había desarrollado el suceso.

—Don Ernesto estaba bolo.

El niño, que había estado esforzándose por contenerse, se abandonó a su ímpetu de hacer confidencias y empezó a hablar. Ya tenía tiempo que don Ernesto no iba a dar las clases en su juicio. Desde que llegaba a la escuela, era cierto, no paraba de hablar. Pero sin decir lo que leía en su libro, como en las primeras veces, sino que hablaba y hablaba solo. Y luego le entraba el sueño de la borrachera y se quedaba dormido.

Juana interrumpió el parloteo del niño para preguntar a María:

—¿No quieres una taza de café?

Si María aceptaba, Juana le iba a dar su propia ración, se iba a quedar sin beber café por esa noche. Pero María no saldría de su casa diciendo que Juana la había atendido mal.

María no aceptó.

El niño estaba contento de que lo hubieran interrumpido. Porque el entusiasmo de la narración casi lo había arrastrado a contar la historia completa. Él ignoraba de qué manera sería recibida por su madre a quien no se la confió más que fragmentariamente.

Él, como todos sus demás compañeros, temía ver a un hombre borracho. En su padre había visto el furor, la violencia que entonces los trastornaba. Pero Ernesto se emborrachaba de distinta manera. No se volvía a lo que le rodeaba para destruirlo, sino que se desinteresaba por completo de lo que sucedía a su alrededor. Los niños aprendieron pronto que en ese estado Ernesto no les prestaba atención. Y desde entonces la presencia de Ernesto dejó de ser un obstáculo para sus juegos y travesuras. Hubo quien se aventurara a correr y a saltar por encima del cuerpo inconsciente de Ernesto cuando yacía en el suelo. Los demás se conformaban con gritar y aventarse proyectiles. Y fue una de aquellas veces que el proyectil —una naranja agria— fue a estrellarse precisamente contra el rostro de Ernesto, el cual en aquel instante estaba tratando, con mucha dificultad, de ponerse de pie. Ernesto profirió un alarido de dolor y se levantó, entonces sí ágilmente, a descargar su furia en el primero que tuvo a su alcance sin detenerse a averiguar si era el culpable o no.

—Es lo que yo digo —decía María—. ¿Para eso nos sacrificamos mandando a nuestros hijos a la escuela? El kerem siempre es una ayuda. Parte la leña, acarrea el agua, lleva el bastimento del tata cuando está trabajando en el campo.

Juana se encogió de hombros como para despojar aquella queja de toda su importancia. Entonces María añadió con malevolencia:

—Tú, como no tienes hijos, no puedes saber lo que es esto.

Juana le dio la espalda. Y, siempre silenciosa, empezó a moverse en el jacal buscando algo. Adonde fuera, iban siguiéndola las palabras de María:

—Por eso yo dije: voy a ver a mi compadre Felipe. Para que él nos aconseje. Porque su consejo es el que nos llevó hasta donde ahora estamos.

Por fin Juana había encontrado lo que buscaba. Una escoba de ramas, ya inservible, pero que no había querido tirar hasta no sustituirla por otra. Arrastrándola ostensiblemente, Juana atravesó todo el jacal hasta ir a poner la escoba detrás de la puerta.

María, que había seguido con atención todos los movimientos de Juana, se puso de pie, lívida de cólera. No entendía el motivo de aquel gesto. Pero sabía lo que significaba. Sin despedirse salió del jacal y el niño salió corriendo detrás de ella.

Cuando la mujer de Felipe volvió a quedarse sola se llevó ambas manos al sitio del corazón, porque sus latidos eran tan rápidos y tan fuertes que sentía como si su pecho se le fuera a romper. ¡Se había atrevido a hacer aquello! Juana, la sumisa, la que era como una sombra sin voluntad, ¡se había atrevido a echar de su casa a María! Ahora, las otras mujeres sabrían a qué atenerse. Y si tenían asuntos que arreglar con Felipe lo buscarían fuera de su jacal.

No, no eran celos. Los celos son un sentimiento humano, accesible a cualquiera y Juana hubiera sabido soportarlos, disimularlos, sentirlos. Si Felipe hubiera querido a otra mujer, Juana tendría frente a ella un adversario igual y podía luchar con sus mismas armas y podía vencer, porque ella era la legítima, aunque no tuviera hijos. Y si la derrotaban podía aceptar su derrota. Pero no era eso, y lo que era era atroz. Juana no alcanzaba a entenderlo y se golpeaba la cabeza con los puños, preguntándose qué estaba pagando para ser castigada de este modo.

Juana no veía más salida a su situación que ir a la casa grande y decir todo lo que estaba haciendo Felipe para que los patrones le hicieran el favor de considerar si éste era un caso de brujería y cómo había que curarlo. Porque no. Felipe no era el mismo desde que regresó la última vez de Tapachula. Desde que comenzó la construcción de la escuela no descansaba. Era el más madrugador y, temprano, ya andaba de casa en casa despertando a los otros. En el trabajo no había quien le pusiera un pie delante. Después, cuando la escuela estuvo terminada, el mismo Felipe derribó el árbol de ocote para hacer los muebles. ¡Y el muy ingrato no era para ver que en su jacal tenían que sentarse en el suelo! Luego quitó el retrato que hasta entonces tuvo pegado con cera cantul encima del tapexco donde dormía y se lo llevó para pegarlo en la pared de la escuela. Pero bueno hubiera sido que se conformara con eso. Seguro que en una borrachera —pues fue en los días de la novena de Nuestra Señora de la Salud— discurrió ir, él solo, a la casa grande para platicar con el patrón y decirle que ellos ya habían cumplido con levantar la escuela, que ahora venía a exigir que el patrón cumpliera la ley enviando al maestro. Cómo lo vería don César, como a un loco, pues no era otra cosa, que de lástima ni siquiera mandó que lo castigaran. Felipe era un malagradecido. En vez de rendirles, como era su obligación, ¿qué hacía? Pasarse el día entero, desde que no le daban trabajo, el día entero metido en el monte. Metido de puro haragán. Porque no era capaz ni de traer un armadillo para que ella lo adobara y lo comieran. Ni de cortar una fruta. No era capaz de nada para ayudarla. En las noches andaba de jacal en jacal, bulbuluqueando. Pero él no era el único que tenía la culpa. Eran los otros los que lo soliviantaban con el respeto que le mostraban. Lo dice Felipe. Y se iban corriendo a obedecerlo. No lo dejaban sosegar ni un rato en su casa, con su familia, con ella que era toda su familia. Bueno. Ella tampoco quería que Felipe estuviera allí. Porque cuando estaba era sólo para mostrar las malas caras, el ceño de la preocupación.

No voy a aguantar más, dijo Juana. Me voy a ir con los patrones cuando se vayan a Comitán. Voy a ser la salera. Voy a hablar castilla delante de las visitas. Sí, señor. Sí, señora. Y ya no voy a usar tzec.

Cuando Felipe abrió la puerta del jacal y entró, su mujer inclinó la cabeza como lo hacen los carneros cuando van a embestir. Estaba excitada aún por la audacia de su acción y dispuesta a sostenerla y a no admitir ningún reproche por ella. Pero Felipe no habló. Con la misma indiferencia de siempre fue a la olla donde se guardaba el agua y bebió una jícara. Después, lentamente y como quien está pensando en otra cosa, volvió a poner todos los objetos en su sitio —la tapa de la olla, la jícara— y fue a sentarse cerca del rescoldo. Esperó. No tardaron en llegar los demás.

—Mandamos a nuestros hijos a la escuela para que los corrijan. Si cometen una falta, el maestro es como el padre y la madre y tiene derecho a reprender.

Esto dijeron los viejos, los que no querían usar más que la prudencia.

—Empiezan por pegarles a los niños. Acabarán pegándonos a nosotros.

—¡Otra vez!

—Quizá debe ser así.

—¿Y por qué debe ser así si somos iguales?

Lo olvidaban siempre. Y era Felipe el de la obligación de recordar.

Uno, desde atrás, preguntó:

—¿Para qué seguir mandando a los keremitos a la escuela?

—Para que se cumpla la ley.

Felipe no podía explicarles más, no podía prometerles más. Pero los otros ya estaban hablando de los beneficios que disfrutarían.

—Mi hijo sabrá leer y escribir. Hablará castilla cuando esté entre los ladinos.

—Se sabrá defender. No lo engañarán fácilmente.

—A mí me vendieron una vez un zapato porque no tenía yo paga suficiente para comprar el par. Cuando me lo puse los keremitos de Comitán se reían de mí.

Felipe se aproximó y tocó el hombro del que había hablado.

—De tu hijo ya no podrán burlarse. Te lo prometo.

Cuando Felipe hablaba así los hombres que le escuchaban tenían miedo. Porque iba a pedir su valor y su decisión. Uno se lanzó a romper el silencio expectante, como con un cuchillo con esta pregunta:

—¿Qué vamos a hacer?

—Hemos tenido paciencia. ¿Y cómo han pagado nuestra paciencia? Con insultos, con abusos otra vez. Por tanto, es preciso ir a la casa grande y decir al patrón: ese hombre que trajiste de Comitán para que trabajara como maestro, no sirve. Queremos otro.

Los demás se miraron entre sí, aprobando gravemente con la cabeza.

Desde un rincón la mujer de Felipe observaba con hostilidad a los reunidos. Y dijo entre sí, mirando a su marido:

—¿Quién crees que tendrá valor para ir a decir eso? Nadie. El único capaz de sacar la cara eres tú. Aquí te envalentonan y delante de los patrones te dejan solo. Y te van a matar, indio bruto. ¡Te van a matar!

—Conmigo irá solamente el padre del kerem al que ofendieron.

Ya Felipe había pronunciado su sentencia. Pero no. A los ojos de Juana él no tenía la culpa. Los culpables eran ellos. Todos estos que habían enloquecido a

Felipe con su sumisión, con su obediencia. ¡Fuera de aquí, malvados!

Juana hizo un movimiento en dirección a la escoba. Alargo la mano para cogerla y arrastrarla delante de todos y arrojarla por la puerta. Pero la mano se le quedó en el aire, inútil, temblando. Porque Juana sintió sobre ella la mirada implacable de Felipe. Se fue empequeñeciendo delante del hombre. Y su fuerza la abandonó. Juana fue derrumbándose hasta quedar de rodillas en el suelo, sacudida como un arbusto por un viento de sollozos.

XV

—De modo que las cosas están así. Los indios quieren que yo cambie a Ernesto por otro. Los inocentes creen que mejorarían con el cambio. Pero yo no estoy dispuesto a desengañarlos. Yo traje a Ernesto y yo lo sostengo, porque es mi gusto. Para algo soy el mero tatón. Y ante todo, está el principio de autoridad, qué carambas. Ya estos pendejos se quieren ir con todo y reata. Bastantes errores he cometido por darles gusto. Que vayan a preguntar a las otras fincas, a ver cómo tratan a los otros indios, sus camaradas. Jaime Rovelo, por ejemplo. En su finca no se anduvo con contemplaciones. Al primero que se le quiso insubordinar le dio su buena ración de azotes y asunto que se terminó. Ahí los tiene, mansos como un cordero. Pero yo... La verdad es que no tengo estómago para estas cosas. Y además me ha amolado la cosa de que en Chactajal se perdió la costumbre del rigor desde hace tantos años. Y no es que mi familia fuera muy católica. Mi madre sí, iba a la iglesia y rezaba. Hizo que se bautizaran los indios de la finca. Pero mi padre no. Él era bueno por naturaleza. Les tocaron épocas mejores, también hay que ver. Los indios eran sumisos, se desvivían por cumplir a conciencia con su deber. Pero ya quisiera yo ver a ese tal Estanislao Argüello que se las daba de tan ilustrado y civilizador. Ya quisiera yo verlo en mi lugar a ver si seguía predicando la tolerancia y la amabilidad o si arreglaba sus problemas de la única manera posible. No estoy muy decidido todavía. Sé que cuento con algunos de los mozos. Pero no me quiero confiar. Estos indios solapados son capaces de traicionar al mismo Judas. Pero suponiendo que Abundio y Crisóforo y todos esos estén de mi parte, pues no es mucho consuelo, porque de todos modos siempre somos menos que los que anda soliviantando Felipe. ¿Cómo pudiera yo hablar con ese tal Felipe sin que pareciera que le estoy buscando la cara, sin rebajarme, pues? No será tan macho que con unas vaquillas que se le regalen no se aplaque bastante. Siquiera que se esperen, hombre. Y que no estén molestando ahora, precisamente ahora, que es cuando va a empezar la molienda. Porque en resumidas cuentas a mí qué diablos me importa que el maestro sea Ernesto o no. Sólo por no dar mi brazo a torcer es que me negué a cambiarlo cuando vinieron a pedírmelo los indios. Aunque en realidad este dichoso Ernesto me fue resultando una alhajita. Y para colmo de los colmos, borracho. Bueno, el pobre no lo robó, lo heredó. Si mi hermano se mató fue en una borrachera. Y siquiera fueran borrachos garbosos, de los que rayan el caballo y echan vivas y alegran las fiestas. Pero no, el alcohol no les sirve más que para volverse más apulismados de lo que son. Y ahí andan bien bolos escondiéndose en los rincones y sin querer comer, porque están tristes. El muchacho salió igualito a su padre, palabra. Sólo porque Ernesto era mi hermano y con los muertos más vale no meterse, pero, dicho sea sin ofender, era un nagüilón. Eso de no querer vivir en el rancho sólo porque el rancho es triste. Triste. Claro. Porque no son capaces de amansar un potro brioso, ni de salir a campear, ni de atravesar el río a nado. Se encierran en la casa todo el día y naturalmente que es triste ver cómo va pardeando la tarde. Pero después del trabajo sí es bonito ver que se pone el sol. Ni modo. Hay gente que no lleva en la sangre estas cosas. Zoraida se aburre de estar aquí. No lo confiesa porque sabe que la voy a regañar. Pero se aburre de un hilo. Bueno, en su caso se explica. Ella nunca fue ranchera antes de casarse conmigo. Ni de familia de rancheros tampoco. Y le ha tocado la mala racha, también. Me quisiera empujar a hacer barbaridades. Cree que si me detengo y que si les he tolerado tantas cosas a estos tales por cuales es por miedo. Y no. Pase lo que pase hay que conservar la cabeza en su sitio y hacer lo que más convenga. Claro que si por mí fuera ya les hubiera yo dicho su precio a todos estos insubordinados. Pero más vale paso que dure. Ahorita no hay que arriesgarse. Ya hago mucho con estar viviendo aquí. A ver, los otros patrones. Muy sentados en el Casino Fronterizo de Comitán, dejando que los mayordomos sean los que se soplen la calentura. El mismo Jaime Rovelo, muy valiente para pegarles a los indios y meterlos en el cepo. Pero por bobo si se queda en Bajucú esperando programas. Mi prima Francisca, ésa sí que es bragada. Argüello de las meras buenas. Pero lo que está haciendo es muy arriesgado. Un día esos mismos indios que tanto respeto le tienen por andar ella aparentando que es bruja la machetean y ya no cuenta el cuento. Además en una mujer no se ven mal esas astucias. Pero un hombre debe dar la cara. Y aquí, el que tiene que dar la cara soy yo. Quisiera yo darme una vuelta por Ocosingo para hablar con el Presidente Municipal. Somos amigos. Le explicaría yo mi situación y me ayudaría. A lo mejor me querría alegar que se compromete ayudándome, que las órdenes vienen de arriba y que la política de Cárdenas está muy a favor de los indios. Eso me lo podrá decir, pero yo le alego que estamos tan aislados que ni quien se entere de lo que hacemos. El mentado Gonzalo Utrilla ha de estar inspeccionando por otra zona. Y a él también se le podría convencer para que se pase de nuestro lado. Pero no sé ni para qué estoy pensando en todo esto. Si las cosas no van a llegar a más.

—Tío César...

Era Ernesto que había llegado silenciosamente a pararse en el umbral. César volvió el rostro para clavar en su sobrino una mirada fría de severidad. Ernesto sintió que esta mirada le exprimía el corazón, dejándolo sin sangre. Y supo que no le sería fácil hablar. César no lo ayudó con una pregunta, ni siquiera con un reproche.

—Hoy no di clase. Los niños no fueron a la escuela.

¡Valiente noticia! ¿Para qué iban a ir? ¿Para que les pegara el maestro? Bien podían quedarse en su casa. Como debió haberse quedado Ernesto, amarrado a las faldas de su madre, para no salir a hacer perjuicios en casa ajena. Pero Ernesto era tan irresponsable que no podía ni calcular las consecuencias de sus actos. Aquí estaba, con los ojos desencajados de sorpresa, esperando que una voluntad más fuerte que la suya volviera a poner las cosas en su lugar. César se volvió hacia él con una calma deliberada, pero también amenazadora.

—Bueno. Voy a preguntarle a Zoraida a ver si encuentra algún quehacer más apropiado para ti.

Tal vez César no hubiera añadido nada más si a los

ojos de Ernesto no se hubiera asomado indiscretamente la alegría, como si se hubiera sentido perdonado. ¿Con qué derecho iba a aspirar al perdón cuando era tan tonto que ni siquiera había alcanzado a medir la gravedad de su imprudencia? Entonces, César dijo desdeñosamente:

—Un quehacer provisional. Sólo para mientras estás listo para tu viaje de regreso a Comitán.

—Es la trampa de siempre —pensó Ernesto apretando los puños. Un poco de amabilidad, una sonrisa como la que se le dedica a un perro. Y después, la patada, la humillación. No; no hay que tratar de acercarse a él. No somos iguales. A ver si sigue considerándose tan superior cuando sepa lo que voy a decirle. Con maligna satisfacción Ernesto anunció:

—Los indios no me dejaron entrar a la escuela. Están allí todos, vigilándola, mientras llega de Comitán el nuevo maestro.

César se puso de pie, con el semblante adusto ante la imprevista nueva.

—¿Qué dices?

—Tienen abandonado el trabajo. Dicen que no se moverán de ahí hasta que venga el maestro.

—¿Y quién rayos los autorizó para emprender esa pendejada?

Ernesto se encogió de hombros.

—No sé. No pregunté. Como no entiendo la lengua.

No eran las palabras. Era la insolencia del tono, el reto que vibraba en ellas. César tomó violentamente a Ernesto sacudiéndolo desde los hombros.

—¡Mira tu obra! ¿Y ahora con quiénes voy a hacer la molienda?

El corazón de Ernesto latía desordenadamente. Las venas de su cuello se hincharon.

—Suélteme usted, tío César, o no respondo...

En vez de soltarlo César lo acercó más a él.

—¡Y todavía quieres amenazar! ¿De dónde te salieron esas agallas? A ver, échame el juelgo.

—No he tomado nada hoy.

César abrió las manos como con asco.

—Entonces no me explico.

El ademán con que César soltó a Ernesto fue tan inesperado y brusco que Ernesto permaneció un instante tambaleándose, a punto de perder el equilibrio. La conciencia del ridículo en que lo habían colocado, lo hizo gritar.

—No es justo que ahora me echen la culpa. Yo le dije desde Comitán que no servía yo para maestro. Y usted me prometió...

—¡Cállate! Esos asuntos los vamos a arreglar después. Lo que ahora urge es que la caña se muela en su día.

César dio la espalda a Ernesto y fue a la ventana. Allí se estuvo, meditando, con la barbilla caída sobre el pecho. Parecía tan ausente, tan inofensivo, que Ernesto se atrevió a insinuar:

—Podríamos traer peones de Ocosingo.

—¿Qué cosa? ¿Ir a buscar quién trabaje teniendo yo mis propios indios? Ese día no lo verán tus ojos, Ernesto.

—Pero si los indios se niegan...

—¿Y quiénes son para negarse? Estás muy equivocado si crees que les he consentido sus bravatas por miedo. Está bien. Ellos tienen razón al exigir ciertas cosas. Pero son tan imprudentes como los niños. Hay que cuidarlos para que no pidan lo que no les conviene. ¡Ejidos! Los indios no trabajan si la punta del chicote no les escuece en el lomo. ¡Escuela! Para aprender a leer. ¿A leer qué? Para aprender español. Ningún ladino que se respete condescenderá a hablar en español con un indio.

Era cierto. Y a cada frase de César, Ernesto se sentía más tocado por la verdad, más poseído de entusiasmo para sostener esta verdad por encima de cualquier ataque, para afrontar cualquier riesgo. Con voz todavía mal segura a causa de la emoción, preguntó:

—¿Qué va usted a hacer?

Porque quería ayudar, estar de parte de los Argüellos.

César fue a su armario de cedro empotrado en un ángulo de la habitación y lo abrió. Allí estaba el cinturón con el carcaj de la pistola. La sacó. Comprobó primero que estaba bien aceitada. Después abrió la caja de las balas y cogió un puñado de ellas. Cargó la pistola y dijo:

—Voy a hablar con ellos.

Empezó a caminar hacia la puerta. Ernesto lo alcanzó.

—Yo voy con usted.

Juntos llegaron a la escuela. Allí estaban los indios. Encuclillados, apoyándose en la pared de bajareque, fumando sus cigarros torcidos en un papel amarillo, corriente. No se movieron al ver venir a los dos hombres de la casa grande.

—¿No hay saludo para el patrón, camaradas?

Uno como que se quiso poner de pie. Pero la mano de otro lo detuvo rápidamente. César observó este movimiento y dijo con sorna:

—Que yo sepa no somos enemigos.

Ninguno respondió. Entonces pudo seguir hablando.

—¿En qué habíamos quedado? En que ustedes levantarían la escuela y yo pondría el maestro. Cumplimos los dos. Ahí está la escuela. Aquí está el maestro. ¿Por qué no respetamos el trato?

Felipe tragó saliva antes de contestar.

—El maestro no sirve. Cuando fuimos a hablar contigo en la casa grande te dijimos por qué queremos que lo cambies por otro.

—Claro. Y hablamos todos irreflexivamente, en el primer momento de la cólera, y las cosas nos parecen mucho más grandes de lo que son. Lo que Ernesto hizo fue una muchachada. Pero ya me ha prometido que no volverá a suceder. Digo, si no es más que por lo del kerem al que castigó. Si el kerem también ofrece que no volverá a faltarle al respeto, todo marchará bien otra vez.

Felipe movió la cabeza, negando obstinadamente.

—Tu maestro no sirve. No sabe enseñar.

César se mordió el labio inferior para disimular una sonrisa. No había que provocarlos. Pero se veían tan ridículos tomando en serio su papel de salvajes que quieren ser civilizados.

—Así que insisten en que yo les traiga otro maestro de Comitán.

—Uno que sepa hablar tzeltal para que los keremitos puedan entender lo que dice.

—Bueno. Para que vean que de veras tengo ganas de transar con ustedes, les juro que se los traeré.

César lo dijo como quien hace entrega de un gran regalo. Pero los indios, como si no hubieran comprendido la generosidad de su juramento, se quedaron quietos, cerrados, inexpresivos. César hizo un esfuerzo de paciencia para esperar a que se pusieran de pie y volvieran a sus labores. Pero ningún acontecimiento se produjo. Con voz en cuya cordialidad asomaba ya una punta de amenaza, dijo:

—Bueno, pues ahora que ya estamos de acuerdo podemos empezar a trabajar.

Felipe negó y con él todos los demás.

—No, patrón. Hasta que el otro maestro venga de Comitán.

César no esperaba esta resistencia y se aprestó a desbaratarla. Impulsivamente llevó la mano al revólver, pero logró recuperar el control de sus movimientos antes de desenfundar el arma.

—Ponte en razón, Felipe. Éste no es asunto que se resuelve así, ligeramente. Considera que tengo que ir a Comitán yo mismo. Hablar con uno y con otro hasta que yo encuentre la persona más indicada. Y luego falta que esa persona acepte venir. El trámite lleva tiempo.

—Sí, don César.

—Y en estos días yo no puedo salir de Chactajal. Es la mera época de la molienda.

—Sí, don César.

Felipe repetía la frase mecánicamente, sin convicción, como quien escucha a un embustero.

—Y si ustedes no me ayudan, nos dilataremos más todavía. Vuelvan a su trabajo. Nos conviene a todos.

—No, don César.

Felipe pronunció la negativa con el mismo tono de voz con que antes había afirmado. Esto causó gran regocijo entre sus compañeros que rieron descaradamente. César decidió pasar por alto el incidente, pero su acento era cada vez más apremiante.

—Si no hay quien levante la caña nos vamos a arruinar.

Los indios se miraron entre sí, con risa aún, y alzaron los hombros para demostrar su indiferencia.

—Si a ustedes no les importa, a mí sí. Yo no estoy dispuesto a perder ni un centavo en una pendejada de éstas.

Ahora sí, se habían puesto serios. Consultaron con los ojos a Felipe.

Felipe rehuyó su mirada.

—¡Vamos, al trabajo!

Pensó que bastaría con su voz para urgirlos, para acicatearlos. Pero los indios no dieron la menor muestra de haberse inclinado a obedecer. Entonces César desenfundó la pistola.

—No estoy jugando. Al que no se levante lo clareo aquí mismo a balazos.

El primero en levantarse fue Felipe. Los demás lo imitaron dócilmente. Uno por uno fueron desfilando entre Ernesto y César.

—Si es como yo te decía —dijo después Zoraida—. Con ellos no se puede usar más que el rigor.

XVI

Los que por primera vez conocieron esta tierra dijeron en su lengua: Chactajal, que es como decir lugar abundante de agua.

El gran río pastor llama, con su voz que suena desde lejos, a los riachuelos tributarios. Ocultan su origen. Se manifiestan después, cuando vienen resbalando entre las peñas musgosas de la montaña, cuando abren su cauce arando pacientemente la llanura. Pero desde que nacen llevan su nombre, su largo nombre líquido —Canchanibal, Tzaconejá—, para entregarlo aquí, para perderlo y que se enriquezca la potencia y el señorío del Jataté.

Agua donde se miró el mecido ramaje de los árboles. Agua, amansadora lenta de la piedra. Agua devoradora de soles. Todas las aguas no son más que una: ésta, con su amargo presentimiento del mar.

Los que por primera vez nombraron esta tierra la tuvieron entre su boca como suya. Y era un sabor de mazorca que dobla la caña con su peso. Y era la miel espesa y blanca de la guanábana. Y la pulpa lunar de la anona. Y la aceitosa semilla del zapote. Y el lento rezumar del jugo en el tronco herido de la palmera. Pero también hálito, niebla madrugadora que deja seña de su paso en el follaje. Y el caliente jadeo de la bestia pacífica y el furtivo aliento del animal dañino. Y la acompasada respiración de las llanuras por la noche. Pero también signo: el que traza el faisán con su vuelo alto, el que deja el reptil sobre la arena.

Los que por primera vez se establecieron en esta tierra llevaron cuenta de ella como de un tesoro. La extensión del milperío y las otras cosechas. La zona para la persecución del ciervo. La encrucijada donde el tigre salta sobre su presa. La cueva remota donde amenaza el hambre del leoncillo. Y el llano que ayuda la carrera cautelosa de la zorra. Y la playa donde deposita sus huevos el lagarto. Y la espesura donde juegan los monos. Y la espesura donde los muchos pájaros aletean huyendo del más leve rumor. Y la espesura de ojos feroces de pisada sigilosa, de garra rápida. Y la piedra bajo la que destila su veneno la alimaña. Y el sitio donde sestea la víbora.

No se olvidaron del árbol que llora lentas resinas. Ni del que echa mala sombra. Ni del que abre unas vainas de irritante olor. Ni del que en la canícula guarda toda la frescura, como en un puño cerrado, en una fruta de cáscara rugosa. Ni del que arde alegremente y chisporrotea en la hoguera. Ni del que se cubre de flores efímeras.

Y añadían el matorral salvaguardado por sus espinas. Y la hojarasca pudriéndose y exhalando un vaho malsano. Y el zumbido del insecto dorado de polen. Y el parpadeo nervioso de las luciérnagas.

Y en medio de todo, sembrada con honda raíz, la ceiba, la nodriza de los pueblos.

Los que vinieron después bautizaron las cosas de otro modo. Nuestra Señora de la Salud. Éste era el nombre de los días de fiesta que los indios no sabían pronunciar. Les era ajeno. Como la casa grande. Como la ermita. Como el trapiche.

Los ladinos midieron la tierra y la cercaron. Y pusieron mojones hasta donde les era posible decir: es mío. Y alzaron su casa sobre una colina favorecida de los vientos. Y dejaron la ermita allí, al alcance de sus ojos. Y para el trapiche calcularon una distancia generosa que fue cubriendo, un año añadido al otro año, la expansión del cañaveral.

El trapiche pesó sobre la tierra después de haber pesado sobre el lomo vencido de los indios. Su mole se asentó, resguardada de la intemperie, por un cobertizo de tejas ennegrecidas. Y para que los animales no pudieran aproximarse y el zacatón de los potreros conociera su límite y la hierba no rastreara en sus inmediaciones, los ladinos mandaron tender una alambrada de cuatro hilos.

Y el trapiche permanecía allí, mudo, quieto como un ídolo, mirando crecer a su alrededor la caña que trituraría entre sus mandíbulas. Pero en el día de su actividad se desperezaba con un chirrido monótono, mientras a su alrededor giraban dos mulas viejas, vendadas de los ojos, y en el cañaveral los indios ondeaban sus machetes, relampagueantes de velocidad entre las filudas hojas de la caña.

El calambre se les enroscaba a los indios en los brazos, en el torso asoleado y sudoroso. La vigilancia de César, que montado en su caballo recorría las veredas abiertas en el sembradío, los obligaba a disimular su cansancio, a hacer crecer el montón de caña cortada.

Bajo el cobertizo crecía también el jugo, rasando los grandes moldes de madera. Y el bagazo, arrojado por la máquina, se acumulaba desordenadamente.

El descanso llegaba a mediodía, a la hora de batir el posol. Entonces los indios envainaron sus machetes y fueron hasta la horqueta donde había quedado colgada la red del bastimento. Destaparon el tecomate de agua y lo vaciaron en las jícaras. Después buscaron el alero del cobertizo y allí, en cuclillas, batieron la bola de posol, con sus dedos fuertes y sucios. César los observaba desde lejos, bien resguardado del sol vertical de esa hora.

Fue un momento de quietud perfecta. El caballo, con la cabeza inclinada, abatía perezosamente los párpados. En los potreros se enroscaban las reses a rumiar la abundancia de su alimento. En la punta de un árbol plegó su amenaza el gavilán.

Y el silencio también. Un silencio como de muchas cigarras ebrias de su canto. Como de remotos pastizales mecidos por la brisa. Como de un balido, uno solo, de recental en busca de su madre.

Y entonces fue cuando brotó, entre el montón de bagazo, la primera llamarada. Y entonces se supo que toda aquella belleza inmóvil no era más que para que el fuego la devorara.

El fuego anunció su presencia con el alarido de una fiera salvaje. Los que estaban más próximos se sobresaltaron. Las mulas pararon sus orejas tratando de ubicar el peligro. El caballo de César relinchó. Y César, pasado el primer momento de confusión, empezó a gritar órdenes en tzeltal.

Los indios se movieron presurosamente, pero no para obedecer sino para huir. Atrás, esparcidas, en desorden, quedaron sus pertenencias. La red del bastimento volcada, las jícaras bocabajo, el tecomate vacío somatándose y resonando contra las piedras. Y ellos, despavoridos, hacia adelante, atropellándose unos a otros, enredando entre sus piernas las largas y curvas vainas de los machetes. Adelante. Porque una llama desperdigada venía insidiosamente reptando por el suelo, de prisa, de prisa, para morder los talones. Adelante, porque las chispas volaban buscando un lugar para caer y propagarse. Adelante. Hasta que el caballo de César, parado de manos, relinchando, los detuvo. Y César también con sus palabras. Y con el fuete que descargaba sobre las mejillas de los fugitivos, ensangrentándolas. Entonces los indios se vieron obligados a volver al trapiche que ardía. Y volcaron sobre la quemazón los moldes de madera y el jugo de la caña humeó también con un olor insoportable, sin apagarla. Y los indios gritaban, como si estuvieran dentro de la ermita y la oreja de Dios recibiera sus gritos, y agitaban sus rotos sombreros de palma como si el fuego fuera animal espantadizo. Y el humo se les enroscaba en la garganta para estrangularlos y les buscaba las lágrimas en los ojos. Resistieron mientras César estuvo atrás, tapándoles la salida. Pero cuando el caballo ya no obedeció las riendas y traspuso, galopando, los potreros, entonces, los indios, con las manos ceñidas al cuello como para ayudar la tarea de la asfixia, llorando, ciegos, huyeron también.

Nadie se acordó de desatar a las dos mulas que trotaban desesperadamente, y siempre en círculo, alrededor del trapiche. El aire sollamado les chicoteaba las ancas. Y aquel olor irrespirable de jugo de caña que se combustiona las hacía toser torpemente, ahogándolas.

Una dobló las patas delanteras antes que la otra. Cayó, con los belfos crispados, y los enormes dientes desnudos. Y la otra siguió corriendo, arrastrando aquel peso muerto al que estaba uncida, todavía una vuelta más.

La humareda se alzó ahora espesa del hedor de carne achicharrada.

La llanura cedió con un leve crujido, con la docilidad, con la rapidez del papel. Lo rastrero del fuego devoró primero la hierba. Luego se quebró el zacatón alto, porque su tallo carece de fuerza. Y por último los grandes árboles de los que salieron volando multitud de pájaros. Las ramas se descuajaron estrepitosamente llenando de chispas el aire de su caída.

El incendio resollaba en esta gran extensión como una roja bestia de exterminio.

El tropel de las reses se detenía ante las alambradas para embestirlas. Los postes, carcomidos ya por la catástrofe, oponían sólo una breve resistencia y después se desmoronaban esparciendo, hasta lejos, pequeños trozos de carbón. Pero algún ternero quiso escurrir su cuerpo entre una hilada de alambre y otra y se quedó allí, trabado entre las púas, arrancándose la piel en cada esfuerzo por libertarse, mugiendo, con los ojos desorbitados, hasta que un llamear súbito vino a poner fin a su agonía.

Las vacas de vientres cargados, los bueyes con la lentitud de su condición, se desplazaban dejando en el barro chicloso la huella de su pezuña hendida. Y el fuego venía detrás, borrando aquella huella.

Los otros, los que podían escapar con su ligereza, se despeñaron en los barrancos y allí se quedaron, con los huesos rotos, gimiendo, hasta que el fuego también bajó a la hondura y se posesionó de ella.

Los que pudieron llegar a los aguajes se lanzaron al río y nadaron corriente abajo. Muchas reses se salvaron. Otras, cogidas en los remolinos, golpeadas contra las piedras, vencidas por la fatiga, fueron vistas pasar, por otros hombres, en otras playas, hinchadas de agua, rígidas, picoteadas al vuelo por los zopilotes.

En la montaña resonaron los aullidos. El batz balanceándose de una rama a otra. El tigre que hizo temblar a la oveja en su aprisco. Los pájaros que enloquecen de terror. Y las hormigas que se desparramaron sobre la tierra, con una fiebre inútil, con una diligencia sin concierto, con una desesperada agitación.

Todo Chactajal habló en su momento. Habló con su potente y temible voz, recuperó su rango de primacía en la amenaza.

Las indias temblaban en el interior de los jacales. Arrodilladas imploraban perdón, clemencia. Porque alguien, uno de ellos, había invocado a las potencias del fuego y las potencias acudieron a la invocación, con sus caras embadurnadas de rojo, con su enorme cabellera desmelenada, con sus fauces hambrientas. Y con su corazón que no reconoce ley.

Los indios trabajaban mirando el ojo abierto de la pistola de César, en cavar un zanjón bien hondo alrededor de la casa grande.

Las mujeres se habían encerrado en la sala. Zoraida balbucía, abrazando convulsivamente a sus hijos.

—Glorifica mi alma al señor y mi espíritu se llenará de gozo...

Las demás ahogaban estas palabras en un confuso bisbiseo. Sólo se apartaba de las otras la voz de Matilde, pronunciando:

—Santa Catalina Pantelhó, abogada de los sopetecientos carneros largos...

No pudo evitar el tono de burla, de juego al pronunciar esta oración sin sentido. Y rió, interrumpiendo su carcajada un hipo doloroso. Y luego dijo, golpeándose la cabeza con los puños cerrados, como lo hacen los indios en sus borracheras:

—Santa Catalina Pantelhó... ¡No puedo acordarme de ningún otro nombre! Dios me va a castiga...

La puerta se abrió y la figura de Ernesto se detuvo en el umbral.

—Los caballos están a la disposición.

Zoraida se volvió a él, colérica.

—No nos vamos a ir.

—Ahora todavía es tiempo. Después quién sabe.

—¿Pues qué hacen esos indios malditos que no terminan de abrir el zanjón?

—El zanjón no es una medida segura. Puede volar una chispa sobre el techo...

Pero Zoraida no atendía ya a las razones de Ernesto. Con el rostro hundido en el pecho de Mario sollozaba.

—No quiero regresar a Comitán como una limosnera. No quiero ser pobre otra vez. Prefiero que muramos todos.

De afuera entró un clamor de alegría. Zoraida alzó el rostro, alerta. Matilde cesó la búsqueda de nombres sagrados que era incapaz de recordar. Ernesto corrió al patio y desde allí gritó:

—¡La lluvia! ¡Está empezando a llover!

Cuando la lluvia cesó pudo medirse la magnitud del desastre. Los potreros destruidos y, desperdigados en el campo, los esqueletos negruzcos de los animales. Los que sobrevivieron no querían separarse de la vecindad del río. Y durante semanas se lastimarían los belfos buscando, en la pelada superficie del llano, probando en cada bocado un sabor de ceniza.

Esa noche los indios se miraron con recelo, porque cada uno podía albergar un propósito de delación. Y comieron su comida con remordimiento. Y bebieron trago fuerte para espantar al espanto. Y en sus sueños volvió a moverse la violencia del incendio. Y sólo uno pudo pensar que se había obrado con justicia.

Los ladinos velaron toda la noche, de rencor y de miedo.

XVII

Una vela ardiendo en un rincón. Las otras ya se habían consumido. Mario dormía, en los brazos de Zoraida. De vez en cuando ella posaba los pies en el suelo y la mecedora de mimbre en que estaba sentada se mecía lentamente.

—No hagas ruido, César. Mario va a despertar.

Pero César no dio muestras de haberla escuchado. Se paseaba, de un extremo al otro de la sala, rayando los ladrillos con la suela claveteada de sus botas.

—¿Te doy un cordial? —ofreció tímidamente Matilde. La labor reposó unos momentos sobre su regazo. Parpadeaban sus ojos interrogantes como si aun aquella luz mortecina fuera demasiado hiriente.

No obtuvo respuesta. Volvió a inclinarse sobre su costura.

Ernesto se levantó y fue a entreabrir las hojas de la ventana. Le sofocaba esta atmósfera, quería respirar al aire de la noche. Pero el aire que entró estaba calcinado todavía.

La llama de la vela vaciló y estuvo a punto de apagarse.

—Parece un tigre en su jaula —pensó Zoraida mirando a César. Si me hubiera hecho caso cuando le aconsejaba yo que se diera a respetar, que tratara a los indios como se merecen para que vieran quién era aquí el gamonal, otro gallo nos cantaría. Pero ya para qué echar malhayas. Estamos bien amolados. Adiós, doña Pastora, que le vaya bien. Es de balde que vaya usted a proponer su mercancía a casa de los finqueros. Ya no podemos comprar nada. Ni quien vaya a querer fiarnos. Y aunque quisieran. Eso sí que no. No estoy dispuesta a volver a estar con el alma en un hilo esperando el ton-ton de los cobradores. Ya sé adónde van a ir a parar las gargantillas de coral, los rosarios de filigrana, las sortijas de oro labrado: con las mujeres de los fabricantes de aguardiente, con esas cualquieras que no las admitiría yo ni como cargadoras de mis hijos. Pero se alzaron porque ahora son las que tienen dinero. ¿Quién era ese tal Golo Córdova? Un pileño desgraciado que empezó a escupir en rueda desde que instaló su fábrica clandestina. Le cayeron los inspectores del Timbre, pero les untó bien la mano y ahora está podrido en pesos. Con él vendió César la cosecha de caña. Yo le aconsejé que no lo hiciera, que no recibiera la paga adelantada. Pero él me dijo que tenía que solventar otros compromisos y total no me hizo caso. A ver ahora, bonita deuda se echó encima. Y ni con qué responder. El ganado gordo fue el primero que se soasó trabado en los alambres. El Golo será capaz de querer quedarse con la finca. No por el negocio, porque cuál negocio es tener un hervidero de indios sobresalidos, sino para presumir que pisa donde pisaban los Argüellos. Pero ya conozco a César. Es más testarudo. Es de los que se mueren en su ley. ¿Y yo tendré obligación de seguir viviendo con él? Porque el caso es que yo no quiero ir a pasar penas a Comitán. No quiero que me miren menos donde fui principal. Y no porque le saque yo el bulto al trabajo. Trabajar sí sé. Antes tejía yo pichulej, costuraba yo sombreros de palma. Bien me podría yo ganar la vida en cualquier parte, donde no me conozcan. Sostener la casa. Yo sola con mis hijos. Pero no en Comitán.

—Tal vez la quemazón no fue intencional —dijo Ernesto.

—¿En qué estás pensando? ¿En que fue un accidente? —César se detuvo para contestar. La vehemencia quebraba sus palabras.

—¡Un accidente! El fuego empezó en el trapiche. Ardió primero el montón de bagazo. Los indios estaban cerca. Me acuerdo como si lo estuviera yo mirando. Estaban sentados batiendo su posol.

—Felipe no estaba con ellos. Se quedó aquí. Acarreando agua para la casa grande. Yo mismo lo vigilé.

—Felipe no tenía necesidad de hacerlo con sus propias manos. Bastaba con que lo hubiera mandado. Los demás le obedecen como nunca me obedecieron a mí.

César los creía muy capaces de haber hecho lo que hicieron. Y exactamente de la manera como lo hicieron. A traición. Eran muy cobardes para dar la cara. Por eso venían a la casa grande con el "bocado"; se encuclillaban en el corredor para oírlo hablar. Y luego le enterraban un cuchillo en la espalda o lo esperaban en la revuelta de un camino para cazarlo como a un venado. Porque eran cobardes. Y eso Cé-sar lo sabía, lo sabía desde que nació. Pero nunca hasta ahora se había topado así, con todo el odio y toda la cobardía de los indios. De bulto, enfrente de él, como un obstáculo que le impedía avanzar. Le hervía la sangre de impaciencia y de cólera. Hubiera querido abalanzarse y estrangular el cuello de su enemigo. Pero el enemigo se le escabullía, jugaba con su rabia desapareciendo, tomando otra figura, irritándolo más con su inconsistencia de humo. Entonces César tenía que engañar su furia ejecutando acciones sin sentido. No le había bastado correr todo el día, dando órdenes, luchando por apagar el incendio. Quedó ronco de tanto gritar, los músculos le dolían por el esfuerzo. Pero el cansancio no era suficiente para mantenerlo tranquilo. Intentó dormir, cerró los ojos. Y un minuto después volvió a abrirlos, barajustado, y miró a su alrededor, tenso, a la expectativa, dispuesto a defenderse. No podía siquiera sentarse y estar quieto. Le cosquilleaban las plantas de los pies, la palma sudorosa de las manos. Tenía que moverse. Caminaba, de izquierda a derecha, de un extremo al otro de la habitación, contando los ladrillos, evitando pisar encima de las junturas, proyectando una grotesca y descoyuntada sombra. Y cada vez que miraba a su mujer sorprendía en sus ojos un ruego mudo: por favor, silencio, consideración para el sueño de Mario. ¡Consideración! Si César no la tuviera desde qué horas habría sacudido por los hombros a aquel niño enclenque, lo habría despabilado bien para que se enterara de lo que había sucedido. Ésta es tu herencia, le diría. Aprende a defenderla porque yo no te voy a vivir siempre.

César quería hacer de su hijo un hombre y no un nagüilón como Ernesto. A la edad de Mario él, César, ya sabía montar a caballo y salía a campear con los vaqueros y lazaba sus becerritos. Hubiera querido que su hijo lo imitara. Pero Zoraida ponía el grito en el cielo cada vez que hablaban del asunto. Trataba a su hijo con una delicadeza como si estuviera hecho de alfeñique. Claro. Como ella no había sido ranchera no quería que Mario le saliera ranchero. Hasta estaría haciéndose ilusiones de que iban a mandarlo a estudiar a México. Sí, cómo no. Para que le resultara una alhaja como el famoso hijo de Jaime Rovelo que nos sale ahora con la novedad de que los patrones somos una rémora para el progreso y que deberían arrebatarnos nuestras fincas. Sólo falta que nos dejemos. Creen que unos cuantos gritos bastan para asustarnos. Y no saben que estamos cansados de velar muertos. De situaciones más apuradas hemos salido con bien. Yo sé que otros en mi lugar no se tentarían el alma y el tal por cual de Felipe estaría a estas horas hamaqueándose en la ceiba de la majada, con la lengua de fuera. Pero no me quiero manchar las manos con sangre. Ni hacerles un mártir a los alzados. Más vale andar con cautela y apegarse a la ley. Como hasta ahora. ¿Acaso les estaba yo pidiendo baldío a estos infelices indios cuando los llevé al cañaveral? Pensaba yo pagarles lo justo. No el salario mínimo. Estaba loco el que lo discurrió. Lo justo. Pero en vez de obedecer por la buena se me sentaron como mulas caprichudas. Y es que creen que estoy solo, que no tengo quién me apoye. Y ellos sí, su Gonzalo Utrilla. Yo también tengo mis valedores. Para no ir más lejos ahí está el Presidente Municipal de Ocosingo que es mi compadre. En cuanto yo le eche un grito ya me está mandando la gente que yo quiera para que me ayude. Qué chasco se van a llevar estos desgraciados indios cuando se vean amarrados codo con codo, jalando para el rumbo de la cárcel. Porque lo que es yo no me voy a quedar chiflando en la loma del sosiego después de que se quemó el cañaveral. Se tiene que hacer una averiguación y el responsable será castigado. No se pierden así nomás miles de pesos. Ni les voy a salir a mis acreedores con el domingo siete de que no puedo hacer frente a mis compromisos porque hubo un "accidente" en mi rancho. Tengo que cumplir. O aguantar que me refrieguen, en el mero patio de mi casa, que soy un informal. Y eso no lo ha aguantado ningún Argüello, ni siquiera Ernesto. Por lo pronto, la única solución es ir a Ocosingo. Pero, caray, no me arriesgo a dejar tirada la finca estando como están los ánimos de estos salvajes. Porque si en mi presencia se atrevieron a hacer lo que han hecho, cuando vean que no hay respeto de hombre, quién sabe de lo que serán capaces. Me da miedo también por la familia. Se han dado casos de abusos con las mujeres. Y ni modo de organizar una partida con todas mis gentes. Éste es asunto de hombres. Hay que ir y venir luego. Con toda la impedimenta, no llego a Ocosingo ni en tres días.

—¿Serías capaz de ir a Ocosingo y entregar una carta al Presidente Municipal, Ernesto?

La pregunta lo cogió desprevenido. Pero antes de saber con exactitud a lo que estaba comprometiéndose Ernesto hizo un signo de afirmación. No se arrepintió. Si antes su tío no le había tolerado ni la más leve reticencia, ahora se la toleraría menos, pensando, como pensaba, que el causante de todo este conflicto con los indios era él, Ernesto. Si no se hubiera emborrachado hasta el punto de golpear a sus alumnos los indios no hubieran protestado negándose a trabajar en la molienda. Cierto que Ernesto no había vuelto ni a oler la botella de trago desde aquella fecha, pero ya para qué, si el mal estaba hecho. Así que ahora andaba con la cola entre las piernas y no tenía más que obedecer lo que le mandaran. Por lo menos no le estaban pidiendo cosas del otro mundo. Porque un viaje a Ocosingo no era nada difícil. Y de pronto Ernesto se imaginó galopando por una llanura inmensa, ligero, sin que su cuerpo le pesara, sin esa dolorosa y constante contracción en el estómago, sin sentir el obsesionante hedor a estiércol y creolina, con esa libertad que sólo se disfruta en los sueños.

Pero al ver frente a sí a César sentado, escribiendo —la pluma rasgaba desagradablemente el papel— se sintió de nuevo sumergido en la angustiosa realidad de su situación, y un sudor frío le empapó la camisa.

Después de rotular el sobre, César se puso de pie para entregárselo a Ernesto.

—Va dirigido al Presidente Municipal. Es para enterarlo de la coyuntura en que me encuentro. Si te pide detalles de lo que sucedió hoy, se los darás. Por lo menos de las causas estás bien enterado.

Ernesto sintió que las orejas le ardían. Volvió vivamente el rostro para ocultar su humillación y su mirada tropezó con la frente inclinada de Matilde. Creyó sorprender en ella un gesto fugaz de burla. ¿Cómo tenía entrañas para burlarse? Se estaba allí, la muy hipócrita, engañando a todos con su aspecto inofensivo. ¿Qué sucedería si él se pusiera de pronto a gritar que no se había emborrachado por vicio, sino porque Matilde era una puta que asesinó al hijo que hicieron entre los dos? Por un instante Ernesto creyó que no resistiría el impulso de confesarlo todo. Pero las palabras se le desmoronaron en la boca. Ya no era tan torpe como antes para confiar en ellos. Ya los conocía. Suponiendo que César y Zoraida no supieran qué clase de araña era la tal Matilde, bastaba con que llevara su apellido para que la protegieran y la solaparan. Y ¿él qué? Él no era más que un bastardo. Podía muy bien irse al demonio.

—Quiero que cuentes lo que sucedió, con todos los detalles. Y dile que no me voy a conformar mientras no se me haga justicia. El culpable lo va a pagar muy caro. Si ellos no lo castigan, lo castigaré yo.

Ahora que el viaje estaba decidido Matilde alzó la cabeza. Se restregó los párpados fatigados de esforzarse en la costura y miró a su alrededor. Zoraida dormitaba con la mejilla apoyada en el respaldo de la mecedora de mimbre. Tan tranquila como si nada hubiera pasado. Matilde la envidiaba. Porque ella, desde la estancia de doña Amantina en Chactajal, no había vuelto a probar el sueño. Apenas cerraba los ojos se le representaba la cara de aquella vieja gorda, con su torpe expresión de malicia y de complicidad la oía llamarla de vos y despertaba temblando de vergüenza. Ésas eran sus noches. Y sus días no eran más alegres. Delante de Ernesto sabía que no tenía derecho a levantar la frente. Lo esquivaba lo más que le era posible. Pero a veces —la casa no era lo suficientemente grande, el mundo entero no lo sería— se encontraban y ella tenía que hablarle con naturalidad, fingir indiferencia para que los demás no sospecharan. ¿Cómo iban a sospechar? Teníian tal confianza en ella. Y ella los engañaba, desde hacía meses, a toda hora. Y les pagaba con una burla la hospitalidad y metía la deshonra en esta casa que se había abierto para su desamparo. Trabajaba de sol a sol para ellos. Pero así hubiera podido servirles de rodillas y eso no compensaría la confianza que les había defraudado. Entonces, como para obligarlos a sospechar, como para ponerlos sobre aviso, Matilde arriesgaba frases que estaban mal en los labios de una señorita, aludía a hechos de la vida que una soltera debía forzosamente ignorar. Zoraida la miraba con una suspicacia que la hacía enrojecer. Se le venía, como un golpe de sangre a la cara, el gran terror de ser descubierta. ¿Adónde iría, adónde? Y este vacío, abierto frente a Matilde, la mantenía al borde de la crisis nerviosa. Una sombra en la pared, el vuelo insistente de un insecto, el repentino relinchar de un caballo, la hacían gritar, sollozar, quejarse sin consuelo. Cásate, le aconsejaba César palmeando su espalda entre cariñoso y burlón. Cásate para que dejes de ver visiones. Y Matilde pedía disculpas por haberlos turbado y forzaba una sonrisa y aparentaba calmarse. Pero de pronto, otra vez el grito:

—¡Ay!

Zoraida despertó sobresaltada.

—¿Qué cosa?

Matilde había corrido hasta el centro de la sala y, temblando, castañeteando los dientes, balbucía:

—Allí, en la ventana, estaba un hombre.

Zoraida y César se miraron con inquietud. Y esta vez no se atrevieron a decir que Matilde había tenido una alucinación.

XVIII

Ernesto dobló el sobre para que la carta cupiera en la bolsa de su camisa. A cada respiración suya, a cada paso del caballo, Ernesto sentía moverse la carta con un crujido casi imperceptible. Allí, en ese trozo de papel,

César había descargado toda su furia acusando a los indios, urgiendo al Presidente Municipal de Ocosingo para que acudiera en su ayuda, recordándole, con una calculada brutalidad, los favores que le debía, y señalando esta hora como la más propicia para pagárselos.

Cuando Ernesto leyó por primera vez esta carta (le habían entregado el sobre abierto, pero él mismo lamió la goma delante de toda la familia y lo cerró. Sólo que después, en su dormitorio, no la curiosidad por conocer el contenido, sino por saber cuál era el verdadero estado de ánimo de César, lo hicieron rasgar el sobre y sustituirlo por otro que él rotuló con su propia mano), quedó admirado ante la energía de aquel hombre no doblegada por las circunstancias, ante su innato don de mando y su manera de dirigirse a los demás, como si naturalmente fueran sus subordinados o sus inferiores. Y se entregó de nuevo, plenamente, a la fascinación que este modo de ser ejercía sobre su persona. Sentía que obedecer a César era la única forma de semejársele, y durante las horas que se mantuvo despierto, agitado, en la cama, hasta que un llamado con los nudillos contra la puerta de su cuarto le hizo saber que era el momento de marcharse, no se propuso más que reforzar aquella vehemencia escrita con su testimonio hablado. Y se palpaba ardiendo de indignación y pensaba llegar a la presencia del Presidente Municipal de Ocosingo, ardiendo todavía como una antorcha de la que podía servirse para iluminar el oscuro antro de la injusticia.

Pero ahora que la cintura empezaba a dolerle de tanto acomodarse al vaivén de las ancas del caballo, Ernesto notó que su entusiasmo decaía. Y cuando su respiración se hizo fatigosa y difícil —porque el caballo se empeñaba en subir el cerro del Chajlib— su entusiasmo acabó por fundirse en una sorda irritación. ¿Desde qué horas estaba caminando? No tenía reloj, pero podía calcular el tiempo transcurrido desde que salió de Chactajal —antes de que amaneciera—, hasta este momento en que el sol, todavía frío, todavía inseguro, le clavaba rápidos alfileres en la espalda.

"¿Y todo esto para qué?", se dijo. El Presidente Municipal no va a hacer caso ni va a mandar a nadie para que investigue el incendio del cañaveral. Ni que estuviera tan demás en este mundo. Y la mera verdad es que él mismo, César, es quien busca que no atiendan sus demandas. No tiene modos para pedir. ¿Y si yo no entregara la carta? Ernesto se imaginó desmontando frente a los portales de la presidencia y amarrando su caballo a uno de los pilares gordos y encalados. El Presidente estaría dentro, a la sombra del corredor de la casa, espantando el bochorno de la siesta con un soplador de palma. Porque Ernesto había oído decir que en Ocosingo el clima era caliente y malsano. Ernesto se aproximaría al Presidente con la mano extendida, sonriente, lleno de aplomo, como había visto en Comitán que los agentes viajeros se aproximaban a los dueños de las tiendas.

El Presidente iba a sonreír, instantáneamente ganado por la simpatía y la desenvoltura de Ernesto. Y él mismo iba a reconocer, con sólo mirarlo, que se trataba de un Argüello. Las facciones, las perfecciones como acostumbraban decir las gentes de por aquellos rumbos, lo proclamaban así. Y luego esa autoridad que tan naturalmente fluía de su persona. Sin la aspereza, sin la grosería de los otros Argüellos. Con una amabilidad que instaba a los demás a preguntar qué se le ofrecía para servirlo en lo que se pudiera. Ernesto sonrió satisfecho de este retrato suyo.

—¿Una cervecita, señor Argüello?

Sí, una cerveza bien fría, porque tenía sed y hacía mucho calor. Ernesto alzó la botella diciendo salud y su gesto se reflejó en los opacos espejos de la cantina.

Acodados en la misma mesa, próximos, íntimos casi, el Presidente Municipal y Ernesto iban a iniciar la conversación. Ernesto sabía que el Presidente iba a insistir de nuevo:

—Conque ¿qué se le ofrecía?

Y Ernesto, dejando que el humo de su cigarrillo se disolviera en el aire (no, no le gustaba fumar, pero le habían dicho que el humo es bueno para ahuyentar a los mosquitos y como Ocosingo es tierra caliente, los mosquitos abundan), le contaría lo sucedido. Él, Ernesto, estaba en Chactajal ejecutando unos trabajos de ingeniería. Por deferencia a la familia únicamente, porque clientela era lo que le sobraba en Comitán. Bueno, pues César lo había llamado para que hiciera el deslinde de la pequeña propiedad, porque había resuelto cumplir la ley entregando sus ejidos a los indios. Pero uno de ellos, un tal Felipe, que la hacía de líder, había estado azuzándolos contra el patrón. Tomando como pretexto a Ernesto precisamente. Decía que siendo sobrino legítimo de César, Ernesto no iba a hacer honradamente el reparto de las tierras. Cuando lo primero, aquí y en todas partes, no eran los intereses de la familia, sino el respeto a la profesión. Pero ¿cómo se metía esta idea en la cabeza dura de un indio? Total, que se habían ido acumulando los malentendidos hasta el punto que el mentado Felipe le prendió fuego al cañaveral y después, para evitar que fueran a quejarse a Ocosingo, tenía sitiada la casa grande de Chactajal con la ayuda de aquellos a quienes había embaucado. Pero él, Ernesto, logró escapar gracias a su astucia y a la protección que le prestó la molendera, una india que le tenía ley.

Y aquí Ernesto respondería a la libidinosa mirada con que el Presidente Municipal iba a acoger aquella confidencia, con un severo fruncimiento de cejas. Y declararía después que aquella pobre mujer había ido a ofrecérsele. Pero que él no había querido abusar de su situación. Además, las indias —aquí sí cabía un guiño picaresco— no eran platillo de su predilección. ¡Pobres mujeres! Las tratan como animales. Por eso cuando alguien tiene para ellas un miramiento, por insignificante que sea (porque él no había hecho más que portarse como un caballero ante una mujer, que es siempre respetable sea cual sea su condición social), corresponden con una eterna gratitud. Gracias, pues, a la molendera estaba Ernesto aquí, pidiéndole al señor Presidente que lo acompañara a Chactajal y de ser posible que destacara delante de ellos a un piquete de soldados. No, no para imponer la violencia sobre los culpables. Los indios no eran malos. Lo más que podía decirse de ellos es que eran ignorantes. Le extrañaría tal vez al señor Presidente escuchar esta opinión en los labios de alguien que pertenecía a la clase de los patrones. Pero es que Ernesto era un hombre de ideas avanzadas. No un ranchero como los otros. Había estudiado su carrera de ingeniería en Europa. Y no podía menos que aplaudir, a su retorno a México, la política progresista de Cárdenas. En este aspecto el señor Presidente Municipal podía estar tranquilo. Acudir al llamamiento de los dueños de Chactajal no podía interpretarse como una deslealtad a esa política. Se le llamaba únicamente como mediador.

Vencido el último de sus escrúpulos el Presidente Municipal no vacilaría en acompañar a Ernesto. ¡Con qué gusto los verían llegar a Chactajal! Él, Ernesto, les había salvado la vida. Y Matilde lo miraría otra vez con los mismos ojos ávidos con que lo vio llegar a Palo María, antes de que las palabras de César le hicieran saber que era un bastardo. Pero ahora, con ese acto de generosidad, iba a convencerlos a todos de que su condición de bastardo no le impedía ser moralmente igual a ellos o mejor. César se maravillaría de la penetración que le hizo comprender que el tono de aquella carta tenía que ser contraproducente. Y de allí en adelante no querría dar un paso, sino guiado por los consejos de su sobrino. Además, querría recompensarle con dinero. Pero Ernesto lo rechazaría. No con desdén, sino con tranquila dignidad. César, conmovido por este desinterés, haría llamar al mejor especialista de México para que viniera a examinar a su madre. Porque cuando se quedó ciega, el doctor Mazariegos aseguró que su ceguera no era definitiva. Que las cataratas, en cuanto llegan al punto de su maduración, pueden ser operadas. Y una vez con su madre sana ¿qué le impedía a Ernesto irse de Comitán, a buscar fortuna, a otra parte, donde ser bastardo no fuera un estigma?

Había llegado al borde de un arroyo. El caballo se detuvo y empezó a sacudir la cabeza con impaciencia, como para que le aflojaran la rienda y pudiera beber. Ernesto no tenía idea del tiempo que le faltaba para llegar a Ocosingo y como la larga caminata le había abierto el apetito, dispuso tomar una jícara de posol. Desmontó, pues, y condujo su caballo a un abrevadero para que se saciara. Del morral sacó la jícara y la bola de posol y fue a sentarse, a la sombra de un árbol. Mientras el posol se remojaba sacó la carta de la bolsa de su camisa, la desdobló y estuvo leyéndola de nuevo. Habría bastado un movimiento brusco de su mano para arrugarla, para hacerla ilegible, para romperla. Pero el papel permanecía allí, intacto, sostenido cuidadosamente entre sus dedos que temblaban mientras una gran angustia apretaba el corazón de Ernesto y le hacía palidecer. De pronto, todos sus sueños le parecieron absurdos, sin sentido. ¿Quién diablos era él para intervenir en los asuntos de César? Indudablemente estaba volviéndose loco. Ha de ser la desvelada, pensó. Y volvió a doblar aquel pliego de papel y a meterlo en el sobre y a guardarlo en la bolsa de su camisa. Hasta puso su pañuelo encima para que el papel no fuera a mancharse con la salpicadura de alguna gota cuando batiera su posol. Pero apenas Ernesto iba a hundir los dedos entre la masa, cuando se escuchó una detonación. El proyectil había partido de poca distancia y vino a clavarse entre las cejas de Ernesto. Éste cayó instantáneamente hacia atrás, con una gota de sangre que marcaba el agujero de la herida.

El caballo relinchó espantado y hubiera huido si un hombre, un indio bajado de entre la ramazón del árbol, no hubiera corrido a detenerlo por las bridas. Estuvo palmeándole el cuello, hablándole en secreto para tranquilizarlo. Y después de dejarlo atado al tronco del árbol fue hasta el cadáver de Ernesto y, sin titubear, como aquel que lo vio guardarse la carta, se la extrajo de la bolsa de la camisa y la rompió, arrojando los fragmentos a la corriente. Luego cogió aquellos brazos que la muerte había aflojado y, jalándolo, arrastró el cadáver —que dejaba una huella como la que dejan los lagartos en la arena— hasta el sitio en que pacía el caballo. Lo colocó horizontalmente sobre la montura y lo ató con una soga para impedir que perdiera el equilibrio y cayera cuando el caballo echara a andar. Por fin, desató a la bestia, la puso nuevamente en la dirección de Chactajal y, pegando un grito y agitando en el aire su sombrero de palma, descargó sobre sus ancas un fuetazo. El animal partió al galope.

Cuando el caballo atravesó, sudoroso, con las crines pegadas al cuello, entre las primeras chozas de los indios de Chactajal, se desató el enfurecido ladrar de los perros. Y detrás los niños, corriendo, gritando. Los mayores se miraron entre sí con una mirada culpable y volvieron a cerrar la puerta del jacal tras ellos.

El caballo traspuso el portón de la majada, que ahora ya no vigilaba ningún kerem, y se mantenía abierta de par en par. Su galope dejó atrás la casa grande y la cocina y las trojes, porque no iba a descansar más que en su querencia. Hasta la caballeriza tuvo que ir César a recoger el cadáver de Ernesto y, ayudado por Zoraida —ningún indio quiso prestarse—, transportó el cuerpo de su sobrino hasta la ermita para velarlo. Allí corrió Matilde, destocada, y se lanzó llorando contra aquel pecho que había entrado intacto en la muerte. Y besaba las mejillas frías y el cabello, todavía suave y dócil, de Ernesto.

Zoraida se inclinó hacia Matilde murmurando a su oído:

—Levántate. Vas a dar qué hablar con esas exageraciones.

Pero Matilde, arrodillada todavía junto al cadáver de Ernesto, gritó con voz ronca:

—¡Yo lo maté!

—Estás loca, Matilde. ¡Cállate!

—¡Yo lo maté! ¡Yo fui su querida! ¡Yo no dejé que naciera su hijo!

Zoraida se aproximó a César para urgirle:

—¿Por qué dejar que mienta? No es verdad lo que dice, está desvariando.

Pero ya se había adueñado de la voluntad de Matilde un frenesí que se volvía en contra suya para destruirla, para desenmascararla. Y volviendo a Zoraida su rostro mojado de llanto, dijo:

—Pregúntale a doña Amantina cómo me curó. Yo he deshonrado esta casa y el apellido de Argüello.

Estaban solos los tres, alrededor del cuerpo de Ernesto. César miraba a su prima con una mirada fija y glacial, pero como si su atención estuviera puesta en otra cosa. El silencio latía de la inminencia de una amenaza. Matilde jadeaba. Hasta que, con una voz extrañamente infantil, se atrevió a romperlo preguntando:

—¿No me vas matar?

César parpadeó, volviendo en sí. Hizo un signo negativo con la cabeza. Y luego, volviendo la espalda a Matilde, añadió:

—Vete.

Matilde besó por última vez la mejilla de Ernesto y se puso en pie. Echó a andar. Bajo el sol en la llanura requemada. Y más allá. Bajo la húmeda sombra de los árboles de la montaña. Y más allá. Nadie siguió su rastro. Nadie supo dónde se perdió.

Esa misma noche los Argüellos regresaron a Comitán.

TERCERA PARTE

> Y muy pronto comenzaron para ellos los presagios. Un animal llamado Guarda Barranca se quejó en la puerta de Lugar de la Abundancia, cuando salimos de Lugar de la Abundancia. ¡Moriréis! ¡Os perderéis! Yo soy vuestro augur.
>
> ANALES DE LOS XAHIL

I

LLEGAMOS a Palo María en pocas horas. Pues hoy, los caminos están secos y todos viajamos a caballo. Mi padre ha espoleado el suyo hasta que le sangran los ijares. En la majada de la finca hozan los cerdos. Sobre el ocotero se acumula la ceniza de innumerables noches. ¡Desde qué distancia viene la aguda voz de los gallos, el rumor con que el trabajo se cumple en los jacales, en el campo! Todas las puertas, todas las ventanas de la casa grande están cerradas. Desmontamos frente al corredor y nos estamos allí, llamando, sin que nadie advierta nuestra presencia. Hasta que al cabo de un rato aparece un indio y se acerca a preguntarnos qué se nos ofrece.

—Quiero hablar con mi prima Francisca —dice mi padre.

El indio no nos invita a sentarnos. Nos deja de pie y entra en la casa. Un rato después aparece mi tía, vestida de negro, con los ojos bajos. Se para frente a nosotros. Permanecemos un minuto en silencio. Mi padre no sabe cómo decirle lo que ha pasado. Empieza, balbuciendo:

—Tu hermana Matilde...

Tía Francisca no le permite continuar.

—Ya lo sé. El dzulúm se la llevó.

Mi padre la mira con desaprobación. Replica:

—¡Cómo puedes dar creencia a esas patrañas!

—No es la primera vez que el dzulúm se apodera de uno de nuestra familia. Acuérdate de Angélica. Nos llama el monte. Algunos saben oír.

Mi madre ha estado esforzándose por callar. Pero la indignación puede más que ella y exclama:

—Delante de los niños no es prudente decir la verdad. Pero Matilde la gritó sobre el cadáver de Ernesto. Y es peor de lo que tú eres capaz de pensar.

—Yo no pienso nada, Zoraida. Soy una pobre mujer.

Si nos despidiéramos ahora, tía Francisca no nos detendría. Sólo que mi padre no está conforme con dejar las cosas así.

—Cuando llegó Matilde a Chactajal y nos contó lo que estaba sucediendo aquí, no lo creímos. Parecía imposible que tú, tan entera, tan cabal siempre, te prestaras a una farsa tan ridícula como la que estás representando.

Tía Francisca responde, violenta y batalladora, como en otro tiempo:

—Pero yo soy la que se queda y ustedes los que se van, los que huyen. No era Chactajal nada para defenderlo. Eso tú lo sabrás, César, cuando tan fácilmente lo abandonas. Somos de distintos linajes. Yo no cedo nunca lo mío. Ni muerta soltaré lo que me pertenece. Y así pueden venir todos y quebrarme las manos. Que no las abriré para soltar el puñado de tierra que me llevaré conmigo.

—Tú lo has dicho. Ya no nos conocemos. A un extraño no se le ofrece hospitalidad.

Tía Francisca se ruborizó. Dio un paso para aproximarse a Mario y a mí. Pero se detuvo antes de acariciarnos.

—No quiero que me juzgues peor de lo que soy, César. Nos criamos como hermanos y yo te debo muchos favores. Pero los indios desconfiarían si vieran que les abro las puertas de mi casa. Nadie las ha cruzado desde hace meses.

Mi padre sonríe, con sorna.

—¿Y dónde preparas tus filtros mágicos? ¿Y dónde aconsejas a los que vienen a consultarte? ¿Y dónde echas los maleficios a tus enemigos? Aquí, al aire libre, me parece impropio. A la brujería le es necesario el misterio.

Tía Francisca temblaba de rabia.

—Te estás burlando de mí. Y no sabes que puedo hacer más de lo que crees. Ernesto…

—Ernesto fue asesinado. A balazos. Y las balas eran comunes y corrientes. De plomo, no de maldiciones ni de malos deseos.

—¿Ya descubrieron a los asesinos?

—Nadie los ha buscado.

—Y más vale que no lo hagan. Es inútil. Yo sé quién mató a Ernesto. Y sé también que mientras yo tenga en depósito la pistola con que se cometió el crimen, nadie podrá nada contra su dueño.

Mi padre la mira con un reproche para el que no encuentra palabras. Girando sobre sus talones ordena:

—Vámonos.

Montamos otra vez. Ante nosotros se despliega

suavemente una loma. Antes de dar vuelta al último recodo yo me vuelvo a contemplar la casa que dejamos atrás. Tía Francisca está todavía en el mismo sitio. Alta, vestida de negro, silenciosa, vigilada por cien pares de ojos oblicuos.

II

Con qué ansia estoy deseando llegar a Comitán para entregarle a mi nana el regalo que le traigo. Pero antes de deshacer las maletas mi padre ha dispuesto que sea mi nana precisamente quien vaya a buscar a don Jaime Rovelo, porque le urge hablar con él.

Don Jaime llega y después de saludarnos, pregunta:

—¿Qué tal les fue de temporada en Chactajal?

—Un desastre —responde mi padre con amargura—. Los indios quemaron el cañaveral y mataron a Ernesto. Poco faltó para que también nos mataran a nosotros.

—Eso es lo que Cárdenas buscaba con sus leyes. Allí está ya el desorden, los crímenes. No tardará en llegar la miseria. Es muy cómodo tener ideales cuando se encierra uno a rumiarlos, como mi hijo, en un bufete. Pero que vengan y palpen por sí mismos los problemas. No tardarían en convencerse de que los indios no merecen mejor trato que las bestias de carga.

—Zoraida —dice mi padre—, haz que nos preparen un refresco. Tengo sed.

Ella obedece y sale. Don Jaime saca una bolsita de tabaco y lía un cigarrillo. Pregunta:

—Y ahora, ¿qué piensas hacer?

—Luchar.

—¿Cómo?

—¡Como hay que hacerlo! Apegándose a la ley para que nos proteja.

—¿Otra idea brillante como la de escoger el maestro rural?

—Ni la burla perdonas, Jaime. No se trata de eso ahora. Sino de pedir al gobierno que mande un ingeniero para que haga el deslinde de la tierra y reparta a cada quien lo que le corresponde. Para defenderme necesito, primero, saber qué es lo que la ley reconoce como mío.

—¡Quién iba a decir que llegaríamos hasta este punto! ¡Admitir el arbitraje! Si los dueños somos nosotros.

—¿Y sabes por qué no hemos podido conservar nuestras propiedades? Porque no estamos unidos. Cada uno trabaja únicamente para su provecho. Nadie se preocupa por los demás.

Mi madre entra con unos vasos de limonada. Le ofrece a don Jaime. Mi padre bebe con avidez. Luego se limpia los labios con un pañuelo y dice:

—La pequeña propiedad es inafectable. Tenemos que exigir que se nos cumpla ese derecho.

—¿Exigir? ¿Ante quién?

—Ante las autoridades competentes. Si aquí hemos fracasado debemos ir a Tuxtla y hablar con el Gobernador. Es mi amigo y nos ayudará. Una vez que se hayan marcado los mojones y todos tengamos las escrituras y los planos de nuestras parcelas, entonces podemos empezar a trabajar de nuevo.

—Tu optimismo no tiene remedio, César. Empezar a trabajar de nuevo. ¿Con qué hombres? Los indios se conformarán con sembrar su milpa y comer su maíz. Y sentarse luego en el suelo a espulgarse el resto del tiempo.

—No va a ser como antes, naturalmente. Ahora ya los indios están mal enseñados a no dar baldío. Si es necesario les pagaremos.

—¿El salario mínimo?

Mi padre se decide de pronto.

—El salario mínimo.

—¡Como si el dinero significara algo para ellos! Y más ahora, estando los ánimos tan enconados como están. Desengáñate, César. No cuentes con los indios para el trabajo.

—Aun admitiendo que tengas razón. Quedan los ladinos. Podríamos engancharlos aquí. Claro que los sueldos serían más altos. Y hay que agregar lo que nos costaría transportarlos de aquí a la finca.

—Y una vez en la finca, levantar casa para que vivan los ladinos. Hacer comida para que coman los ladinos. Regalar ropa para que se vistan los ladinos. ¿Cuánto tiempo serías capaz de sostener ese tren de gastos?

Mi padre bajó la cabeza y se quedó mirando, meditativamente, la punta empolvada de sus botas. La discusión parecía concluida. Entonces, agregó en voz baja y lenta:

—Todo lo que me dices ahora me lo he venido repitiendo, de día y de noche, durante el camino. Tienes razón. Lo más prudente sería dejar las fincas tiradas y buscar otro modo de ganarse la vida. Pero yo ya no estoy en edad de empezar, de aprender. Yo no soy más que ranchero. Chactajal es mío. Y no estoy dispuesto a permitir que me lo arrebate nadie. Ni un Presidente de la República. Me voy a quedar allí, en las condiciones que sea. No quiero vivir en ninguna otra parte. No quiero morir lejos.

Por la seriedad con que había pronunciado estas palabras supimos que eran irrevocables. Don Jaime depositó el vaso de refresco sobre la mesa.

—Y el único camino es Tuxtla.

—El único. Me voy mañana.

—Es una locura. Nadie nos apoyará ni nos hará caso. El patrón es una institución que ya no está de moda, como dice mi hijo.

—Tenemos que luchar. Tenemos que luchar juntos. Tú irás conmigo. ¿No es verdad, Jaime?

—Sí.

Se dieron la mano sin hablar. Salieron, uno detrás del otro, hasta la calle.

En cuanto nos dejaron solas, mi madre, ayudada por la nana, comenzó a preparar el equipaje.

—Estas camisas vinieron sucias del rancho. No hubo tiempo de arreglar nada. Como salimos huyendo...

Apartan las camisas. Escogen lo que mi padre va a precisar en su viaje y lo que no.

—¿Estará mucho tiempo lejos el patrón?

—Quién sabe. Las cuestiones de trámite son a veces muy dilatadas.

—¿Guardo estos calcetines de lana?

—No, mujer. Tuxtla es tierra caliente.

Los cajones abiertos, las maletas a medio deshacer, las camas revueltas. Sobre los muebles, en desorden, las cosas. Yo aprovecho el descuido de las dos mujeres para buscar el regalo que traje. Cuando lo encuentro salgo al corredor y allí me estoy, esperando. Al rato la nana pasa frente a mí. La llamo en un susurro.

—Ven. Tengo que darte algo.

Abre su mano y sobre la palma dejo caer un chorro de piedrecitas que recogí a la orilla del río. Los ojos de mi nana se alegran hasta que me oye decir que las piedrecitas son de Chactajal.

III

Nos visten de negro —a Mario y a mí—, para que acompañemos a mi madre que va a visitar a la madre de Ernesto.

Es una mujer de edad. Está ciega, sentada en un escalón del corredor, con un tol de tabaco sobre su falda. Lo desmenuza, asistida por una vecina.

—Buenas tardes —decimos al entrar.

La ciega alarga ambas manos como si tratara, por el tacto, de dar una figura a esa voz que no conoce.

—Es doña Zoraida Argüello y sus dos hijos —anuncia la vecina.

—Y no hay sillas para que se sienten. Me hicieras el favor de sacar el butaquito de mi cuarto.

Mientras la vecina va a cumplir la orden, la ciega se pone de pie y se apoya en un bastón. En su prisa no advierte que el tol resbala de su falda, se vuelca y el tabaco queda desparramado en el suelo.

—Trajimos desgracia —dice mi madre.

Pero la ciega no la escucha, atenta a otra cosa.

—Vecina, ¿hallaste el butaquito?

—Ya voy, doña Nati, ya voy.

—¡Cómo no nos avisaron su visita, doña Zoraida! Habríamos preparado cualquier cosa para recibirlos. Somos muy humildes, pero voluntad no nos falta. Y con las personas de cariño siempre se puede tener alguna atención.

Mi madre se acomoda en la butaca mientras la vecina empieza a recoger el tabaco que se desparramó.

—¿Y qué razón me da usted de mi hijo Ernesto? ¿Se quedará todavía mucho tiempo en Chactajal?

—Sí. Todavía mucho tiempo.

—Yo digo que él es más que mi bastón para caminar. Un hijo tan dócil, tan pendiente de sus obligaciones. Es el consuelo de mi vejez.

—Que no hable doña Nati de su hijo —comenta la vecina— porque se le hace poco el día.

—No me habrá dejado en mal con ustedes, doña Zoraida. Tanto que le recomendé que fuera comedido, respetuoso.

Mi madre dice con esfuerzo:

—No tenemos queja de él.

—Es de buena raza. Y no lo digo por mí. Su padre, el difunto don Ernesto, era un hombre muy de veras. Cuando fracasé, mi nombre estaba en todas las bocas: era el tzite de la población. Se burlaban de mí, me tenían lástima, me insultaban. Pero cuando al fin se supo que había yo fracasado con el difunto don Ernesto, había que ver la envidia que les amarilleaba la cara. No de balde era un Argüello.

—¿Y para qué le sirvió, doña Nati? ¿Iba usted a comer el apellido?

—Es la honra, mujer, la honra, lo que puso sobre la cabeza de mi hijo. Y la sangre. Ah, cómo se venía criando. Como un potro, con brío, con estampa. Los domingos mandaba yo a mi kerem, bien bañado y mudado, a que recorriera las calles para que lo mirara su padre. A veces, aunque estuviera platicando con otros señores de pro, el difunto don Ernesto lo llamaba y, delante de todos, le daba su gasto: dos reales, un tostón. Según. Y mi kerem, en vez de gastarlo en embelequerías o repartirlo con los demás indizuelos, me lo traía para ayudar a nuestras necesidades. Porque la pobreza nunca ha salido de esta casa. Después empecé a notar que mi Ernesto era formal y que tenía entendimiento. Entonces fui a hablar con el señor cura, para que lo admitiera en su colegio. Me endité para pagar las mensualidades, pero ¡qué contento venía de la escuela! Diario con palabras nuevas que le habían enseñado. O con un papel donde decía que no era rudo, que se aplicaba y que se portaba bien. No sé si alguno se lo aconsejó, o lo discurrió él mismo, que de por sí es muy sobresalido, pero es el caso que comenzó a secarse en la ambición. Quería ir a México, seguir estudiando, ser titulado como el hijo de don Jaime Rovelo. Yo lo dejaba que pensara sus cosas. Y para mientras, trabajaba yo más y más, de modo que su pensamiento no resultara vano. Porque no quería yo que le fuera a caer sangre en su corazón. Entonces, saqué fiado su primer par de zapatos y lo calcé. ¡Válgame! ¡Y cómo se puso el día del estreno! Le salieron tamañas ampollas en los pies. Pero Ernesto siempre fue muy arrecho y no se quejaba. Y se fue a dar vueltas al parque, como si desde que nació hubiera sido catrín.

Doña Nati esconde, bajo el ruedo de la falda, sus propios pies descalzos, partidos de tanta intemperie que han soportado. Mi madre hace un gesto como para interrumpirla, pero la ciega no se da cuenta y sigue hablando:

—Luego me vino la enfermedad, me cogió un mal aire. Ernesto tuvo que salir de la escuela y entró de oficial en un taller. Era cumplido, para qué es más que la verdad. Pero yo sabía que no le gustaba. Y le daba yo gracias a Dios que si me había mandado un mal, ese mal fuera cegarme, para no poder ver la desdicha de mi hijo.

Mi madre se vuelve hacia la vecina y, en voz muy baja, le ruega que vaya a preparar un poco de agua de brasa. La vecina nos mira con recelo, pero no pregunta nada y obedece. Cuando se ha marchado, mi madre dice:

—Nati, no traje carta de Ernesto.

La ciega ríe, un poco divertida.

—¿Y para qué me iba a escribir? De sobra sabe mi hijo que no sé leer, ni puedo. Además, con usted me podrá mandar a avisar cualquier cosa.

—Sí. ¿Sabes, Nati? Ernesto está un poco delicado.

—¿Le agarraron las fiebres?

La alarma hace tantear a Nati, torpemente, a su alrededor.

—Más bien fue un accidente. Salió a caballo para ir a Ocosingo..

—Y no llegó.

—En el camino lo hirieron unos indios.

—¿Herido? ¿Dónde está? ¡Llévenme donde esté!

La vecina viene a nosotros, presurosa, con una taza de peltre en la mano. Quiere acercarla a los labios de Nati, pero la ciega la retira con brusquedad.

—¿Qué es lo que quieren hacerme beber?

La vecina nos delata al decir:

—Las visitas están vestidas de negro.

Nati suelta el bastón y se lleva las manos a la cara. De pronto, se parte, hasta la raíz, en un grito:

—¡Mis ojos! ¡Mis ojos!

IV

RECIÉN salida del baño la cabellera de mi madre gotea. Se la envuelve en una toalla para no mojar el piso de su dormitorio.

Yo voy detrás de ella, porque me gusta verla arreglarse. Corre las cortinas, con lo que la curiosidad de la calle queda burlada, y entra en la habitación una penumbra discreta, silenciosa, tibia. De las gavetas del tocador mi madre va sacando el cepillo de cerdas ásperas; el peine de carey veteado; los pomos de crema de diferentes colores; las pomadas para las pestañas y las cejas; el lápiz rojo para los labios. Mi madre va, minuciosamente, abriéndolos, empleándolos uno por uno.

Yo miro, extasiada, cómo se transforma su rostro; cómo adquieren relieve sus facciones; cómo acentúa ese rasgo que la embellece. Para colmarme el corazón llega el momento final. Cuando ella abre el ropero y saca un cofrecito de caoba y vuelca su contenido sobre la seda de la colcha, preguntando:

—¿Qué aretes me pondré hoy?

La ayudo a elegir. No. Estas arracadas no. Pesan mucho y son tan llamativas. Estos calabazos que le regaló mi padre la víspera de su boda son para las grandes ocasiones. Y hoy es un día cualquiera. Los de azabache. Bueno. A tientas se los pone mientras suspira.

—¡Lástima! Tan bonitas alhajas que vende doña Pastora. Pero hoy... ni cuando. Ya me conformaría yo con que estuviera aquí tu papá.

Sé que no habla conmigo; que si yo le respondiera se disgustaría, porque alguien ha entendido sus palabras. A sí misma, al viento, a los muebles de su alrededor entrega las confidencias. Por eso yo apenas me muevo para que no advierta que estoy aquí y me destierre.

—Ya. Los aretes me quedan bien. Hacen juego con el vestido.

Se acerca al espejo. Se palpa en esa superficie congelada, se recorre con la punta de los dedos, satisfecha y agradecida. De pronto las aletas de su nariz empiezan a palpitar como si ventearan una presencia extraña en el cuarto. Violentamente, mi madre se vuelve.

—¿Quién está ahí?

De un rincón sale la voz de mi nana y luego su figura.

—Soy yo, señora.

Mi madre suspira, aliviada.

—Me asustaste. Esa manía que tiene tu raza de caminar sin hacer ruido, de acechar, de aparecerse donde menos se espera. ¿Por qué viniste? No te llamé.

Sin esperar respuesta, pues ha cesado de prestarle atención, mi madre vuelve a mirarse en el espejo, a marcar ese pequeño pliegue del cuello del vestido, a sacudirse la mota de polvo que llegó a posársele sobre el hombro. Mi nana la mira y conforme la mira va dando cabida en ella a un sollozo que busca salir, como el agua que rompe las piedras que la cercan. Mi madre la escucha y abandona su contemplación, irritada.

—¡Dios me dé paciencia! ¿Por qué lloras?

La nana no responde, pero el sollozo sigue hinchándose en su garganta, lastimándola.

—¿Estás enferma? ¿Te duele algo?

No, a mi madre no le simpatiza esta mujer. Basta con que sea india. Durante los años de su convivencia mi madre ha procurado hablar con ella lo menos posible; pasa a su lado como pasaría junto a un charco, remangándose la falda.

—Tomá. Con esto se te va a quitar el dolor.

Le entrega una tableta blanca, pero mi nana se niega a recibirla.

—No es por mí, señora. Estoy llorando de ver cómo se derrumba esta casa porque le falta cimiento de varón.

Mi madre vuelve a guardar la tableta. Ha logrado disimular su disgusto y dice con voz ceñida, igual:

—No hace un mes que se fue César. Me escribe muy seguido. Dice que va a regresar pronto.

—No estoy hablando de tu marido ni de estos días. Sino de lo que vendrá.

—Basta de adivinanzas. Si tenés algo qué decir, decilo pronto.

—Hasta aquí, no más allá, llega el apellido de Argüello. Aquí, ante nuestros ojos, se extingue. Porque tu vientre fue estéril y no dio varón.

—¡No dio varón! ¿Y qué más querés que Mario? ¡Si es todo mi orgullo!

—No se va a lograr, señora. No alcanzará los años de su perfección.

—¿Por qué lo decís vos, lengua maldita?

—¿Cómo lo voy a decir yo, hablando contra mis entrañas? Lo dijeron otros que tienen sabiduría y poder. Los ancianos de la tribu de Chactajal se reunieron en deliberación. Pues cada uno había escuchado, en el secreto de su sueño, una voz que decía: "que no prosperen, que no se perpetúen. Que el puente que tendieron para pasar a los días futuros, se rompa". Eso les aconsejaba una voz como de animal. Y así condenaron a Mario.

Mi madre se sobresaltó al recordar:

—Los brujos...

—Los brujos se lo están empezando a comer.

Mi madre fue a la ventana y descorrió, de par en par, las cortinas. El sol de mediodía entró, armado y fuerte.

—Es fácil cuchichear en un rincón oscuro. Hablá ahora. Repetí lo que dijiste antes. Atrevete a ofender la cara de la luz.

Cuando respondió, la voz de mi nana ya no tenía lágrimas. Con una terrible precisión, como si estuviera grabándolas sobre una corteza, como con la punta de un cuchillo, pronunció estas palabras:

—Mario va a morir.

Mi madre cogió el peine de carey y lo dobló, convulsivamente, entre sus dedos.

—¿Por qué?

—No me lo preguntes a mí, señora. ¿Yo qué puedo saber?

—¿No te mandaron ellos para que me amenazaras? ¿No te dijeron: asústala para que abra la mano y suelte lo que tiene y después nos lo repartamos entre todos?

Los ojos de la nana se habían dilatado de sorpresa y de horror. Apenas pudo balbucir:

—Señora...

—Bueno, pues andá con ellos y deciles que no les tengo miedo. Que si les doy algo es como de limosna.

La nana retiró vivamente sus manos, cerrándolas antes de recibir nada.

—¡Te lo ordeno!

—Los brujos no quieren dinero. Ellos quieren al hijo varón, a Mario. Se lo comerán, se lo están empezando a comer.

Mi madre se enfrentó resueltamente con la nana.

—Me desconozco. ¿Desde qué horas estoy escuchando estos desvaríos?

La nana dio un paso atrás, suplicante.

—No me toques, señora. No tienes derecho sobre mí. Tú no me trajiste con tu dote. Yo no pertenezco a los Argüellos. Yo soy de Chactajal.

—Nadie me ha atado las manos, para que yo no pueda pegarte.

Con ademán colérico mi madre obligó a la nana a arrodillarse en el suelo. La nana no se resistió.

—¡Jurá que lo que dijiste antes es mentira!

Mi madre no obtuvo respuesta y el silencio la enardeció aún más. Furiosa, empezó a descargar, con el filo del peine, un golpe y otro y otro sobre la cabeza de la nana. Ella no se defendía, no se quejaba. Yo las miré, temblando de miedo, desde mi lugar.

—¡India revestida, quitate de aquí! ¡Que no te vuelva yo a ver en mi casa!

Mi madre la soltó y fue a sentarse sobre el banco del tocador. Respiraba con ansia y su rostro se le había quebrado en muchas aristas rígidas. Se pasó un pañuelo sobre ellas, pero no pudo borrarlas.

Silenciosamente me aproximé a la nana que continuaba en el suelo, deshecha, abandonada como una cosa sin valor.

V

"Hasta ahora no nos ha sido posible conseguir una audiencia con el Gobernador. Jaime y yo hemos ido todos los días a Palacio. Nos sientan a esperar en una sala estrecha y sofocante donde hay docenas de personas, venidas desde todos los puntos del Estado para arreglar sus asuntos. No nos llaman según el turno que nos corresponde, sino según la importancia de lo que queremos tratar. Y para el criterio de los políticos de ahora es mucho más urgente remendar los calzones de manta de un ejidatario que hacerle justicia a un patrón. Tal vez por eso muchos de los que estaban con nosotros al principio, gestionando la devolución de sus tierras, se han desanimado y se fueron. Pero yo todavía creo firmemente que no hay que perder la esperanza. Chactajal volverá a ser nuestro. No en las mismas condiciones de antes, no hay que hacerse ilusiones. Pero podremos regresar y vivir allí. Para que Mario se críe en la propiedad que más tarde será suya, y así aprenda a cuidarla y a quererla.

"La cuestión es tener paciencia y mañas. Durante el tiempo que llevamos aquí nos hemos relacionado con muchas personas. Claro que procuramos que esas personas sean importantes y que tengan influencias en el gobierno. Es preciso agasajarlos, atenderlos, correrles caravanas. Lo que aquí se acostumbra es tomar refrescos o cerveza helada, porque el calor es muy fuerte. No se ve mal que los señores entren en las cantinas, como en Comitán. Por otra parte es difícil distinguir, a primera vista, a un señor de un cualquiera. El clima no permite más que ropa muy ligera y todos andan igual de desguachipados. De poco me sirven aquí los chalecos que me pusiste en la maleta. No he tenido oportunidad de usarlos ni una sola vez. Pero aparte del clima y la ropa, aquí no hay propiamente señores. Casi todos los habitantes de Tuxtla viven a expensas del erario, a base de empleos y sueldos miserables. No ha de ser difícil sobornarlos para lograr que nos ayuden a que se solucionen favorablemente nuestros problemas. Tú sabes cómo me avergüenza recurrir a estos medios, pero no tenemos otros a nuestra disposición. Yo no pienso detenerme ante nada para lograr lo que te he propuesto. Y te juro que no regresaré a Comitán sin llevar todos los papeles que me garanticen que podemos vivir de nuevo en la finca.

"Los niños y tú me hacen mucha falta. En las noches salimos con Jaime a dar la vuelta, porque no se puede uno quedar encerrado en el cuarto del hotel. Se asfixia uno respirando ese aire caliente y estancado, mirando correr las cucarachas por las paredes, junto a un ventilador descompuesto y una regadera sin agua. Las calles son un achigual de lodo o un remolino de polvo según que llueva o no. Las casas son aplastadas y feas. Sólo en el parque corre un poco de brisa.

Y hay flamboyanes que florean siempre. Y se oye música.

"Pero no, no vayas a creer que estoy contento, no me acostumbro a la manera de vivir de los tuxtlecos. Yo soy de tierra fría. Y quiero mi casa y estar con ustedes. Sólo por ustedes estoy haciendo este sacrificio. Pero el resultado tendrá que compensarlo todo.

"Jaime ya no aguanta más y ha pedido una tregua. Va de mi parte a hablar con Golo Córdova, el aguardentero, a ver si nos tiene un poco más de paciencia. En este momento no me es posible cumplir con ese compromiso. También le recomendé a Jaime que te entregara esta carta."

Mi madre dobló el pliego meditativamente.

—¿Cómo ve usted la situación, don Jaime?

—Mal. César no quiere desengañarse. Pero en realidad el gobierno tiene el deliberado propósito de no escuchar nuestras protestas. Podremos tener la razón de nuestra parte. Hasta la ley. Pero ellos tienen la fuerza y la emplean a favor de los que prefieren. Ahora están tratando de congraciarse con los de arriba. Y se están haciendo los Bartolomés de las Casas, los protectores del indio y del desvalido. Pura demagogia.

—¿Entonces?

—Entonces hay que dejar que el mundo ruede, que los zopilotes acaben con la carroña.

—¿No tiene usted intención de volver a Tuxtla?

—¿Para qué?

—Pero si está usted convencido de que es inútil ¿por qué dejó usted a César allá?

—¿Y cree usted que no le hice toda la lucha para traérmelo? Pero a César no hay quien le haga desistir cuando se le mete un propósito entre ceja y ceja. Está obstinado. Y en cierto modo tiene razón. No pelea únicamente para él, sino para Mario. Yo ya estoy viejo. Y después de mí, ¿quién?

—No ofenda usted a Dios, don Jaime. Tiene usted un hijo.

—Ah, sí, un hijo modelo. Hizo una carrera brillante y acaba de recibir el título de abogado. Nadie mejor que él para defendernos en esta coyuntura. Ganaría nuestro caso. Y no lo ganaría para mí, sino para él, porque es su herencia. Pero ¿sabe usted lo que me contestó cuando se lo propuse? Que él renunciaba a la parte que le correspondía en ese botín de ladrones que son los ranchos. Que nosotros podíamos suponer que eran nuestros, pues siquiera nos había costado el trabajo de robarlos.

Mi madre estaba escandalizada.

—¡Pero no es posible que haya dicho eso! Es una falta de respeto, es una mentira. Nosotros somos los dueños, los legítimos dueños.

—Mi hijo no es de la misma opinión, doña Zoraida. Está en la edad de los ideales. Cree en esas teorías nuevas, comunistas o como se llamen.

—¡San Caralampio bendito!

—No tiene la culpa. El culpable soy yo, por haberlo mandado a estudiar. Pero ya ni quejarse sirve. A lo hecho, pecho.

Callaron los dos. Después de una breve pausa don Jaime aconsejó:

—Escríbale usted a César, doña Zoraida. Escríbale usted. Tardará mucho tiempo en regresar.

—Le voy a escribir... para darle una mala noticia. ¿Se acuerda usted de aquella india, una tal que servía de nana a la niña? No se ha de acordar, porque ni quién se fije en los mozos y más si son de casa ajena. Bueno. Pues ésta que le digo fue crianza de los Argüellos y siempre bebiendo los vientos por nosotros, siempre muy dada con la familia. Pero tenía que salir con su domingo siete.

—¿Qué hizo?

—Con grandes aspavientos vino a anunciarme que los brujos de Chactajal se estaban comiendo a Mario. Que no se iba a lograr.

Mi madre contó esto con ligereza, con aparente frivolidad. Pero se adivinaba una tensa expectativa a través de sus palabras. Don Jaime no hizo ningún comentario.

—¿Cree usted que sea posible?

—Perder un hijo es siempre muy doloroso. Y hay tantas maneras de perderlos.

—¡Pero Mario no puede morir!

Don Jaime se puso de pie, irritado.

—¿Y por qué no?

Luego, arrepentido de su brusquedad:

—Además, es preferible. Se lo aseguro. Es preferible.

VI

En el cuarto de mi nana está todavía el cofre de madera con su ropa: el tzec nuevo con sus listones de tantos colores; la camisa de vuelo; el perraje de Guatemala. Y, envueltas en un pedazo de seda, las piedrecitas que le traje de Chactajal. Vuelvo a cogerlas. Las guardo, para que se entibien, entre mi blusa. Después voy a desayunar.

En el comedor, de techo alto y muebles oscuros, en medio de esas intermitentes llamadas de atención que hacen los cubiertos de metal chocando contra los platos.

Luego el vagabundeo solitario por la casa. ¡Qué grande es! El jardín en el que mi madre ha estado sembrando dalias; y un patio. Y el que está detrás. Y las recámaras. Y el corredor. Y la despensa. Todo vacío. Aunque otras gentes, como tía Romelia, hayan venido a vivir con nosotros.

Ella y mi madre se sientan en el corredor a tejer el interminable mantel para el altar del oratorio. A las dos les gusta charlar y se pasan las horas tejiendo y platicando.

—¿Qué habrá sido de Matilde?

—Si no se la devoró ningún animal del monte ha de estar sirviendo como criada en algún rancho.

—¡Pobre!

—Qué pobre ni qué nada. Bien merecido se lo tiene por haber deshonrado a la familia. Aunque aquí, en confianza, te diré que era el único modo de salir del maíz podrido. Por muy mi hermana que sea no dejo de reconocer que Matilde ya estaba talludita y que nunca fue lo que se dice galana. Francisca menos. Y ésa con el además de su carácter tan fuerte. No sabía más que dar órdenes. Y mira en lo que ha venido a parar.

—César dice que Francisca no está loca. Que fingirse bruja es un ardid suyo para quedarse en Palo María. Y si no que se vean los resultados. Todos los dueños de fincas han tenido que salir huyendo. Menos ella. Al final de cuentas Francisca será la única que salga ganando.

—¿Quién dice que está loca? Lo que digo y sostengo es que Francisca está embrujada.

Mi madre soltó su labor y quedó viendo a tía Romelia con inquietud.

—¿Crees en esos cuentos?

—Por Dios, cositía, si es verdad. ¡Lo que he visto en

la finca! Y luego quieren que se quede uno tan rozagante. Si entonces me hubieran curado de espanto, para borrarme lo que vi, no estaría yo ahora tan enferma.

—¿Viste a los brujos?

—Cerca de Palo María vive un mi compadre. Tenía sus animales bien cebados, contentos. Y de pronto empezaron a caer como si un rayo los hubiera derribado, con la lengua de fuera, negra como el carbón. Y los sembradíos. Haz de cuenta que pasó encima de ellos el chapulín. No quedó una hoja ni para remedio.

—Alguna enfermedad, alguna peste.

—No. Un brujo era su enemigo y había marcado con ceniza la puerta de su casa. Por eso le sucedió el daño.

—¿Y los brujos también pueden dañar a la gente? (Y mi madre agrega, casi en un susurro) ¿A los niños?

—Sobre todo a los niños. Porque como que están más a la intemperie. Los recién nacidos amanecen morados de asfixia.

—¡Será porque no tienen quién los defienda!

—Y los keremitos, cuando ya empiezan a granar. Se hinchan, se emponzoñan.

Mi madre arrojó lejos de sí el tejido y se puso de pie, llameando.

—¡Eso no es verdad más que entre los indios! Ante nosotros sus amenazas no valen. Somos de otra raza, no caemos bajo su poder.

Tía Romelia insiste, con su voz monótona.

—También para nosotros. Allí tienes a Francisca.

Mi madre volvió a sentarse, muy pálida.

—Pero habrá un modo de aplacarlos. Si lo que quieren es venganza que se venguen. Pero no en los hijos.

—Ay, Zoraida, yo no sé cómo pensarán ellos. Lo único que te digo es que yo no regreso a Palo María por nada del mundo. Imagínate que un día Francisca amanece de mal humor y me echa el daño encima. De por sí que nunca me quiso. Siempre me echó en cara que era yo una ideática y que mis enfermedades no eran más que mentiras. ¡Mentiras! Ya hubiera yo querido que oyera lo que decían los doctores de México. Fíjate que me aseguraron que lo que yo necesito... bueno, que me conviene volver a juntarme con mi marido. ¿Qué te parece?

Mi madre no la escucha. Sólo la ve fugazmente con sus ojos sin rumbo, vacíos.

—Sí, ya sé que ese dichoso marido es un holgazán, un inútil. Por algo me separé de él. Pero tengo que hacer corazón grande porque si no la que se vuelve loca soy yo.

Tía Romelia busca, para su proyecto, la aprobación o el rechazo de los labios de mi madre. Pero permanecen cerrados, sin palabras. Mi madre teje muy de prisa, concentrada, obstinadamente. Y después de un largo trecho tiene que desbaratarlo todo porque ha cometido un error.

VII

Hoy nos levantaron, a Mario y a mí, antes de que aclarara bien el día. Bostezando, restregándonos los párpados, inertes, dejamos que nos vistieran. Para despabilarnos dijo mi madre:

—Apúrense, que vamos a casa de la tullida.

Mario y yo nos miramos con sorpresa. ¿A casa de la tullida? Entonces, basta. Que no nos abotonen el abrigo como si fuéramos unos muñecos. No, no. Los zapatos podemos ponérnoslos nosotros mismos.

¡Qué solas están las calles a esta hora! Los burreros

no han acabado de aparejar sus animales para el acarreo del agua. Las criadas están todavía preparando el nixtamal para llevarlo al molino. De modo que el silencio está entero delante de nosotros y vamos rompiéndolo con nuestros pasos como si fuera una delgada capa de hielo. Resuenan largamente las pisadas y quedan atrás una cuadra y otra y otra. La bajada de San Sebastián. El parque. Cogemos por la salida de Yaxchivol. Aquí se acaba el empedrado y el camino va, angosto y sinuoso, entre el zacatillo verde, coronado de rocío, tierno.

—Estos sitios son de mi amiga Amalia.

Detrás de las bardas de piedra cabecean los árboles: jocotes, con sus frutos amarillos, ácidos. Anonas de follaje ancho y tupido. Aguacates.

Cuando miramos la primera casa de tejamanil sabemos que hemos llegado al barrio de los pobres. Nos detenemos ante una puerta que cede a la más leve presión de la mano de mi madre.

—Adelante, doña Zoraida —dice una voz.

No atinamos desde qué lugar del cuarto ha salido aquella voz porque venimos deslumbrados por la luz de afuera. Pero mi madre conoce bien este cuarto y sin titubeos se dirige hacia la única ventana y la abre. Se ilumina una estancia estrecha, miserable. La mujer que habló está inmóvil, tendida sobre el catre. Su pelo entrecano y largo se desparrama sin orden sobre la almohada. La cara de esta mujer parece una llanura reseca donde los ojos se ahondan como dos remansos de agua zarca.

—¿Qué tal amaneciste?

—Me duele un poco el cuerpo. Pero ha de ser porque es efecto de luna.

Ayudada por mi madre la tullida se incorpora y queda sentada a la orilla del catre. A un lado de él está una mesa y encima algunos frascos a medio vaciar. Mi madre escoge de entre ellos, uno.

—Te voy a untar el linimento a ver si se te alivia la molestia.

Empieza a alzar el camisón. Mario y yo nos volvemos pudorosamente hacia la pared. Está tapizada de tarjetas postales: a colores, en blanco y negro, prendidas con tachuelas o con cera cantul.

Este sol, poniéndose tras una montaña, es el crepúsculo que contempla a todas horas la tullida. Estas muchachas, con un ramo de lirios entre los brazos, son las amigas fieles, las interlocutoras del diálogo incesante de los largos días. Estas palomas le traen siempre una carta lacrada entre su pico.

—Mario, acerca la silla.

Mi hermano obedece. Sobre el palo duro se sienta la tullida, aguardando a que mi madre la peine.

—¿Éstos son sus niños, doña Zoraida?

—Dos. No pude tener más.

Después de peinarla mi madre va al rincón en el que está el brasero de barro blanqueado. Sopla la ceniza, la avienta y el pulso del rescoldo empieza a latir otra vez. Apenas. Y luego más, más rojo. Entonces arrima la caldera de café. Al rato empieza a borbotear.

—Traje un tasajo de carne salada para el desayuno.

Mi madre lo desmenuza con sus dedos y lo coloca sobre un plato. De allí va tomando los bocados y poniéndolos entre los dientes de la tullida que mastica lentamente, con las manos quietas sobre el regazo. Sus ojos van, por encima de nosotros, hasta las tarjetas postales. Y allí se quedan tranquilos, colmados.

Cuando termina de comer, mi madre le limpia las comisuras de los labios con una servilleta. Luego va a lavar el plato en una pequeña batea de madera.

—¿Qué te parecen mis hijos?

—Muy bien portados, muy primorosos. No se asustaron de verme ni me hicieron burla.

—El niño tiene seis años. Después de él ya no nació ninguno más. Es el único varón. Y es necesario que se logre. Es necesario.

—¿Por qué no se ha de lograr, doña Zoraida? Dios bendecirá en él sus caridades.

Mi madre había terminado de poner orden en la habitación y vino a sentarse en un extremo del catre. Se mordía el labio, irresoluta. De pronto volvió la cara hacia la tullida para decirle:

—Es la primera vez que te traigo a mis hijos. Quería yo que los conocieras. Al niño principalmente. Porque te voy a pedir un favor.

—¿A mí, doña Zoraida? ¿A mí que soy tan pobre y tan inútil?

—Quiero que me eches las cartas.

Rápidamente mi madre fue hasta la mesa y la arrastró dejándola al alcance de la tullida. Quitó algunos frascos y colocó un naipe encima.

—Señora, si yo no sé...

—No tienes qué saber. Quiero que me prestes tu mano. Nada más. Te lo juro.

La tullida bajó la mirada hasta esas manos que desde tanto tiempo atrás no le pertenecían.

El naipe estaba en el centro de la mesa. La mano de mi madre cogió la de la tullida y la levantó hasta allí. Al soltarla chocó sordamente contra la madera.

—Haz un esfuerzo, mujer. Tienes que ayudarme.

Mi madre respiraba con agitación. Sus mejillas estaban encendidas de fiebre. Los ojos de la tullida iban de ese rostro convulso que tenía frente a ella a sus propios dedos, contrahechos por el reumatismo, sarmentosos. No sabía cómo era posible que hubieran apartado una baraja de las otras.

—¿Qué carta salió?

Mi madre no se atrevía a verla. Con los párpados bajos aguardó la respuesta.

—Espadas.

—Espadas, penas. No, no lo hicimos bien. Vamos a probar de nuevo.

Barajó el naipe otra vez. Volvió a colocarlo sobre la mesa. Volvió a coger la mano de la tullida y a guiarla y a moverla y a hacer que se deslizara arrastrando una carta y separándola de las demás.

—Espadas.

La violencia del ademán de mi madre hizo que la mesa se tambaleara y los frascos chocaran entre sí, tintineando. Las cartas cayeron al suelo, boca arriba, sin secreto. Y todas eran espadas, espadas, espadas.

Mi madre las miró con horror. Temblando se enfrentó a la tullida.

—¿Y ésta es tu gratitud? ¿Y para recibir esta recompensa he venido, día tras día durante años, a limpiar tus llagas apestosas, a arrastrarte de un lugar a otro como si fueras un tronco, a aplacar el hambre tuya que no se sacia nunca?

La tullida la miraba con sus enormes ojos secos, desamparados.

Pero ya el ímpetu que irguió a mi madre la había abandonado y ahora estaba de rodillas, besando los pies de la tullida, suplicándole con su voz más profunda y verdadera:

—Perdóname, por Dios, perdóname. No sé lo que digo, estoy como loca. En nombre de lo que más quieras pide que si es necesario que alguno muera, sea yo.

Pero no él, que es inocente. No él, que no ha tenido más culpa que nacer de mí.

La tullida había palidecido. Gotas de sudor le salpicaban la frente y su boca se distendía en un gesto de sufrimiento. Gimió. Corrimos a detenerla pero llegamos demasiado tarde. Sus párpados se abatieron. Su cabeza se dobló, tronchada, sobre el hombro. Toda ella iba entregada a esta corriente que la llevaba rápida, lejos de nosotros, de nuestra voz, de nuestra angustia.

VIII

Cuando cierro los ojos en la noche se me representa el lugar donde mi nana y yo estaremos juntas. La gran llanura de Nicalococ y su cielo constelado de papalotes. Habrá algunos que vuelen a ras del suelo por falta de cordel. Otros que desde arriba se precipitarán con las varas quebradas y el papel hecho trizas. Pero el de Mario permanecerá, en medio de los más altos, de los más ligeros, de los más hermosos, como una estrella fija y resplandeciente.

Después vendrá la marimba y el hombre que se sube a un cajón para anunciar la llegada del circo. De un tren, que han traído especialmente para que lo conozcamos, bajará —contorsionándose— don Pepe. Y las hermanas Cordero ejecutarán esa suerte dificilísima, que no podemos siquiera imaginar, y que se llama la soga irlandesa. Y se desenroscarán tantas serpentinas y lloverá tanto confeti que nos costará trabajo ver el desfile de extranjeros.

Mi nana me dirá: ése que va allí es un chino. Se le reconoce porque tiene la piel amarilla y va montado en un dragón. El que está pasando ahora es de México.

Fíjate, no sabe hablar más que de usted y de tú. Ni a mí me trata de vos. Aquél es negro. No, no pases tu dedo con saliva sobre su cara. No se destiñe. Y el otro, con esos tatuajes sobre las mejillas y ese aro en la nariz.

Y de pronto mi nana bajará los párpados y me obligará a bajarlos a mí también. Porque delante de nosotros estará el viento con su manto de gala. Paseará por el llano hasta no dejar más presencia que la suya, cuando todos se hayan rendido a su calidad de rey. Oiremos su gran voz, temblaremos bajo su fuerza. Poco a poco, sin que él se dé cuenta, iremos arriesgando los ojos hasta que nos rebalsen de su figura. Y mi nana y yo quedaremos aquí sentadas, cogidas de la mano, mirando para siempre.

IX

Hoy, como a las siete de la noche, vino a buscarnos Amalia, la amiga soltera de mi madre. No esperó a que termináramos de merendar para llevarnos a su casa.

Había allí mucha gente sentada en las bancas que colocaron en el zaguán y en el corredor. Mujeres humildes, tapadas con rebozos, descalzas. Niños que chillaban, sudorosos, dentro de sus ropones. Señoras. Erguidas, aisladas, procurando no hablar con nadie, frunciendo la nariz para rechazar el olor que las cercaba.

Amalia invitó a mi madre.

—¿No quieren pasar a visitar a Nuestro Amo?

Fuimos a la sala. ¿Dónde está la viejecita? ¿Y los muebles? Sobre una mesa cubierta con un blanquísimo mantel resplandecía una custodia. Flanqueándola, dos candeleros de metal donde ardían las velas gruesas y altas. Enfrente los reclinatorios. Allí nos arrodillamos. Mi madre cerró los ojos hundiéndose en un pensamiento difícil y doloroso. Sus labios estaban crispados. Mario y yo nos distraíamos contemplando el aspecto tan inusitado de la habitación. Amalia se inclinó hacia nosotros para recomendarnos en un susurro:

—Más respeto, niños, que está expuesto el Santísimo.

Mi madre se persignó y se puso de pie. Salimos al corredor.

—¿Es seguro que vendrá?

—Seguro. Él mismo me avisó que yo tuviera todo preparado.

—Mira cuánta gente. No va a tener tiempo para atender a todos.

—Ustedes serán los primeros. Te lo prometí.

—¿Pero irás a poder?

—De algo me ha de servir correr los riesgos que corro. Imagínate si ahora vinieran los gendarmes a catear la casa.

—¡San Caralampio nos ampare!

—A la cárcel íbamos a parar todos.

—¿No tienes miedo?

—Alguien debe prestarse a ayudar.

—¿Pero por qué tú? Eres una mujer sola.

—A las casadas no les dan permiso sus maridos. Con qué trabajo las dejan venir aquí. Mira: ésas ya se van. No pueden estar más porque su señor las regaña.

—Por fortuna César está en Tuxtla. Puedo quedarme todo el tiempo que sea necesario.

Horas y horas, sentados en el corredor. Mario y yo —apoyados uno en el otro— cabeceábamos.

—No se duerman. Ya no dilata en venir.

Como a las diez de la noche oímos el trote lento de un caballo que se detuvo frente a la puerta. Amalia corrió a abrir con mucho sigilo y precauciones.

—Pase usted, señor.

Todos se pusieron de rodillas para recibir al recién llegado. Era un hombre de mediana edad; alto, fornido, con ademán de quien está acostumbrado a que lo obedezcan. Vestía traje de camino y llevaba un fuete en la mano. Algunas mujeres se arrastraron hasta él, suplicantes.

—Su bendición, señor cura.

Hizo un signo breve, dibujando una cruz en el aire. Con la punta del fuete iba abriéndose paso entre la multitud. A la luz de los focos su rostro parecía esculpido a hachazos.

—¿Gusta usted tomar algo, padre?

Amalia lo condujo al comedor. Detrás de ella se levantaron muchas gentes, ansiosas de entrar. Pero Amalia únicamente nos lo permitió a nosotros.

El señor cura rezó un Ave María antes de sentarse a la mesa.

—¿Es así como le gusta la carne, señor?

—Cualquier cosa es un banquete viniendo de esos ranchos miserables donde no hay nada que comer. Y conste que a mí me reservan lo mejor. Pero lo mejor es una tortilla fría y una taza de café aguado.

Amalia sonrió servilmente pero el señor cura no lo advirtió. Masticaba con rapidez, sin levantar la mirada del plato.

—Padre, usted conoce a mi amiga Zoraida, la esposa de César Argüello.

—Por referencias. No es de las devotas.

—Ahora vino porque quiere consultar algo con usted.

Hasta entonces el señor cura alzó el rostro y por primera vez se fijó en quienes estábamos alrededor de él. Su mirada fue como un muro ante el cual nos estrellamos.

—Me imagino que se trata de un caso de conciencia.

Mi madre dio un paso para aproximarse al sitio en que el señor cura estaba sentado.

—No sé, padre. Usted se va a burlar de lo que voy a decirle. Yo también me burlé al principio. Pero ahora tengo miedo y necesito que usted me ilumine.

El padre retiró su plato como para disponerse a escuchar.

—¿No es mejor que salgan los niños para que se explaye usted más libremente?

—Es que se trata de ellos. De Mario. Éste.

—¿Tan pequeño y ya causando perturbaciones?

—Una mujer, una india del rancho, me amenazó con que se lo comerían los brujos.

El señor cura cerró los puños y golpeó la mesa con un vigor en el que se volcaba su persona entera.

—Eso es todo. Debí figurármelo. Brujerías, supersticiones. Me traen a las criaturas para que yo las bautice, no porque quieran hacerlas cristianas, pues nadie jamás piensa en Cristo, sino por aquello del agua bendita que sirve para ahuyentar a los nahuales y los malos espíritus. Si se casan es por la ostentación de la fiesta. Y van a la iglesia únicamente a murmurar del prójimo.

Sus ojos estaban vidriosos de cólera. Temblaba como ante un animal rastrero y vil que, sin embargo, no podía aplastar con el pie.

—Tengo los sacramentos en mis manos y no puedo guardarlos, defenderlos. Cada vez que pongo la hostia sobre la lengua de uno de ustedes es como si yo la entregara a las llamas. Pronuncio siempre la misma absolución sobre los mismos pecados. No he conocido dureza de corazón igual a la de la gente de este pueblo.

Amalia estaba asustada.

—Señor, no quisimos ofender...

—No es a mí a quien ofenden. Como tampoco es por ustedes por quienes yo me sacrifico. ¿Valdría la pena aguantar hambres en honor de un ranchero que conoce todas las argucias para no pagar los diezmos y primicias a la Iglesia? ¿Soportar el cansancio, el frío, en esos caminos que no llegan jamás a ninguna parte, por atender a un rebaño de mujeres indóciles, que no conocen ni cumplen sus obligaciones de católicas? ¿Consumirse luchando contra el terror de esta persecución inicua y sin sentido para que los hijos de esta masa de perdición, sus muy queridos hijos, crezcan y sean iguales que los padres?

En su frente se hinchaba una arteria y palpitaba como a punto de romperse.

—No, entiéndanlo bien, no es por ustedes.

Se llevó la mano a la frente y aplastó la arteria con sus dedos. Tras una pausa ordenó:

—Abra la ventana, Amalia. Estamos ahogándonos.

La soltera obedeció. Desde la ventana abierta miró de reojo al señor cura, temerosa y escudriñadora. Mi madre, que no había tenido la respuesta que esperaba, insistió:

—Pero los brujos no pueden hacer daño, ¿verdad?

—Son hombres. Todos los hombres pueden hacer daño.

Mi madre se desplomó sobre una silla, traspasada de abatimiento. Casi inaudiblemente, dijo:

—Entonces no hay remedio.

Amalia intervino con timidez.

—Yo le había aconsejado que el niño hiciera su primera comunión...

—Que la haga si ya está en edad.

El desfallecimiento de mi madre había sido pasajero. Se recobró y estaba nuevamente de pie. Con mal disimulado reproche, con la decepción enroscada en la garganta, reclamó:

—¿Eso es todo lo que puede usted decirme, padre?

—Ten fe. Y confórmate con la voluntad de Dios.

—Si Dios quiere cebarse en mis hijos... ¡Pero no en el varón! ¡No en el varón!

—¡Zoraida!

Amalia se abalanzó a mi madre como para arrebatar de sus manos un arma con la que estaba hiriendo a ciegas.

—¡No en el varón! ¡No en el varón!

—Cállate, mujer. Lo que dices es una blasfemia.

El sacerdote se irguió, crispando los puños hasta que los nudillos se le pusieron blancos. Luego, poco a poco, fue aflojándolos, extendiendo los dedos sobre la mesa mientras la sangre volvía a circular en sus manos y a teñirlas de su color normal. Cuando habló su voz era indiferente y sin inflexiones.

—Déjala. No está blasfemando. El dolor no sabe hablar más que así.

Mi madre nos empujó para que saliéramos. Al pasar cerca del señor cura él hizo un gesto como para detenernos. Pero mi madre nos apartó con violencia.

—¡No! También usted es enemigo nuestro.

Era medianoche cuando atravesamos las calles, oscuras y desiertas, para volver a la casa. Y en todo el camino mi madre iba llorando.

X

—La Divina Providencia no desampara a quienes confían en su poder.

Tía Romelia se permitió una risita corta y burlona.

—Ay, Amalia, cómo se ve que no has vivido.

Amalia alzó unos ojos tranquilos y sin reproche.

—No, no me casé, no tuve hijos, no pude ser monja. Y durante años he estado avergonzándome de ser como un estorbo, como una piedra contra la que tropiezan los que caminan. Pero ahora es distinto. Ahora sirvo para algo.

—Naturalmente. ¿Qué sería de tu madre si tú no la cuidaras?

—No me refiero a mi madre. La pobrecita no me va a durar mucho. Hay otra cosa. Desde que empezó la persecución presté mi casa para las ceremonias del culto y para dar hospedaje a los sacerdotes.

—¡Bonitos sacerdotes! Ya me contó Zoraida cómo la recibió ese basilisco.

Amalia estaba trémula de indignación.

—Sí, los quisieran mansos, indefensos, para acabar más pronto con ellos. Los quisieran sumisos para manejarlos a su antojo. ¡Pero qué esperanzas! El señor cura puede más que Comitán entero.

Mi madre se apretó las sienes con las dos manos y gimió, suplicante:

—Por caridad, no discutan más. Me duele la cabeza.

—Hazme caso, Zoraida. La Divina Providencia vela siempre por nosotros. Haz un acto de confianza y ponte en sus manos. Te recompensará como me ha recompensado a mí.

Tía Romelia se volvió, incrédula.

—¿A ti?

—Entre tanta gente que llega a mi casa ninguna ha llegado para espiar, ninguna. La esposa del Presidente Municipal me lo contó: no han recibido una sola denuncia. Y no es por prudencia mía. Yo dejo entrar a todos. Muchos no sé siquiera quiénes son. Pero la Divina Providencia nos cuida.

—¿Y qué quiere la Divina Providencia que haga Zoraida?

—Quiere que Mario comulgue.

—¿Y por qué no? —concedió tía Romelia—. Es como la homeopatía. Si no cura tampoco hace daño.

—Pero tú no recurriste a la homeopatía para curarte, sino a tu marido —replicó violentamente mi madre.

Amalia saboreaba la sorpresa.

—¿De veras? ¿Va a volver a juntarse con él?

Evidentemente a tía Romelia no le agradaba que sus proyectos se divulgasen.

—Me lo aconsejaron los doctores de México.

—Pero si cuando te separaste decías...

—Pues ahora pago mi boca. Además prefiero vivir en mi propia casa, por humilde que sea, y no de arrimada en casa ajena. Para que a cada chico rato me champen el favor.

Tía Romelia se levantó y se marchó. Hubo una pausa.

—Va sentida contigo, Zoraida.

—¿Y qué me importa? Ni ella ni nadie en el mundo. Estoy desesperada, Amalia, desesperada.

Amalia acarició la cabeza dolorida de mi madre.

—No sé si escribirle a César pidiéndole que venga. Mil veces he empezado la carta y acabo rompiéndola. Que venga ¿para qué? Y luego me arrepiento: si sucediera algo...

—No puede suceder nada. Los brujos serán poderosos. Todos lo dicen. No respetarán ni la puerta de la casa del patrón. Pero ante la puerta del Sagrario tienen que detenerse.

—Has sido muy buena conmigo, Amalia. Sólo tú me consecuentas y me oyes. Los demás piensan que estoy loca. Y cuando les pido un consejo me lo niegan porque a nadie le importa que me maten a mi hijo. ¿Verdad que no, Amalia, que no puede ser?

—Déjame que te ayude. Manda a los niños a mi casa para que les enseñe la doctrina.

Esa misma tarde fuimos Mario y yo.

Las clases eran en el corredor. Entre las macetas y las jaulas de los canarios estrepitosos. Nos sentaron en unas sillitas de mimbre, bajas. Y Amalia, enfrente de nosotros, en una mecedora. Abrió el catecismo.

—"Decid, niños ¿cómo os llamáis?"

Mario y yo nos miramos con estupor y no acertamos a responder.

—No se asusten así. Es la primera pregunta del Padre Ripalda.

Leyó en silencio durante unos minutos y luego cerró el libro.

—Lo que sigue es muy complicado para ustedes. Mejor voy a enseñarles las cosas a mi modo. No saben nada de religión, ¿verdad?

Hicimos un gesto negativo.

—Entonces es necesario que sepan lo más importante: hay infierno.

No era una revelación. Otras veces habíamos oído pronunciar esta palabra. Pero sólo hasta ahora estábamos aprendiendo que significaba algo rojo y caliente donde hacían sufrir de muchas maneras a quienes tenían la desgracia de caer allí. Los bañaban en grandes peroles de aceite hirviendo. Les pinchaban los ojos con alfileres "como a los canarios, para que canten mejor". Les hacían cosquillas en la planta del pie.

Mario y yo habíamos vivido siempre distraídos, mirando para otro lado, sin darnos cuenta cabal uno del otro. Pero ahora adquirimos, repentinamente, la conciencia de nuestra compañía. Con una lentitud casi imperceptible fuimos arrimando nuestras sillas de tal modo que, cuando Amalia nos participó que en el infierno bailaban los demonios bajo la dirección de Lucifer, pudimos cogernos, sin dificultad, de la mano. Estaban sudorosas y frías de miedo. Y más en esta hora. Cuando ya la sombra había ido apoderándose de los ladrillos del corredor, uno por uno, y nosotros quedábamos reducidos a su dominio. Y más en esta hora, cuando la viejecita estaría sollozando, frente a la ventana, sin que nadie la consolara. Y más en esta hora en que los pájaros se han silenciado y las enredaderas toman formas caprichosas y terribles.

—Al infierno van los niños que se portan mal.

¿Qué es portarse mal? Desobedecer a los padres, por ejemplo. No resulta muy fácil. Mario y yo lo hemos intentado algunas veces y ninguna con éxito. De hoy en adelante no lo intentaremos más. Robar dulces. Después de todo no son tan sabrosos. No estudiar las lecciones. Pero si ya no vamos a la escuela. Pelear con los otros niños. ¿Cuáles? Siempre nos tienen encerrados y no nos permiten salir a jugar con ellos. ¿Entonces? Pues entonces las posibilidades de un viaje al infierno no son tan inminentes. Mario y yo aflojamos la presión que mantenía unidas nuestras manos. Además ya son las seis de la tarde. Y acaba de encenderse la luz.

XI

—¡ANDARES! ¡Andares!
—¿Qué te dijo Andares?
—Que me dejaras pasar.
—¿Con qué dinero?
—Con cascaritas de huevo huero.
—¿Con qué se entablan?
—Con tablitas y tablones.
—¿En qué se embolsan?
—En bolsitas y bolsones.
—¿Qué me das si te dejo pasar?
—El borriquito que viene atrás.

Estamos jugando en el traspatio. Nuestras dos cargadoras (una se llama Vicenta y otra Rosalía. Pero en este juego de la frontera Rosalía se puso el nombre de Guatemala y Vicenta el de México) entrecruzaron sus brazos para impedir que pasáramos Mario y yo. Nos interrogaron minuciosamente hasta que declaramos con quién queremos irnos.

—¿Yo? Con México.

—¡Yo, yo con Guatemala!

Y entonces cada uno se abraza a la cintura de la que eligió ayudándola en el forcejeo que sostiene con su rival y del que resulta vencedora la que resiste más. Pero, hoy, intempestivamente, Rosalía se soltó, cesó de esforzarse, y hasta allá fueron a dar Vicenta y Mario, tambaleándose antes de recuperar el equilibrio. Rieron. Porque esta novedad introducida en el juego lo hace más divertido.

—¡Otra vez, Vicenta! ¡Otra vez!

Pero Vicenta se arreboza en su chal como si tuviera frío y niega con la cabeza.

—Es muy tarde. Está empezando a oscurecer. Mejor vamos a los cuartos de adentro, a jugar "mono seco".

Yo me opongo con seriedad.

—Mi mamá no nos da permiso de jugar así.

—¿Por qué?

—Porque no.

—Y tú tan obediente. Bien se ve que estás recibiendo clases de doctrina.

No quiero disgustar a Vicenta porque me ha amenazado con dejar de contarme cuentos. Hace pocos días que entró a servirnos. Es la encargada de cuidarme, en sustitución de mi nana. Pero tampoco quiero desobedecer a mamá porque es pecado y me voy al infierno. Entonces propongo con un entusiasmo exagerado:

—¡Vamos a jugar colores!

Vicenta parece extrañarse como si hubiera escuchado una proposición absurda. Se persigna apresuradamente mientras dice:

—¿Colores? Ni lo permita Dios.

—No tiene nada de malo.

—¿No saben lo que les sucedió por jugar colores a los dos hijos de don Límbano Román? Fue en la casa donde yo estaba sirviendo antes de venirme aquí.

Negamos, ya con un principio de temor.

—¿Quieren que les cuente el cuento?

Mario se vuelve de espaldas para no verse obligado a contestar, porque los cuentos de Vicenta lo aterrorizan. Quedé sola y con un hilo de voz contesté:

—Sí.

—Pero no en este ventarrón. Vamos, vamos a la cocina. Porque estos cuentos son de los que hay que contar bajo techo.

Iban adelante de nosotros, Vicenta y Rosalía, cuchicheando, ocultando su risa bajo el chal.

Encendimos una vela al entrar en la cocina. Y cuando estuvimos todos sentados alrededor del fogón, Vicenta dio principio a su relato.

—Pues ahí tienen que éstos eran dos niños que les decían por nombre Conrado y Luis. Todas las noches se juntaban con otros indizuelos y se iban a jugar al traspatio. ¡Ay, nanita, qué miedo! El traspatio era muy oscuro porque no había foco y más con el follaje tan tupido de las matas. Pero los muchachitos, que eran muy laberintosos, buscaban ese lugar porque allí ni quien se acomidiera a vigilarlos. Bueno. Pues una de tantas noches los muchachitos dispusieron que iban a jugar colores. Se acomodaron bajo un árbol de durazno y mientras el niño Luis, que fue el que le tocó hacer de ángel de la bola de oro, se fue un poco lejos para esperar que los demás escogieran su color. Pero ya tenía rato que todos lo habían escogido y el niño Luis no se asomaba. Le empezaron a gritar y por fin oyeron un ruido como de pasos entre las hojas y una voz ronca, como de gente grande, que decía:

—Ton-ton.

Los indizuelos preguntaron:

—¿Quién es?

Y la voz ronca les contestó:

—El diablo de las siete cuerdas.

Les extrañó que el niño Luis contestara que era el diablo de las siete cuerdas porque habían quedado en que era el ángel de la bola de oro. Pero, atrabancados como son los muchachos, no se iban a parar a averiguar, sino que siguieron jugando:

—¿Qué quería?

—Un color.

—*¿Qué color?*

—*Belesa.*

Conrado no se quería levantar porque sentía como recelo. Pero los demás lo empujaron, pues él era quien había escogido ese color. Así que haciendo corazón grande se fue tanteando hasta donde había sonado la voz. Allí, atrás de la matas, estaba parado un muchachito. Conrado no podía verle bien la cara porque, como les digo, el traspatio de esa casa era muy oscuro. Y de pronto, quién sabe en qué artes, se fue encendiendo una luz. Y cuál se va quedando el niño Conrado al catar delante de él un muchachito pero que no era su hermano Luis. Su cara era como la de los niños pero llena de arrugas y de pelos. ¡Era el diablo de las siete cuerdas, por mal nombre Catashaná!

El niño Conrado quiso salir corriendo pero tropezó con un cuerpo que estaba tirado boca abajo, en el suelo. Catashaná lo detuvo cogiéndolo de la mano y le dijo señalando el cuerpo:

—Mira cómo dejaste a tu hermano Luis de tanto pegarle.

Se lo dijo porque Catashaná es el padre de la mentira. Pero el niño Conrado tenía un susto tan grande que le castañeteaban los dientes y no podía contestar. En su aturdimiento no se le alcanzó siquiera invocar a San Caralampio, ni hacer el signo de la cruz, ni nada. Entonces Catashaná le dijo:

—Desde ahora tú me perteneces y vas a obedecer todo lo que yo te mande.

Y no le soltaba la mano y al niño Conrado le ardía como si lo estuviera agarrando una brasa.

Entonces Catashaná le dijo:

—Quiero que me traigas una sagrada hostia para que yo me la coma.

Al día siguiente el niño Conrado fue a avisarle al señor cura que quería hacer su primera comunión y empezó a aprender la doctrina. Pero en vez de fijarse en lo que le enseñaban nomás estaba pendiente viendo qué travesura se le ofrecía. Era malcriado, sobresalido, en fin, la cola de Judas. No valían regaños ni amenazas, ni nada. Pero Catashaná hacía que el señor cura no se diera cuenta y creyera que era un niño muy bueno y le dijo que ya estaba listo para comulgar. Y así, con la boca sucia de malcriadeces, subió hasta el comulgatorio. Pero en el momento en que el señor cura le puso la hostia entre su boca, Dios castigó al niño Conrado. La hostia se convirtió en una bola de plomo. Y por más esfuerzos que hacía el niño Conrado para tragársela no se la podía tragar. Y en una de tantas se le atoró en la garganta y el niño Conrado cayó allí mismo ahogado, muerto.

El relato de Vicenta había terminado. Mario salió corriendo de la cocina y al pasar junto a la vela la apagó. Yo corrí tras él. Y cuando le di alcance en el corredor, me dijo al oído, sollozando.

—No quiero comulgar.

XII

Mi madre tentó la pechuga de los guajolotes, los sopesó.

—Están flacos, marchanta.

—Pero de aquí al día de la fiesta tienen tiempo de engordar. Bien valen sus veinte reales cada uno.

La marchanta recibió el dinero y se fue. Desde entonces los guajolotes están en el traspatio de la casa, desplegando su cola mientras con el buche hacen ruido como de cántaro que se vacía. Picotean ávidamente los granos de maíz que Vicenta y Rosalía les avientan y duermen donde les cae la noche. Mario y yo hemos corrido detrás de ellos, agitando sábanas, sonando cacerolas para espantarlos y que vuelen. Pero los guajolotes se arriman a la tapia, temblorosos, y no vuelan porque su peso, cada vez mayor, los mantiene cautivos. Cuando vino la mujer que apalabraron para que hiciera los tamales y se asomó al traspatio los miró apreciativamente y los aprobó desde lejos.

Mi madre mandó llamar a Chepe de Todos, el jardinero, para que viniera a podar las plantas. Estuvo arrancando las hierbas inútiles y fue juntándolas con una escoba y amontonándolas en uno de los rincones del jardín. Pero cada vez que Chepe se descuida, Mario y yo vamos a ese rincón y tomamos puñados de basura y los regamos entre los arriates para que Chepe tenga que recomenzar su trabajo. Pero no se ha dado cuenta. Subido en una escalera está adornando los árboles y los pilares con tanales de diferentes nombres. Se da prisa porque prometió que los tanales reventarían para la mañana de la primera comunión.

Todos los cuartos de la casa están abiertos de par en par, desmantelados. Menos el cuarto donde trabaja la chocolatera, al que nos prohibieron que entráramos. En las otras piezas se afanan Vicenta y Rosalía. Cambian de lugar los muebles, cuelgan cortinas nuevas en las ventanas, limpian los espejos con un papel húmedo que produce un chirrido escalofriante. Mario y yo vamos detrás de ellas. Como por travesura volcamos las sillas, pintamos rayas en las paredes, dejamos un reguero de tinta sobre el piso. Ellas, que ven inutilizado su esfuerzo, rabian y profieren insultos en voz baja. Mario y yo corremos a refugiarnos cerca de mi madre.

Tiene los ojos irritados. Ha estado tejiendo de día y

de noche para terminar el mantel que colocará en el altar del oratorio. Teje ella sola. Porque tía Romelia, que era quien la ayudaba, se fue con su marido desde hace más de un mes. Hoy, apenas, el mantel quedó terminado. Lo almidonaron y está secándose, prendido con alfileres para que no se deforme, sobre la mesa de planchar. Mientras está listo para colocarlo mi madre emprendió la limpieza del oratorio. Sacude las imágenes y vuelve a colocarlas en su lugar: el niño Dios, sentado en un risco cuyas agudas puntas están cubiertas por celajes de algodón; San Caralampio, barbudo, arrodillado dentro de un nicho. Las tres Divinas Personas, en conversadora amistad.

Vicenta y Rosalía traen el mantel ya planchado. Al trasluz miramos las guirnaldas de flores que se entrelazan con corazones ensangrentados y letras cabalísticas. Cubren el altar con el mantel; lo emparejan estirándolo de las puntas, lo alisan con breves golpecitos. Hasta que por fin quedan satisfechas.

Mi madre ordena que cierren las ventanas del oratorio, que cierren la puerta con dos vueltas de llave. Vicenta y Rosalía obedecen. Dejan la llave prendida en la chapa y se van.

Mario y yo nos quedamos contemplando como hipnotizados ese pedazo de fierro que separa el oratorio de nosotros, del día de nuestra primera comunión. Empujada por un impulso irresistible fui y arranqué la llave de la cerradura.

Mario retrocedió espantado.

No quiso acompañarme. Se quedó allí mientras yo iba, sin testigos, a esconder la llave en el cofre de mi nana entre su ropa y las piedrecitas de Chactajal.

XIII

Amalia bebió un pequeño sorbo de café y luego, delicadamente, volvió a colocar la taza en el plato.

Entonces declaró:

—Dios está en el cielo, en la tierra y en todo lugar.

Nos ha anunciado que ésta es una de las últimas clases de catecismo. Ya comunicó a mi madre que Mario y yo estamos listos para comulgar. Y le aconsejó que aprovecháramos la primera visita que el señor cura hiciera a Comitán.

—¿Está Dios ahora aquí, con nosotros?

Mario necesita que se lo expliquen bien, que se lo aclaren.

—Dios nos está mirando y está diciendo: ¡Qué par de niños tan primorosos! Atienden su lección, no hacen travesuras, no dicen mentiras, no desobedecen a sus mayores. Y también ha de decir: no anduve tan desatinado al darle vida a esta pobre mujer. Ha servido de algo. Ha ayudado a que me conozcan.

—¿Dios nos está mirando?

—Siempre. Todavía ibas de contrabando en el maletín del doctor Mazariegos y ya Dios te miraba. Y después, ¿no te has fijado cómo parpadean las estrellas? Son agujeritos que hacen nuestros ángeles en el cielo para vigilarnos y dar cuenta a Dios de todo lo que hacemos.

—Pero de día las estrellas se cierran.

—De día el ángel está más cerca de nosotros.

—¿El ángel de la bola de oro?

—Y de noche el diablo de las siete cuerdas. Basta por ahora, niños. Ya están cansados. Ya están pensando en jugar.

Amalia se pone de pie y antes de que nos marchemos nos obsequia unos dulces que saca de su pomo de cristal. Mario y yo los apretamos entre nuestras manos húmedas y allí se van derritiendo, cubriéndonos la piel de una sustancia pegajosa, mientras cabizbajos, escoltados por Vicenta y Rosalía, Mario y yo regresamos a la casa.

Mi madre ocupa el sitio principal en la mesa del comedor. A su lado derecho se sienta Mario. Al izquierdo yo.

Vicenta y Rosalía entran y salen sirviendo la cena: una olla humeante y olorosa con patzitos de momón; plátanos hervidos, frijoles de enredo.

Mario y yo los rechazamos conforme las criadas nos los van ofreciendo.

—¿No tienen hambre? —pregunta mi madre con un dejo de inquietud.

Mario y yo hacemos un gesto negativo.

—Quién sabe en qué se desmandarían. Pero siquiera prueben el pan. Escogí el que les gusta.

Aparta la servilleta almidonada y aparecen las semitas con su granizada de ajonjolí; las rosquillas chujas trenzadas de blanco y negro; la cazueleja, esponjosa y amarilla; el salvadillo, hueco por dentro, bueno para comerse con miel. Las empanadas de mil capas.

Hacemos un ademán de desgano. Entonces mi madre emplea el recurso supremo para hacernos comer. Dice:

—Es pan bendito.

Mario retira la cesta lo más lejos posible de nosotros.

—Por Dios, Mario, no me estés afligiendo. Come aunque sea un bocado.

—Tengo sueño. Mañana.

—¿No te sientes bien? ¿Tienes calentura?

Con el dorso de la mano palpa su frente, sus mejillas.

—Están frescas. Dime qué tienes. ¿Te duele algo?

—Tengo sueño. Hasta mañana, mamá.

Vicenta y Rosalía nos desvisten. Nos ponen unos largos camisones de franela. Nos arropan bien. Y luego, desatan sobre la cama de Mario y sobre la mía el pabellón de tul.

—Que quede encendida la veladora. Tengo miedo de la oscuridad.

—Está bien, niño Mario. Hasta mañana, patroncitos.

Nos dejan solos. Cierro los ojos porque no quiero ver las sombras que la llama de la veladora proyecta sobre la pared. Amortiguados por la nube de tul que me envuelve, llegan los sonidos: el jadeo intranquilo de Mario. Las pisadas, las voces lejanas, en la casa, en la calle. El tzisquirín de los grillos. Sube y baja la respiración, acompasada, igual. El sueño me va llenando de arenilla los párpados.

De pronto un rumor, levísimo, casi imperceptible, me despierta. Abro los ojos y veo, medio borrosa a través de los pliegues de tul del pabellón, impreciso a contraluz de la trémula llama de la veladora, la figura de mi madre. Cubierta con un fichú de lana, descalza para no hacer ruido, se inclina a la cama de Mario como para escrutar su sueño. Sólo un minuto. Y después, tan silenciosamente como entró, vuelve a salir.

El reloj del Cabildo dio la hora. Empecé a contar las campanadas. Una, dos, tres, cuatro, cinco... Pero me quedé dormida antes de que se desgajara la última.

El grito de Mario vino a partir en dos la noche.

Gritó de dolor, de angustia, debatiéndose todavía contra quién sabe qué monstruo de su sueño. Entre su delirio repetía:

—La llave... Nos vieron cuando robamos la llave... Si no devolvemos la llave del oratorio nos va a cargar Catashaná.

La luz eléctrica resplandeció intempestivamente. Y mi madre apareció en el umbral de nuestra recámara. Ahí estaba descalza todavía, las manos crispadas sobre la moldura de madera y contemplaba la cama de Mario con los ojos desmesuradamente abiertos.

XIV

El doctor Mazariegos es un hombre de baja estatura, rechoncho, con una mirada infantil, su sonrisa inocente y mejillas rubicundas y vellosas como las de los duraznos. Usa polainas de cuero y monta en una mula desteñida y vieja que le sirve desde que llegó a Comitán con su título flamante bajo el brazo.

La mula conoce la casa de todos los clientes del doctor. Ante la nuestra se detuvo sin titubear.

—Ya estoy aquí —gritó el médico desde el zaguán. Al escuchar su voz, tan alegre, tan fresca, corrí a recibirlo. Me cogió entre sus brazos y me hizo girar locamente en el aire. Cuando volvió a depositarme en el suelo estaba ya mareada y feliz. Entonces me regaló un chicle.

—Buenos días, señora. Aquí me tiene usted a sus órdenes.

Mi madre había salido, desencajada, y se precipitó hacia el doctor, reclamando:

—Lo mandé llamar desde ayer.

Él no le permitió terminar.

—Me fue imposible venir antes. Sobre este pueblo se ha desatado una verdadera epidemia de nacimientos. Y es que como hay tan pocas diversiones.

—Es un caso muy urgente.

El doctor Mazariegos se aproximó a mi madre y palmeando paternalmente su espalda, dijo:

—Calma, calma, no hay motivo para preocuparse así. Todos los males tienen remedio. Vamos a ver, ¿de qué se trata?

—Mario...

Sus palabras se quebraron en un temblor incontenible.

—Vamos a ver de qué se queja el kerem. Acompáñeme usted, doña Zoraida. Voy a examinarlo.

Entraron juntos a la recámara de mi madre y yo aproveché que no reparaban en mí para entrar detrás de ellos. Mario yacía en la cama ancha de mis padres, boca arriba, cubierto por una sábana. Tenía los ojos cerrados, la nariz afilada y el sudor le apelmazaba el pelo sobre la frente.

El doctor Mazariegos arrimó una silla y se sentó. Extrajo de su maletín un aparato para auscultar al enfermo.

Tomó una de las manos de Mario que se abandonó, inerte, entre las suyas.

—El pulso es normal. ¿Se ha quejado de algún dolor?

—No sé qué dice de una llave. Toda la noche estuvo repitiendo lo mismo.

El doctor apartó la sábana que cubría el abdomen de Mario. Lo recorrió, palpándolo rudamente con sus dedos ásperos, mientras mi hermano exhalaba débiles gemidos.

El doctor Mazariegos se puso de pie. Su ceño estaba fruncido de preocupación. Sin intentar acercarse de nuevo al enfermo, le ordenó:

—Saca la lengua.

Mario tenía ahora las pupilas dilatadas; la mirada fija como si intentara taladrar las imágenes que se colocaban frente a él. No obedeció. Sus mandíbulas permanecieron tercamente trabadas.

—¿Por qué no obedece, doctor? ¿No oye?

El doctor Mazariegos hizo una seña a mi madre para que callara. Salió de puntillas al corredor. Ella iba detrás de él.

—¿Qué tiene mi hijo, doctor?

Mazariegos se encogió de hombros con desconcierto. Pero arrepentido de haber revelado su ignorancia, dijo con tono de suficiencia:

—Es demasiado pronto para diagnosticar. Esperemos a que los síntomas sean más precisos. En resumidas cuentas no tenemos nada que nos guíe. Ni temperatura, ni dolores, ni...

—¡Pero no es natural que esté así! No quiere comer, no puede dormir. No habla, no entiende lo que se le dice.

—Realmente es muy extraño. Pero puede ser un estado transitorio. Tal vez mañana ya esté haciendo de nuevo su vida normal.

Mi madre urgió, apasionadamente:

—Tenemos que ayudarlo, doctor.

—Claro, lo ayudaremos. Pero con calma, señora. Hizo usted bien en llamarme. Si este caso hubiera caído en manos de un médico joven, un doctor soflamero y atrabancado, no titubearía en darle un nombre, uno de esos nombres nuevos que jamás hemos oído mentar. Prescribiría, tal vez, una operación. Prefieren cortar el mal de raíz antes de tener la paciencia de combatirlo por otros medios, más lentos, pero a la larga más eficaces y más inofensivos. Porque la experiencia lo demuestra: toda intervención quirúrgica tiene sus riesgos. Y luego, las consecuencias son incalculables. Por ejemplo, se ha comprobado que un gran porcentaje de pacientes a los que se ex-tirpa el apéndice resultan después con sordera.

—Entonces, es apendicitis lo que tiene Mario.

—No he dicho eso, doña Zoraida, no hay que precipitarse. Estoy exponiendo la teoría general.

—Pero, doctor.

—Ahora voy a explicarle nuestro caso concreto. Desde luego no es desesperado, ni muchísimo menos. Pero aun cuando lo fuera, aquí en Comitán no contamos con los elementos suficientes para practicar esta clase de curaciones. El manejo de la anestesia es delicado y debe confiarse a un especialista. De sobra sabe usted que aquí no hay ninguno. En cuanto al cirujano... Naturalmente, seguí mis cursos en la Facultad de Medicina y los aprobé con muy buenas notas. Pero de eso hace ya tantos años. Y como no he tenido la oportunidad de ejercer esta rama de mi profesión, pues he perdido la práctica y...

—¡Ya basta, doctor! Entonces nos iremos a México, hoy mismo.

El doctor Mazariegos cortó las alas al arrebato de mi madre con sólo preguntar:

—¿Cómo?

—Pues en automóvil, en tren, en cualquier cosa.

—Estamos a cinco días de distancia. En el estado de postración en que se encuentra el niño es muy dudoso que pueda resistir un viaje tan pesado.

—Tiene que haber otro modo. En Tuxtla hay servicios aéreos. Telegrafiaré a mi marido para que consiga un avión.

—Se lo mandarán cuando tengan un aparato libre. Como siempre están recargados de trabajo el avión llegará dentro de una semana, de un mes. En ese plazo la crisis ya se habrá resuelto.

Mi madre parecía muy cansada. Sin peinar, pálida, consumida, con todas las jornadas agotadoras doblegando sus hombros. El doctor Mazariegos volvió a palmearlos con actitud protectora.

—Por otra parte, piense usted en los gastos. Según he oído decir, los negocios de su esposo han sufrido algunos reveses.

Los ojos de mi madre relampaguearon.

—Robaría yo si fuera preciso.

—Pero no lo es. ¿Quién dice que Mario tenga apendicitis ni que la operación sea necesaria?

—Ya lo sabía yo. No podemos hacer nada. Ni usted ni nadie, doctor. Porque a mi hijo se lo están comiendo los brujos de Chactajal.

—Señora, usted dar crédito a esas supersticiones...

—¿Puede usted decirme cuál es la enfermedad de Mario?

—No quiero embarullarla con nombres técnicos. Pero hay a nuestro alcance muchos recursos y los emplearé todos. Yo me comprometo a estudiar el caso con mucha dedicación. Cuente usted conmigo a cualquier hora del día o de la noche.

Sacó un block de recetas de la bolsa interior de su chaleco. Lenta, cuidadosamente, escribió algo en una hoja. Mientras escribía, dijo:

—A propósito de esa llave de que habla el niño...

—Está delirando. No sé a qué se refiere.

—Lástima. Sería bueno complacerlo. Contribuiría a su restablecimiento.

Después, con un brusco ademán, arrancó la hoja del block y la entregó a mi madre. Ella leyó el papel y alzó hacia el médico unos ojos extraviados.

—¿Quinina?

El doctor desvió los suyos. Sin convicción, respondió:

—En la ciénaga (que las autoridades no se preocupan por desecar, pese a que se los he aconsejado), hay un criadero de zancudos. Por eso el paludismo es la enfermedad endémica de esta región.

—Pero Mario...

—Mario ha de estar infectado de paludismo, no hay motivo para que él sea la excepción. Con la quinina nosotros ayudamos a su naturaleza para que reaccione.

Mi madre miraba al doctor Mazariegos con una intensidad de reproche que él no pudo soportar. Antes de marcharse, suplicó:

—Perdóneme usted.

Cuando mi madre quedó sola arrugó la receta entre sus manos y la dejó caer al suelo

XV

—¿Qué te parece para lo que me llamaron, Amalita? Para que yo ahuyente los malos espíritus que están atormentando al niño. ¡No faltaba más sino que yo también fuera brujo! Y éste es un crimen que me han levantado las malas lenguas, las malas lenguas que no descansan inventando calumnias. Lo que yo soy no es un secreto para nadie. Soy cazador, y a mucha honra. Cazador de quetzales, para más señas. Que me haya sucedido una desgracia eso no quiere decir que yo sea brujo. Fue una desgracia. Nadie está libre de que le suceda una desgracia. Y, además, a mí no me avisaron cuando me interné por primera vez en la zona de Tziscao...

—Ya está bien, tío David, ya está bien. Nadie le está reclamando.

—Pero es que me da cólera que ahora Zoraida, a quien yo conozco desde que era así, tamañita, me haya salido con esa embajada de la brujería. Nomás porque ella, desde que se casó con César es gente de pro, se siente con derecho a insultar a la gente menuda. Pero yo la conozco desde que era así, tamañita.

—Dispénsela usted, tío David. Está muy atormentada, la pobre.

—Sí, no es para menos. El niño está cayendo igual que los quetzales cuando les dan un balazo en el mero corazón.

—¡Por caridad, tío David, no diga usted eso! Lo pueden oír.

—Sí, ya sé que no hay que hacer ruido. Por eso no traje guitarra.

—En estos tiempos de calamidades, ¿quién tiene humor para cantar?

—¡Bonita está la hora! Si yo me hubiera esperado a tener humor para cantar no hubiera yo cantado nunca. ¿Pero quién te dijo que yo canto porque estoy alegre? Yo canto para divertir a las personas que me invitan a comer... o a tomar una copa.

—Ay, tío David, qué bueno que me lo recuerda usted. Ahorita, en un momentito va a estar lista su comida.

—Creí que no la había yo merecido.

—No faltaba más. Pero es que con tanto rebumbio no sé ni dónde tengo la cabeza. Pero ahorita, ahorita le preparo su comida. Sólo estoy acabando de hervir un té que va a tomar el niño.

Tío David se acercó al fogón, donde desde hacía rato trajinaba Amalia, para curiosear. Se inclinó a oler la caldera que borboteaba. Luego alzó el rostro, decepcionado.

—No huele.

Amalia se ruborizó y retiró vivamente la caldera de las brasas. Quiso escapar a la curiosidad de tío David volviéndole la espalda, pero tío David se asomó por encima del hombro de la soltera mientras ella vertía aquella infusión hirviente en una taza. Antes de que Amalia pudiera evitarlo, tío David se apoderó de la caldera y volcó su contenido sobre el fogón.

—¿Qué es esto?

Tío David sostenía entre la punta de sus dedos un pequeño y delgado cordón oscuro.

—¡Devuélvamelo usted, tío David! —gritó Amalia a la vez que hacía un ademán para arrebatárselo.

—Ajá, conque ésas tenemos, mañosona. Conque preparando bebedizos.

—No tiene nada de malo —replicó Amalia con vehemencia—. Es agua de Lourdes y este escapulario es de la Virgen del Perpetuo Socorro.

—Pues buen provecho, Amalita. Y apúrate a llevar ese bebedizo al enfermo antes de que se enfríe. Quién quita y Dios haga un milagro y el niño sane.

Cuando Amalia salió de la cocina tío David se volvió hacia mí, que había permanecido quieta en un rincón, y me hizo una seña con la mano para que yo me acercara.

A mí me disgusta el aspecto de tío David, tan descuidado y tan sucio. Me repugna el olor a mistela que emana siempre de su boca. Pero mis padres nos han recomendado que respetemos a este viejo, que lo tratemos con cariño, que le digamos tío, como si fuera de la familia, para que no se sienta solo. Y, arrastrando los pies para dilatar lo más que me fuera posible la aproximación, obedecí.

Tío David me sentó sobre sus rodillas, me acarició los cabellos y dijo:

—¿No te gustaría hacer un viaje conmigo? Nos iríamos al monte, al mero corazón de Balún-Canán, al lugar donde viven los nueve guardianes. Los mirarías a todos, tal y como son, con su verdadera cara, te dirían su verdadero nombre...

Moví la cabeza, negando enérgicamente. Entonces tío David, a punto de llorar, insistió:

—¡Vámonos! No te quedes aquí, no hagas lo que hice yo. Date cuenta de que la casa se está derrumbando. ¡Vámonos antes de que nos aplaste!

Volví a negar. Pero ahora con dulzura. Y para que el tío David no sospeche que le digo que no porque no lo quiero, porque sus razones me atemorizan y su figura me desagrada, añadí, mintiendo, porque no estoy dispuesta a entregar lo que escondí:

—No puedo irme. Tengo que entregar una llave.

XVI

"Me invitaron a una barbacoa, en una finca de los alrededores de Tuxtla. Fui, porque estaba yo enterado de que iría el Gobernador, y por si acaso se presentaba la coyuntura de platicar con él. Un amigo nos presentó. Yo creí que el Gobernador no se acordaría ni de mi nombre. Porque aunque nos conocimos y hablamos varias veces cuando él estuvo en Comitán haciendo su campaña política, pues el mundo es mundo y un personaje como él no puede tener cabeza para tantas cosas como le solicitan. Pero me sorprendió al preguntarme por Chactajal. Estuvimos conversando un rato, entre las interrupciones de los demás. Y en aquel ambiente de fiesta no creí oportuno exponerle mis problemas. Sólo le dije que tenía yo varias semanas de radicar en Tuxtla, tratando de obtener una audiencia con él. Me prometió que me recibiría al día siguiente. Pero al día siguiente que me presenté muy formal al Palacio de Gobierno me dieron la noticia de que había tenido que hacer un viaje muy intempestivo a México, pues lo llamaron para arreglar unos asuntos con el Presidente de la República. Pero que estuviera yo al tanto de su regreso. Y aquí me tienes, esperando. Ahora sí, muy contento, porque estoy seguro de que en cuanto el Gobernador regrese y me reciba y se entere de mi situación, pondrá todos los medios para resolverla favorablemente. Es un hombre muy simpático, muy sencillo y cordial. Uno de esos chiapanecos mal hormados, pero de gran corazón.

"En cuanto a lo que me dices de la enfermedad de Mario, no veo que haya motivo para alarmarse. Tú sabes cómo son de escandalosos los síntomas en las criaturas. Pero si el doctor Mazariegos te ha dicho que no tiene importancia es porque efectivamente no tiene importancia. De sobra entiendes que es un médico muy capaz y de mucha conciencia, en quien se puede confiar.

"No te impacientes, pues. Yo voy a regresar. Pero no con la rapidez que tú me exiges. Necesito antes haber hablado con el Gobernador."

Mi madre le tendió el pliego de papel a Amalia.

—Lee.

La soltera leyó moviendo desconsoladamente la cabeza.

—Pero Zoraida, César no tiene la culpa. A esa distancia no puede darse cuenta de la gravedad de las cosas. Pero si tú le pusieras un telegrama diciéndole cuál es el estado de Mario...

—Ya no llegaría a tiempo.

—¡Zoraida, no hables así, es desconfiar de la Divina Providencia! No lo hemos intentado todo, tenemos que luchar hasta el fin.

—Éste es el fin.

—No. Todavía podemos hacer algo.

—¿Qué?

—El señor cura. Hazme caso, por favor, Zoraida. El señor cura es el único que puede salvar a Mario. Rezaría exorcismos para que el demonio se aleje de esta casa. Porque es el demonio, todos se dan cuenta. Hasta el doctor Mazariegos. ¿Por qué crees que no quiso ni intentar siquiera la operación del niño? Porque sabe que no serviría de nada.

La esperanza pugnaba por brillar en los ojos de mi madre.

—¿Y tú crees que el señor cura consentiría en venir después de…

—¿Después de lo que dijiste aquella noche? Él mismo me rogó que yo te pidiera perdón.

—¡Entonces corre, Amalia! ¿Qué estás esperando? Ve a llamar al señor cura.

El señor cura. Yo no voy a entregar la llave. Cuando vengan no podrán abrir el oratorio. Castigarán a Mario creyendo que él es el culpable, y lo entregarán en manos de Catashaná.

—¡Que no venga el señor cura, que no venga! ¡Yo no lo dejaré entrar!

Mi madre se volvió hacia mí, impaciente, murmurando:

—¡Faltabas tú! Amalia, por favor, llévate de aquí a esta niña. No va a dejar dormir a Mario con sus gritos.

Amalia me tomó de la mano creyendo que yo la seguiría dócilmente. Pero al sentir mi resistencia sus dedos se cerraron, fuertes y duros como garfios, alrededor de mis muñecas. Jalándome, me hizo avanzar unos pasos. Pero yo me dejé caer al suelo. Amalia me arrastró porque no soportaba mi peso entre sus brazos y, ayudada por Vicenta, me llevó hasta el zaguán. Con el vestido desgarrado, despellejándome las piernas en el roce contra los ladrillos yo gritaba más, más alto, porque ahora la distancia era mayor.

—¡No dejen entrar al señor cura! ¡No lo dejen entrar!

XVII

Me sentaron en el sofá de la sala de Amalia y se fueron. Ella y Vicenta. Y yo quedé allí, despeinada, sudorosa de haber luchado, sucia de tierra porque me arrastraron. De nada me había valido. Amalia y Vicenta me dejaron aquí, ante un espejo impávido y una anciana que no prestó atención al escándalo de mi llegada. Continúa, como siempre, embebida en la contemplación del trozo de calle que la ventana permite entrar. Y Mario allá, solo en su cuarto, jadeando de dolor, mientras el señor cura avanza hasta él.

"Tilín-tilín, ya voy dando vuelta a la esquina. Tilín-tilín, ya estoy tocando la puerta. Tilín-tilín, ya estoy en la orilla de tu cama. Tilín-tilín, ¡ya te atrapé! Vamos a comulgar al oratorio. ¿Dónde está la llave? ¡Tú la escondiste! ¡Te va a castigar Dios! ¡Te va a cargar Catashaná!"

Y Mario apretando los dientes, resistiendo en medio de sus dolores y pensando que yo lo he traicionado. Y es verdad. Lo he dejado retorcerse y sufrir, sin abrir el cofre de mi nana. Porque tengo miedo de entregar esa llave. Porque me comerían los brujos a mí; a mí me castigaría Dios, a mí me cargaría Catashaná. ¿Quién iba a defenderme? Mi madre no. Ella sólo defiende a Mario porque es el hijo varón.

La viejecita solloza, murmura su deseo de que la lleven a Guatemala. Maquinalmente me pongo de pie y me acerco al sillón. La empujo con todas mis fuerzas, pero el sillón no se mueve. Y los sollozos son cada vez más apremiantes, más desconsolados. La viejecita repite una y otra vez: Guatemala, Guatemala. Y de pronto, este nombre se abre paso hasta mi entendimiento. ¿Guatemala? Sí, el lugar adonde uno va cuando huye. Doña Pastora le prometió, hace tiempo, venderle un secreto a mi madre: el punto de la frontera que no está vigilado. Se puede pasar sin que nadie lo detenga a uno. Del otro lado ya no podrían darnos alcance. Ni Amalia, ni el señor cura, ni Dios, ni Catashaná. Porque ninguno conoce este camino, es el secreto de doña Pastora. Un secreto que vende por dinero. No tengo dinero. Pero tengo entre mi blusa, calentándolo, el regalo que le traje a mi nana de la finca y que ella no se llevó consigo. Un chorro de piedrecitas cayendo sobre la palma de la mano de doña Pastora. Las mirará con extrañeza, como mi nana las miró al principio. Hasta es posible que diga que no quiere hacer el trato. Pero cuando yo le diga que estas piedrecitas son de Chactajal se alegrará y su secreto será nuestro. Y correremos, lejos, hasta donde estemos libres de esta persecución, de esta pesadilla.

Pero Mario no puede correr; está enfermo. Y yo no puedo esperar. No, me marcharé yo sola, me salvaré yo sola.

De prisa, de prisa. ¿Dónde estará doña Pastora? Hay que ir a buscarla, ahora mismo, sin perder un minuto más. No sé dónde vive. Pero saldré a la calle y preguntaré con uno y con otro hasta que alguien me diga: camina dos cuadras, derecho. Y después, al llegar a las siete esquinas das vuelta a la izquierda. Y frente al tanque de los caballos...

Sigilosamente me asomo al corredor. No hay nadie. Avanzo de puntillas para no despertar ni al eco. Pero cuando estoy levantando la aldaba de la puerta de calle, una voz cae sobre mí, tremenda, y me deja clavada en el suelo.

—¿Dónde vas?

Me vuelvo con lentitud. La que está frente a mí es Vicenta, con su largo delantal salpicado de grasa. Tengo miedo. Pero algo más fuerte que el miedo me sostiene y digo:

—Quiero salir.

—Ningún salir, niñita. A tu lugar. En la sala.

—No me dilato. Regreso luego. Por favor...

—Yo obedezco a quien tengo que obedecer. Me recomendaron que yo te cuidara ¿y qué cuentas voy a entregar si te dejo salir? Vamos, a la sala.

Ya no puedo gritar más. Estoy ronca, tengo moretones en los brazos de donde me jalonearon para traerme hasta aquí. Y esta mujer, enorme y ruda, está dispuesta a no dejarme pasar. Si yo le explicara tal vez consentiría.

—Tengo que hablar con doña Pastora, la mujer que pasa contrabando. Dime dónde vive.

—Cómo no, niñita. Con mucho gusto. Vive en la sala. Anda a buscarla allí.

—No estoy jugando, Vicenta. Es verdad.

—Yo tampoco estoy jugando. Y si no te vas a la sala ahorita mismo, va a bajar Justa Razón.

Tiemblo, pasmada, ante este nombre que no escuché nunca antes y ha de ser de alguno muy poderoso y muy malo puesto que Vicenta lo invoca. Me dejo conducir, ya sin protestar. Detrás de mí se cierran, se ajustan bien, los dos maderos de la puerta. Me quedo un instante inmóvil, parada en el centro de la sala. Los retratos me hacen guiños burlones desde el terciopelo de sus marcos. Los abanicos se abren y se cierran desplegando todos sus dientes en una carcajada cruel. El espejo... ¡No, no quiero que me vea! Y corro hasta el sillón donde está sentada la viejecita y hundo mi rostro en su regazo y juntas sollozamos nuestro imposible viaje a Guatemala.

XVIII

Amalia me despertó, sacudiéndome bruscamente. Mis párpados estaban pesados de sueño y de la fatiga del llanto.

—Se ha portado muy mal —me acusó la cargadora—. Quiso salir a la calle y cuando la encerré...

Ahora lo diría todo. Sí, es cierto que estuve revolcándome en el suelo y que lancé uno de los abanicos contra el espejo para destrozarlo.

Pero Amalia no hizo caso de las acusaciones de Vicenta. Aproximó mi cara a la suya (el entrecejo fruncido, los ojos inflamados, las arrugas congregadas alrededor de su boca, el pelo que se le está volviendo blanco) y dijo:

—Tienes que ser muy valiente, niña. Mario acaba de morir.

—¿Llegó el señor cura?

—Alcanzó a llegar. Pero los gendarmes lo detuvieron al salir de la casa. Ahora está preso.

El señor cura alcanzó a llegar. Alcanzó a saberlo todo. Alcanzó a castigar a Mario. Pero la llave está bien guardada en el cofre, entre la ropa de mi nana. Y yo estoy a salvo.

—Estáte quieta, niña. Ten alguna consideración.

No opuse ya ninguna resistencia. Dejé que entre Amalia y la cargadora me cambiasen el vestido que traía yo puesto, y que estaba hecho jirones, por otro de luto, el mismo que usé para la visita de pésame a doña Nati. Un vestido negro como el plumaje de los zopilotes.

Volvimos a mi casa. La puerta de calle estaba abierta de par en par, a esas horas de la noche. En el zaguán, en los corredores, en el jardín, había pequeños grupos de hombres y mujeres enlutados que murmuraban, que cuchicheaban, produciendo un rumor como de agua que hierve. A veces se levantaba un amago de risa, pero pronto volvía a disolverse en el fondo de tantas voces en ebullición.

Amalia y yo pasamos entre ellos. Cuando los señores y las señoras me tenían a su alcance, me acariciaban, frotaban contra el mío su rostro húmedo de saliva, de lágrimas, de sudor. Desde su altura de personas mayores me contemplaban con ojos benévolos y tristes. Hablaban, entrecortando su conversación con suspiros.

Don Jaime Rovelo se inclinó hasta mí y me tomó entre sus brazos mientras musitaba:

—Ahora tu padre ya no tiene por quién seguir luchando. Ya estamos iguales. Ya no tenemos hijo varón.

Amalia me separó de él para llevarme a la sala. Todos los focos de la lámpara principal estaban encendidos. Y había flores, flores por todas partes. Sobre los muebles, alrededor del ataúd blanco, desparramadas en el suelo. Su olor se mezclaba con el de la cera que ardía en cuatro grandes cirios.

Amalia dijo, alzando la tapa del ataúd:

—¿No quieres ver a tu hermano por última vez?

Vuelvo la cara con repugnancia. No, no lo podría soportar. Porque no es Mario, es mi culpa la que se está pudriendo en el fondo de ese cajón.

XIX

Esta muerte es castigo del cielo. ¿Por qué iba a morir un niño así, cuando apenas estaba despuntando su flor? ¡Y era tan rozagante y tan galán!

Es Rosalía la que ha hablado de este modo. Y luego se enjuga el llanto con la punta de su chal. Tío David asiente.

—Dicen que los brujos de la finca se lo comieron. Por venganza, porque los patrones los habían maltratado.

Tío David estaba calentándose las manos junto al fogón de la cocina. Vino aquí porque los señores del velorio lo desdeñan y evitan su compañía. Vicenta le allega una taza de café.

—¡Quién los mira tan orgullosos! Nomás porque usan chaleco y leontina de oro. Pero estas familias tienen muchos delitos que pagar.

—Y si no que lo diga doña Nati, la ciega. ¿Por qué, más que por causa de los Argüellos, mataron a su hijo, al difunto Ernesto?

Vicenta ofreció una copa de comiteco al tío David.

—Para cargar su café.

Y luego dice dirigiéndose a Rosalía.

—Pero doña Nati recibió su buen potz de dinero. Yo la he visto en la calle. Anda presumida porque va calzada.

—¡Dinero!

—¿Y diay, qué más quería?

—Como si se pudiera pagar con algo la vida de un hijo. Ahora doña Zoraida ya lo sabe. Ahora que le echaron la sal.

Vicenta ríe larga, sabrosamente.

—¡Qué simple sos, Rosalía! Yo sé quién hizo que muriera el niño Mario. No fue doña Nati. Ni tampoco los brujos de Chactajal, como dice don David. Yo conozco quién dejó que muriera el niño.

¡Ha abierto el cofre de mi nana, ha visto la llave escondida entre la ropa, ha visto en mis ojos el remordimiento!

Y antes de que pronuncie mi nombre, y antes de que me señale, salgo corriendo al patio, a la oscuridad.

XX

La luz regresa y vuelve a irse. El reloj del Cabildo da fielmente las horas. Pero yo no llevo la cuenta del tiempo que ha transcurrido desde que estoy recorriendo la casa, abriendo y cerrando las puertas, llorando.

Camino torpemente, con lentitud. Doy un paso y después, mucho después, otro. Avanzo así en esta atmósfera irrespirable de estrella recién derribada. El día se esparce, desmelenado y sin olor, en el jardín.

En el patio las gallinas dan de comer a los polluelos que no saben más que ser amarillos y tiritar.

En la caballeriza las bestias patean y relinchan, atormentadas por un tábano invisible. Y en otros patios, en otras casas, perros lejanos aúllan como si estuvieran venteando la desgracia.

Voy a la cocina. En el fogón el copo enfriado de ceniza. En las alacenas, durmiendo un sueño definitivo, los trastes. Las ollas con su gran panza de comadre satisfecha. Las tazas de ancha risa. Los tenedores con sus patitas de garza. Muertos.

Y el comedor donde un orden frío impera. Y los muebles de la sala sobre cuyo dorso indefenso cae una lluvia imperceptible de polvo. Y el oratorio con su puerta cerrada.

Llego hasta la recámara de mi madre. Allí está ella sobre su cama, la cama en que murió su hijo, retorciéndose y gimiendo como la res cuando el vaquero la derriba y su piel humea al recibir la marca de la esclavitud.

A la orilla del lecho Amalia, con voz pareja, sin inflexiones, salmodia:

—Es bueno vivir a la orilla de los ríos. Mirando pasar el agua se limpia la memoria. Oyendo pasar el agua se adormece la pena. Iremos a vivir a la orilla de un río.

XXI

Amalia y Vicenta están en el cuarto de los trebejos, apartando los juguetes de Mario y empacándolos, pues los van a regalar a los niños pobres.

—Zoraida quería guardarlos. Pero yo le dije ¿para qué? Los recuerdos siempre duelen.

—La patrona está muy triste. No sale de su cuarto. No quiere ver a nadie.

—Tiene que aprender a conformarse. El tiempo todo lo borra. Dios sabe mejor que nosotros lo que nos conviene. Y cuando su misericordia nos despoja de algo es por nuestro bien y aunque no lo comprendamos así debemos sufrirlo con gratitud y con paciencia.

—¡Qué bonito habla usted, niña Amalia! ¿Es verdad lo que dicen que ya mero iba usted a ser monja?

—Sí. De muchacha quise entrar en un convento, allá en San Cristóbal. Pero mamá se opuso. Me desheredó. Y para juntar el dinero de mi dote tuve que ponerme a trabajar. Hacía yo costuras, dulces, lo que se ofreciera. Ahorraba yo hasta el último centavo. Lo primero que me compré fueron los hábitos. Y los guardé en un cofre de cedro para que embebieran bien el olor.

—¿Y diay?

—Un mes antes de la fecha que había yo fijado para irme, mamá cayó con un ataque. No pudo recuperarse nunca. Quedo como está hoy. Como una criatura. No es capaz ni de persignarse sola. Y todo lo confunde: los lugares, la cara de la gente. Pobrecita.

—¡Pobrecita! ¿Cómo iba usted a tener entrañas de abandonarla?

—No creas, Vicenta. Yo soy muy ingrata. Quise irme al convento pasando por encima de todo. Pero mi confesor no me lo permitió.

Vicenta está envolviendo en papel el caballito de cartón, con crines de cerda, largas y amarillas, en el que montaba Mario.

—De modo que no salí de mi casa. ¿Te has fijado, Vicenta, que las casas de Comitán son muy tristes? En la mía no teníamos ni flores, ni pájaros. Y andábamos a palias y hablábamos en secreto y no abríamos las ventanas para no molestar a la enferma.

—Cada quien tiene su cruz, niña Amalia. A mí me ajenaron desde que era yo asinita.

—La regla del convento dice que no se admiten postulantes mayores de treinta años. Y mamá estaba tan débil que yo creí... Tenía yo todo listo para cuando mamá muriera. El vestido de gro, un pañuelo de lino que bordé yo misma, todo. Y mira: mi pelo se está volviendo blanco.

—Tal vez era su suerte ser niña quedada.

—Mi confesor me aconsejaba que yo ofreciera a Dios este sacrificio. Pero ¿cómo lo iba yo a ofrecer si me sacrificaba con disgusto, con impaciencia, como si la pobrecita de mamá hubiera tenido la culpa?

—¿También se va a regalar la ropa del niño Mario?

—También. Que no la vea Zoraida. Su pena está todavía muy tierna. Con los años va uno amansándose. Yo me quedé ya en un corazón cerca de mamá.

Han terminado. Se ponen de pie para irse. Pero antes de que salgan yo me acerco a Amalia, suplicante.

—Llévame al panteón: quiero ver a Mario.

Ella no parece sorprenderse por este repentino deseo. Me acaricia la cabeza y responde.

—Ahora no. Iremos después. Cuando sea tiempo de comer el quinsanto.

XXII

Noviembre. Un largo viento fúnebre recorre, ululando, la llanura. De las rancherías, de los pueblos vecinos, bajan grandes recuas de mulas cargadas para el trueque de Todos Santos. Los recién venidos muestran su mercancía en la cuesta del Mercado y las mujeres acuden a la compra con la cabeza cubierta por chales de luto.

Los dueños de las huertas levantan las calabazas enormes y las parten a hachazos para ponerlas a hervir con panela; y abren en dos los descoloridos tzilacayotes de pulpa suave. Y apiñan en los canastos los chayotes protegidos por su cáscara hirsuta.

Vicenta y Rosalía han hecho todos los preparativos

para nuestra marcha. Porque hoy es el día en que Amalia cumplirá su promesa. Iremos al panteón a comer el quinsanto.

—Tu madre no va con nosotros porque se siente indispuesta. Pero me recomendó que yo te cuidara y que te portaras bien.

Salimos a la calle. Sobre las banquetas avanzan, saludándose ceremoniosamente, cediéndose unas a otras el lugar de preferencia, las familias, que consagran esta fecha del año a comer con sus difuntos. Adelante va el señor con su chaleco y su leontina de oro. A su lado la señora envuelta en el fichú de lana negra. Detrás los niños, mudados y albeantes. Y hasta al último, las criadas, que sostienen en equilibrio sobre su cabeza los pumpos y los cestos de los comestibles.

La caminata es larga. Llegamos fatigados al panteón. Los cipreses se elevan al cielo, sin un trino, en sólo un ímpetu de altura. Bordeando las callejuelas angostas y sinuosas, devoradas por el césped, están los monumentos de mármol; ángeles llorosos con el rostro oculto entre las manos; columnas truncadas, nichos pequeños en cuyo fondo resplandecen letras y números dorados. Y, a veces, montones de tierra húmeda, recién removida, sobre la que se ha colocado provisionalmente una cruz.

Nos sentamos a comer en la primera grada de una construcción pesada y maciza en cuyo frente anuncia un rótulo: "Perpetuidad de la familia Argüello". Las criadas extienden las servilletas en el suelo y sacan trozos de calabaza chorreando miel y pelan los chayotes y los sazonan con sal.

A la orilla de otras tumbas están, también comiendo, personas conocidas a las que Amalia saluda con una sonrisa y un ademán ligero de su mano. Don Jaime Rovelo; tía Romelia, del brazo de su marido; doña Pastora, acalorada y roja; doña Nati con un par de zapatos nuevos, guiada por su vecina.

Cuando terminamos de comer, Amalia empujó la puerta de aquel monumento y recibimos, en pleno rostro, una bocanada de aire cautivo, denso y oscuro, que subía de una profundidad que nuestros ojos aún no podían medir.

—Aquí comienza la escalera. Baja con cuidado.

Amalia me ayudaba a descender, mostrando la distancia entre los escalones, señalando el lugar donde el pie tenía mayor espacio para posarse. Íbamos avanzando con lentitud, a causa de la oscuridad. Ya abajo Amalia prendió un cerillo y encendió las velas.

Transcurrieron varios minutos antes de que nos acostumbráramos a la penumbra. Era frío y húmedo el lugar adonde habíamos llegado.

—¿Dónde está Mario?

Amalia alzó uno de los cirios y dirigió el haz de luz hasta un punto de la pared. Allí habían trabajado recientemente los albañiles. La mezcla que usan aún no acababa de secar.

—Todavía no han escrito su nombre.

Falta el nombre de Mario. Pero en las lápidas de mármol que cubren el resto de la pared están escritos otros nombres: Rodulfo Argüello, Josefa, Estanislao, Abelardo, José Domingo, María. Y fechas. Y oraciones.

—Vámonos ya, niña, es tarde.

Pero antes dejo aquí, junto a la tumba de Mario, la llave del oratorio. Y antes suplico, a cada uno de los que duermen bajo su lápida, que sean buenos con Mario. Que lo cuiden, que jueguen con él, que le hagan compañía. Porque ahora que ya conozco el sabor de la soledad no quiero que lo pruebe.

XXIII

Afuera brillaba un sol glacial y remotísimo. Amalia y yo pasamos entre los grupos dispersos diciendo adiós. Adiós, doña Pastora, a quien ya no entregaré nunca las piedrecitas de Chactajal; adiós doña Nati, que camina en la oscuridad con zapatos nuevos; adiós, adiós don Jaime.

Allá lejos nos esperaba Comitán, coronado de ese aire amarillo que hacen, zumbando, el día y las abejas. Allá lejos las torres de alas plegadas, reposando; las casas con su tamaño de paloma.

Atravesamos por el barrio de los pobres. Me acuerdo que esta puerta es la del cuarto de la tullida. ¿Quién vendrá a visitarla, ahora que mi madre ya no viene? ¿Quién le traerá su desayuno?

En el barrio de San Sebastián viven gentes ricas —fabricantes de aguardiente, plateros, dueños de tiendas—, pero no se les considera de buenas familias. Sus casas, encaladas de colores chillantes, rodean el parque. Y ellos mismos cuidan de que los niños no arranquen las flores ni quiebren las ramas de los árboles. Sentadas en una banca de fierro, Amalia y yo vemos venir a la señorita Silvina. Va mirando en torno suyo con desconfianza. Lleva, escondido bajo el chal de lana, un pliego de papel cartoncillo.

—¿Qué hace usted por estos rumbos, señorita? ¿Y en día de fiesta?

Se detiene confusa, como si la hubiéramos sorprendido cometiendo un delito. Declara:

—Desde que me cerraron la escuela doy clases a domicilio. Me apalabraron los de la familia de don Golo Córdova. Ninguno de ellos sabe leer.

—Es una vergüenza que gentes así sean ahora las dueñas del dinero —sentencia Amalia.

—¿Y para qué es el papel cartoncillo? —pregunto yo, celosa de este privilegio que ahora otros van a disfrutar.

—Es... es por si se ofrece.

Nos despedimos de la señorita Silvina y echamos a andar. Dejamos atrás la sombra rumorosa de los fresnos, el escandaloso vuelo de los zanates. Tambaleándose, arrastrando en el suelo su guitarra, avanza hacia nosotros el tío David. Se inclina haciendo una cómica reverencia. Amalia lo observa desaprobatoriamente.

—¿No le da vergüenza, tío David? Ofender así los sentimientos de la gente.

—¿Y qué tengo yo que ver con la gente? Yo soy un hombre solo. ¡Yo no tengo difuntos!

Amalia me arrastra para que nos apartemos rápidamente de allí. Al pasar junto al Casino Fronterizo vemos, al través de los vidrios de la ventana, la figura del doctor Mazariegos. Está sentado en un sillón, dormitando.

Ahora vamos por la calle principal. En la acera opuesta camina una india. Cuando la veo me desprendo de la mano de Amalia y corro hacia ella, con los brazos abiertos. ¡Es mi nana! ¡Es mi nana! Pero la india me mira correr, impasible, y no hace un ademán de bienvenida. Camino lentamente, más lentamente hasta detenerme. Dejo caer los brazos, desalentada. Nunca, aunque yo la encuentre, podré reconocer a mi nana. Hace tanto tiempo que nos separaron. Además, todos los indios tienen la misma cara.

XXIV

CUANDO llegué a la casa busqué un lápiz. Y con mi letra inhábil, torpe, fui escribiendo el nombre de Mario. Mario, en los ladrillos del jardín. Mario en las paredes del corredor. Mario en las páginas de mis cuadernos.

Porque Mario está lejos. Y yo quisiera pedirle perdón.

Balún Canán, de Rosario Castellanos,
se terminó de imprimir y encuadernar en junio de 2009
en Impresora y Encuadernadora Progreso, S. A. de C. V. (IEPSA),
Calzada San Lorenzo, 244; 09830 México, D. F.
La edición consta de 3 500 ejemplares.